Lernen lernen – neu mit KI LL 2.0

Methodenkompetenz in der (Grund)Schule zukunftsorientiert fördern

von

Peter O. Chott / Werner Sprick

Schneider Verlag Hohengehren GmbH

Umschlag: Peter O. Chott

Gedruckt auf umweltfreundlichem Papier (chlor- und säurefrei hergestellt).

Bibliografische Information der Deutschen Nationalbibliothek

Die Deutsche Nationalbibliothek verzeichnet diese Publikation in der Deutschen Nationalbibliografie; detaillierte bibliografische Daten sind im Internet über ›http://dnb.dnb.de‹ abrufbar.

ISBN: 978-3-8340-2265-3

Schneider Verlag Hohengehren, Wilhelmstr. 13,
D-73666 Baltmannsweiler
www.paedagogik.de

Printed in Germany – Druck: Format Druck, Stuttgart

Inhalt

Vorwort

Der Reformpädagoge Hugo Gaudig erkannte und benannte bereits 1917 exakt die Dinge als wesentlich, die heute im Zusammenhang mit der Förderung der Selbstständigkeit in der Schule wichtig sind. Er schrieb in seinem Hauptwerk „Die Schule im Dienste der werdenden Persönlichkeit“:

„Natürlich aber bedarf es einer planmäßigen Erziehung zur Selbsttätigkeit, damit immer schwierigere Arbeitsleistungen in selbsttätiger Wirksamkeit von den Schülern bewältigt werden können. Durch diese planmäßige Einschulung ist dahin zu wirken, daß der Schüler Arbeitstechnik gewinnt. So paradox es klingen mag: der Schüler muß Methode haben. Dem Lehrer aber muß die Methode, seinen Zögling zur Methode zu führen, eigen sein. Selbstverständlich handelt es sich hier nicht um das Eindrillen von Arbeitsmanier, die, einmal eingedrillt, mechanisch angewandt wird. Schon die Einschulung in eine Arbeitstechnik muß im Geiste der Selbsttätigkeit erfolgen." (siehe Reble 1979, 78)

In heutiger Diktion forderte Gaudig ...

- ein planmäßiges Lehren von „Arbeitstechniken“,
- eine Ausbildung der Lehrkräfte für dieses Lehren,
- kein Eindrillen der „Arbeitstechniken“, sondern
- ein Lehren dieser Techniken in einem umfassenden Sinn, nämlich „im Geiste der Selbsttätigkeit“.

Diese Forderungen deuten an, dass es bereits vor über 100 Jahren für die Schule wichtig erschien, selbstständiges Arbeiten und die dazu notwendigen Strategien („Methoden“) zu erlernen bzw. zu lehren. Heute werden solche Notwendigkeiten als die *Förderung von „Methodenkompetenz“* herausgestellt oder mit dem Terminus *„Lernen lernen“* bezeichnet. Die damit zusammenhängenden Teilkompetenzen bereits in der Grundschule zu fördern, ist eine Erkenntnis allerdings erst der letzten 20 Jahre.

Wie ein solches *„Lernen-lernen-Projekt“ für die Grundschule (aber auch leicht auf die Mittelschule übertragbar)* aussehen kann, auf welchen theoretischen Grundlagen es beruht und wie es konkret eingeführt und überprüft werden kann, das soll das vorliegende Buch zeigen. Als schulpraktische Hilfe sind Links zu Internetquellen gedacht. Sie verweisen auf weiterführende Quellen, auf Unterrichtshilfen zu den einzelnen „Lernen-lernen-Themen“ sowie auf andere Materialien.

Die Verfasser

1. Grundlagen des LL-Konzepts

1.1 Wissensgesellschaft als Rahmen des Lernenlernens

Oben genannte Entwicklungen finden in der heutigen Gesellschaft auch unseres Landes statt. Diese hat sich im Lauf der Jahrhunderte von der Agrarwirtschaft über die Industriewirtschaft hin zur Dienstleistungsgesellschaft gewandelt. Das heißt in unserer jetzigen, auch „postmodern" bezeichneten Gesellschaft (nicht nur Deutschlands) zeigt sich neben der (in Punkt 1.3 beschriebenen) neuen, brandaktuellen KI-Entwicklung auch ein anderer, tiefgreifender Wandel. Kennzeichnend ist, dass wir in einer Gesellschaft leben, in der das Wissen in vielen Bereichen eine große, d.h. lebenswichtige Rolle spielt. In dieser sogenannten Wissensgesellschaft[1] zeigen sich konkret unterschiedliche Aspekte (vgl. Jendryschik 2005, 5 f.).

Der Begriff **Wissensgesellschaft** integriert mehrere unterschiedliche gesellschaftliche Erscheinungsformen auf einer konkreteren Ebene (vgl. auch Stock u.a. 1998). Für die *Wissensgesellschaft* sind dies – neben den unter Punkt 1.3 beschriebenen neuen Bereichen – Erscheinungen wie:

- *die Veränderung von Arbeitsformen, -möglichkeiten und -inhalten*

  Das bedeutet z.B., dass planbare und wiederkehrende Arbeiten automatisiert bzw. digitalisiert werden oder dass spezifische Kenntnisse erworbene Erfahrungen laufend an Wert verlieren. Sie müssen durch neues Wissen ersetzt werden. Dadurch werden Unternehmen und Arbeitskräfte unter Anpassungsdruck gesetzt, Individualisierungstendenzen verstärkt und bisher erfolgreiche Ordnungsmuster wie Führungs-, Verwaltungs- oder Sozialstrukturen infrage gestellt.

- *die Überschneidung früher getrennter Kulturkreise und gesellschaftlicher Lebensformen*

  Damit meint man, dass durch den weltweiten Austausch von Waren und Wissen historisch unterschiedlich gewachsene Denkmuster miteinander in Wettstreit treten und bisher deutlich abgegrenzte Lebens- und Wirtschaftsformen aufeinanderstoßen. Dadurch steigen die Risiken kulturbedingter Auseinandersetzungen und die Notwendigkeit von multikultureller Koexistenz wird klar.

- *die Globalisierung*

---

[1] Unter dem Vorzeichen der Wachstumsorientierung waren es zunächst vor allem US-amerikanische Sozialwissenschaftler wie Peter F. Drucker, Robert E. Lane oder Daniel Bell, die eine zunehmende Bedeutung von wissenschaftlichem Wissen als Ressourcen gesellschaftlicher Veränderungen ins Spiel brachten (vgl. Reinecke 2010, 4).

Das bedeutet, der weltweit mögliche Austausch wird immer stärker zum Antrieb für die Entwicklung neuen Wissens, da das Gewinnen und der Einsatz von Wissen im Kampf um wirtschaftliche Vorteile, Ressourcen etc. zum entscheidenden Wettbewerbsfaktor geworden ist. Das wird am Beispiel des Ringens um den Impfstoff gegen Covid-19 exemplarisch deutlich.

- *die Bedrohung der ökologischen und sozialen Lebensbedingungen*

  Diese Bedrohung kann eine Folge intensiver Wissensvermehrung und Wissensnutzung im Bereich der Wirtschaft sein. Das zeigt sich beispielsweise an der zunehmenden Automatisierung von Arbeitsvorgängen oder an dem stetigen Anstieg von Kohlendioxid in der Atmosphäre.

Der Begriff der Wissensgesellschaft ermöglicht demnach die Betrachtung der Gesellschaft unter dem Wissensaspekt. **Wissen** wird dabei als *prägende Kraft* für menschliches Handeln vor allem in ressourcenarmen Ländern (wie z.B. Deutschland) in den Fokus gerückt. Es verspricht ein größeres Erklärungspotenzial als andere Aspekte des gesellschaftlichen Wandels.

Dabei wird *Wissen* im Sinne einer personalen Komponente als Voraussetzung für bewusstes und sinnhaftes soziales Handeln und im Sinne eines „kulturellen Kapitals" als das gesamte in einer Gesellschaft vorhandene Pendant zum ökonomischen Kapital aufgefasst (vgl. Stock u.a. 1998). Ganz allgemein ist *Wissen* das Kenntnishaben von etwas durch Sinneswahrnehmung, durch Mitteilung oder durch Lernen. Ebenso umfasst es die Erkenntnis sowie das Kennen von Zusammenhängen, des Wesens und der Gründe von Seiendem (vgl. Neuhäusler 1967, 255). Durch vielerlei Kategorien versuchen nun diverse Richtungen, den Begriff weiter zu differenzieren. Beispielsweise werden apriorisches (von vornherein vorhandenes), aposteriorisches (im Nachhinein erkanntes), apodiktisches (notwendiges) und assertorisches (behauptendes) Wissen unterschieden. Diese Erkenntnis umschließt – einer anderen Kategorisierung zufolge – verschiedene Arten von Wissen: das deklarative, das prozedurale sowie das metakognitive Wissen. Während erstgenanntes Wissen beispielsweise Fakten, Zusammenhänge, das Verständnis von Konzepten, Modellen, Theorien sowie methodologische und methodische Kenntnisse meint, bezeichnet letztgenanntes metakognitives Wissen sowie Inhalte über das eigene Empfinden, Denken, Handeln und Lernen. Darüber hinaus werden unter prozeduralem sowie strategischem Wissen jene oftmals routinisierten, auch automatisierten Fertigkeiten verstanden, die als Prozesse für erfolgreiches Handeln und Lernen nötig sind. Ebenso findet man in der Fachliteratur die Differenzierung zwischen verteiltem (*distributed*) und gemeinsamem (*shared knowledge*) Wissen (vgl. Salomon 1993 bzw. Resnick 1991). Dazu ist allerdings – einschränkend – zu berücksichtigen, dass Wissen „flüchtig" ist. Ein Blick auf die Wissenschaftsgeschichte zeigt uns nämlich, dass wir stets nur *glauben* zu wissen. Das bedeutet, dass feststehendes Wissen (z.B.: Die Erde ist eine Scheibe.) durch neue Erkenntnisse (z.B.: Die Erde ist eine Kugel.) abgelöst wird (vgl. Jendryschik 2005, 2 f.). Auch die aktuellen Corona-Forschungen zeigen uns das. In den letzten beiden Jahrzehnten wurde das Wissen zunehmend digitalisiert. Es wird digital aufbereitet und über das Internet leicht zugänglich und verfügbar gemacht. Beispielsweise steht seit 2001 eine digitale, stets wachsende Enzyklopädie unter dem Namen „Wikipedia" frei im Web zur Verfügung. Wikipedia gilt heute als die umfangreichste Sammlung originär freier Inhalte. Das Projekt existiert in mehr als 340 Sprachen.

Wissen basiert grundsätzlich auf Daten, die zu Informationen gebündelt werden. Diese Informationen müssen in sich stimmig, überprüfbar und nachvollziehbar sein. Informationen wiederum werden individuell verschieden zu einzelnen Wissensinhalten verknüpft und zu Wissenszusammenhängen verarbeitet, die als Sinnzusammenhänge zum Erfassen und Bearbeiten sowie zum Verstehen des Seienden und Nicht-Seienden zur Verfügung stehen. Es wird deutlich, dass der Mensch als Wissensträger und als „Verstehender" im Fokus steht, denn er ist für das Finden, Verarbeiten, Anwenden von Daten und Informationen verantwortlich. Dieses Verarbeiten geschieht – wie es der Münchner Hirnforscher Ernst Pöppel (vgl. 1999) ausdrückt – durch „Sagen", „Sehen" und „Tun". Mit „Sagen" meint Pöppel jenes Wissen, das verbal verfügbar ist und Informationen mit Bedeutung und Zusammenhang enthält. „Sehen" bezeichnet die Vereinheitlichung von Informationen, wie sie das menschliche Gehirn mit der Umsetzung der dauernd einströmenden Bilder bewältigen muss. Schließlich beschreibt das „Tun" das implizite Handlungswissen des Menschen wie etwa das Schreibenkönnen.

Den neuen, aktuell im rasenden Tempo wachsenden Bereich stellen die Produkte der Künstlichen Intelligenz (KI vgl. Punkt 1.3) dar. ChatGPT oder beispielsweise BING bedienen sich per KI der digitalisierten Wissensdaten und schaffen es, selbstständig neue Inhalte zu kreieren.

Je nach Paradigma zum Komplex „Lernen", ob konstruktivistisch oder soziohistorisch situiert, *entsteht Wissen* in Prozessen. Neben den genannten kognitiven Verarbeitungen und Verknüpfungen von Informationen zu Wissen sind auf der individuellen Ebene auch emotionale Prozesse sowie Haltungen relevant, die von der soziokulturellen Umgebung beeinflusst werden können. Es wird deutlich, dass auf beiden Ebenen, auf der intrapersonalen und der sozialen, Wissen entsteht. Dabei spielen individuelle Strukturen zusammen mit Kooperation und Kommunikation eine wichtige Rolle. Die Speicherung des Wissens kann intern oder extern erfolgen, wobei dieser Vorgang nicht kongruent mit der individuellen und sozialen Ebene ist. Beispielsweise kann das auf der Festplatte eines Computers gespeicherte Wissen ein individuelles sein oder ein „Transaction Memory" einer Gruppe darstellen. Das ist das Wissen dessen, wer etwas weiß. Dieses kann Bestandteil eines gemeinsamen individuellen Wissenspools werden.

Neben der Entstehung ist die *Weitergabe von Wissen* relevant. Somit rückt der Begriff **Wissensmanagement** in den Fokus des Lernenlernens und Lernenlehrens.

Wissensmanagement beinhaltet Wissensproduktion, -reproduktion, -distribution, -verwertung und -logistik auf der individuellen, gruppenbezogenen und institutionellen Ebene (vgl. Molz 1999). Es umfasst die gezielte und nachhaltige Nutzung kollektiver Intelligenz auf diesen Ebenen, wobei – innerhalb dieser – die drei Bereiche Materie, Inhalte und Interaktion aufeinander abgestimmt sind. Man meint also nicht nur einen (*engen*) kognitiven, methodischen oder technologischen Aspekt (Gestaltung, Entwicklung und Verwaltung von Wissen), sondern (*erweitert* aufgefasst) eine positive „Haltung" (vgl. 1.2.2.2), die einen bewussten, elaborierten Umgang sowie die bewusste Speicherung und Weitergabe der immateriellen Ressource „Wissen" beinhaltet.

Wissensmanagement bedeutet demnach – vereinfacht gesagt – den sinnvollen, gewinnbringenden Umgang mit Wissen. Dabei lassen sich ein *innerer* und ein *äußerer Kreislauf* unterscheiden (vgl. Rohleder 2004, 2 ff.). Während der äußere Kreislauf den klassischen Managementprozess (Zielsetzung, Umsetzung, Kontrolle) meint (vgl. auch Deming: Plan-Do-Check-Act-Zyklus)[2], enthält der innere Kreislauf die operative Umsetzung in sechs, folgend dargestellten Bausteinen:

- interne sowie externe Wissensidentifikation (Lokalisierung vorhandenen Wissens)
- Wissenserwerb (gezielte Beschaffung externen Wissens)
- Wissensentwicklung (Produktion neuer Ideen, Produkte etc.)
- Wissensverteilung (Optimierung des vorhandenen Know-hows)
- Wissensnutzung (produktiver, nützlicher Einsatz des Wissens)
- und Wissensbewahrung (zuverlässige Speicherung der neuen (Er)Kenntnisse)

Zudem kann man *vier Komponenten* bzw. Entwicklungslinien des *Wissensmanagements* (nach Reimann 2009, 33–57) unterscheiden:

- informationstechnische/ingenieurwissenschaftliche Entwicklungslinie (Daten und Informationsmanagement, Künstliche Intelligenz, Social Software)
- betriebswirtschaftliche Entwicklungslinie (Wissenscontrolling, Qualitäts- und Prozessmanagement, Strategie und Organisationsentwicklung)
- soziokulturelle bzw. soziologische Entwicklungslinie (Werte- und Vertrauensmanagement, Organisationskultur, organisationales Lernen)
- personale und psychologische Entwicklungslinie (Personal- und Kompetenzmanagement, individuelles Lernen, Motivation, Emotion und soziale Interaktion)

---

2 Demingkreis bzw. PDCA-Zyklus: https://de.wikipedia.org/wiki/Demingkreis [Abruf am 29.10.2023]

Die inhaltliche Zuordnung zu den vier Komponenten kann zwar im Einzelnen kritisiert werden, die Einteilung ergibt aber doch einen brauchbaren Gesamtrahmen für die Analyse und Gestaltung von Wissen (vgl. Lehner/Amende 2009, 7).

Vor allem die beiden letztgenannten (die soziokulturellen bzw. soziologischen sowie die personalen und psychologischen) Entwicklungslinien *betreffen die Schule*. Im Rahmen eines „Kompetenzmanagements" stellt sich nämlich schulisch grundsätzlich folgende Frage: Inwieweit sind – im Rahmen der *Wissensgesellschaft* und des daraus sich ergebenden *Wissensmanagements* – die heute zum Lernen angebotene Wissensinhalte morgen noch gültig? Es muss demnach, mit Blick auf die Zukunft, verstärkt darum gehen, neben diesem (begrenzt nutzbaren) schulischen Wissen, den *Wissenserwerb selbst* und auch die dafür notwendigen Kompetenzen *in den Mittelpunkt* des Lehrens und Lernens zu stellen. *Das bedeutet, es gilt das Lernen selbst so zu erlernen, dass künftig aktuell erforderliche Kenntnisse selbstständig, kurzfristig und effektiv erworben werden können* (vgl. auch Weinert/Schrader 1997, 295). Es kommt also darauf an, dieses Lernenlernen *mit* der systematischen Vermittlung der Grundstrukturen und Grundbegriffe der Schulfächer zu *verbinden* (vgl. auch Dalin 1997, 125).

In den letzten Jahren hat allerdings auch die informationstechnische Entwicklungslinie für die Schule sehr große Bedeutung gewonnen. Insbesondere durch die Freigabe der Software ChatGPT (Generative Pre-trained Transformer) durch die Firma OpenAI im November 2022 entstand in der Öffentlichkeit großes Interesse an der Künstlichen Intelligenz. Während Internet-Suchmaschinen wie z.B. Google im Wesentlichen nur Links zu weiterführenden Websites boten, konnten diese Sprachmodelle natürlich klingende Antworten generieren. ChatGPT3 war mit Daten bis September 2021 trainiert worden, Experten sprechen von 175 Milliarden Parametern. Mit dem offenen Internet war es nicht verbunden, konnte also keine aktuellen Abfragen beantworten. Dennoch kam es zu einem beispiellosen Hype um diesen Chatbot, da auch Laien mit der KI interagieren konnten, ohne Computerkenntnisse zu besitzen. Die Nutzung ist inzwischen nicht nur durch Eingaben an der Tastatur von PCs, sondern auch durch Spracheingabe möglich, was bereits Grundschülern die Anwendung am häuslichen Computer oder Tablet erleichtert.

Damit kommt es auch im Bildungssystem zu einem rapiden Umbruch. Lehrkräfte können Lehrpläne, Unterrichtsvorbereitungen, Proben und auch Korrekturen von Chatbots ausführen lassen. Schülerinnen und Schüler lassen sich Unverstandenes erklären oder Hausaufgaben, Text- und Lernstoffzusammenfassungen werden von ChatGPT erledigt. Der Einsatz derartiger KI-Programme im Unterricht und der Stellenwert schriftlicher Hausaufgaben müssen neben anderem neu überdacht werden. Der Wissenserwerb, die Strukturierung neuen Wissens bis hin zur Wissensentwicklung werden durch den ubiquitären Einsatz der Chatbots völlig neu strukturiert werden müssen.

Die KI hilft zudem der Schule bei der Entwicklung und Präsentation virtueller Welten, in denen mithilfe von VR- und AR-Brillen weit größere Dimensionen des Lernens erschlossen werden können.

Voraussetzung für die kluge Nutzung der Chatbots und weiterer Hilfsprogramme der KI bleibt allerdings immer eine solide Grundlage im Wissenserwerb, in der Nutzung kognitiver und metakognitiver Strategien, in der kritischen Überprüfung der Wissensquellen und in einer moralisch und ethisch verantwortungsvollen Bewertung der vorgeschlagenen Wissensnutzung.

Insofern bilden unsere herausfordernde *Wissensgesellschaft und* das sich daraus ergebende, notwendige *Wissensmanagement*, den großen *Rahmen, in welchem das Lernen des Lernens (LL) stattfinden muss*. Da das oben beschriebene strukturierte, gewinnbringende Lernen nur bedingt angeboren ist und größtenteils erlernt werden muss, bedarf es der Unterstützung. Das bedeutet, dass z.B. sinnvolles Lernen in der Schule *gelehrt* werden muss, um sich die für die Zukunft erforderlichen Kenntnisse selbstständig erarbeiten zu können.

1.2 Bildung als übergeordnetes Ziel für das Lernen des Lernens

Um den Zusammenhang zwischen dem (Er)Lernen des Lernens und dem allgemein anerkannten, schulischen Ziel „Bildung“ zu erkennen, muss – wenigstens kurz – dieser umfassende, speziell deutsche Begriff beschrieben werden.

1.2.1 Bildung als Leitkategorie

Als einer der Väter der modernen Auffassung von Bildung gilt *Wilhelm von Humboldt*. Nach dessen Ideal ist Bildung mehr als die reine Aneignung von Wissen. Bildung ist ein Prozess der Individualisierung, durch den der Mensch seine Persönlichkeit entfalten kann[3]. Damit wird angedeutet, dass es beim Erwerb von Bildung nicht nur um Wissensinhalte, sondern um einen die ganze Persönlichkeit des Menschen umfassenden Prozess geht.

Auch in der jüngeren Vergangenheit griff z.B. *Wolfgang Klafki* diesen begriffserweiternden Gedanken auf und setzte sich mit Bildung intensiv und kritisch auseinander (vgl. z.B. Klafki 1993 und 2007, 19–25). Er spricht von „Bildung als Befähigung zu vernünftiger Selbstbestimmung“ sowie von „Bildung als Subjektentwicklung im Medium objektiv-allgemeiner Inhaltlichkeit“. Durch Bildung soll sich das Individuum emanzipieren von Vorgaben durch andere, soll frei denken und eigene moralische Entscheidungen treffen können.

Dabei orientiert sich das Bildungskonzept für Gegenwart und Zukunft an folgenden drei Grundprinzipien (vgl. Klafki 1993, 98 ff.):

---

3 Vgl. https://www.bildungsxperten.net/wissen/was-ist-bildung/ [Abruf am 22.03.2020]

- Bildung für alle,
- Bildung im Medium des Allgemeinen
- und Bildung in allen Grunddimensionen menschlicher Fähigkeiten.

Der Bildungsbegriff steht demnach (vgl. Stangl 2020) in enger Beziehung mit gesellschaftlichen Wertvorstellungen und individuellen Überzeugungen. Bildung ist darüber hinaus sowohl Prozess als auch Produkt der Persönlichkeitsentfaltung. Ein *umfassender Bildungsbegriff geht heute* – ganz im Sinne Humboldts – *weit über Wissensvermittlung und auch den traditionellen schulischen Unterricht* hinaus. Bildung bedeutet nämlich

- die Entwicklung der gesamten Persönlichkeit,
- die Vorbereitung auf künftige Lebensabschnitte durch die Nutzung von Wissen und die Möglichkeit zum Weiterlernen sowie
- die aktive Teilhabe an der Gesellschaft.

Zudem soll und muss Bildung auch dazu beitragen, soziale Unterschiede auszugleichen und die Zukunftschancen aller Menschen zu verbessern, insbesondere jener, deren Ausgangsbedingungen ungünstiger sind.

Um die so beschriebene Bildung zu erreichen, muss jeder Mensch Wissensinhalte, Emotionen, soziale Einstellungen, Haltungen etc. in seinem Gedächtnis aufnehmen. Das bedeutet: Menschen müssen diese Dinge größtenteils erlernen, da der Mensch zwar lernfähig, aber für die genannten Bereiche genetisch keine festen Entwicklungsmuster, d.h. keine angeborenen Begabungen aufweist. Manches Lernen findet unbewusst oder spontan statt, wie z.B. die Erkenntnis, nicht auf eine heiße Herdplatte zu fassen oder das soziale, familiäre Miteinander. Vieles aber muss *bewusst* erlernt werden, um zu Bildung zu werden und die Persönlichkeit auszureifen. Dazu gehören beispielsweise Lesen, Schreiben, Fremdsprachen, mathematisch-naturwissenschaftliche Erkenntnisse, Literatur, gezielte motorische Fähigkeiten etc.

Dies beschrieb Wilhelm Busch bereits 1865 in „Max und Moritz, einer „Bubengeschichte in sieben Streichen".

Es heißt dort[4]:

---

4 Quelle: https://www.wilhelm-busch.de/werke/max-und-moritz/alle-streiche/vierter-streich/ [Abruf am 31.10.2023]

Also lautet ein Beschluß:
Daß der Mensch was lernen muß.
Nicht allein das ABC
Bringt den Menschen in die Höh,
Nicht allein im Schreiben, Lesen
Übt sich ein vernünftig Wesen;
Nicht allein in Rechnungssachen
Soll der Mensch sich Mühe machen;
Sondern auch der Weisheit Lehren
Muß man mit Vergnügen hören.
Daß dies mit Verstand geschah
War Herr Lehrer Lämpel da.

Um letztgenannte Dinge (er)lernen zu können, ist es notwendig, Hilfen von außen zu bekommen. Dazu ist die Schule da. Diese Institution soll den Schülerinnen und Schülern Bildungshilfe leisten und die Lernenden auf die künftigen Lebensabschnitte durch die Nutzung von Wissen und die Möglichkeit zum Weiterlernen vorbereiten. Der Grund für die Kompetenz, selbstständig lernen zu können, ist, dass schulisches, angeleitetes Lernen zeitlich begrenzt ist. Es ist demnach nicht erst als Erwachsener notwendig, sich neue Inhalte selbstständig anzueignen. Da dieses selbstständige Lernen ebenso erlernt werden muss, gilt es, zu diesem Lernenlernen frühzeitig anzuleiten.

Zusammengefasst stellt demnach *Bildung die Leitkategorie* für die Zielsetzung der Schule und in dessen Folge *auch für das Erlernen des selbstständigen Lernens (des Lernenlernens)* dar. Die Konkretisierung des Begriffs „Bildung“ soll der Inhalt des nächsten Abschnitts zeigen.

1.2.2 Bildung als Erwerb von Kompetenz und Haltung

Um Bildung und deren Erwerb konkreter zu fassen, können zwei andere Begriffe hinzugezogen werden. Das sind „Kompetenz“ und „Haltung“. Der Erwerb von Kompetenzen (vgl. u.a. Weinert/Schrader 1997,295 ff.) sowie von Haltungen (vgl. Hattie/Zierer 2020 und Zierer 2020) spielt für die schulische Bildung eine entscheidende Rolle. Beide Begriffe enthalten konkrete Bereiche, die auf Bildung zielen. Diese beiden Bereiche können definiert und bewusst im schulischen Unterricht gefördert werden. Um den Zusammenhang zum Lernen des Lernens (LL) herzustellen, gilt es zunächst, „Bildung“ als eben diesen Erwerb von Kompetenzen und Haltungen zu beschreiben.

1.2.2.1 Bildung als Erwerb von Kompetenz

„Unter *Kompetenz* wird in der breiteren Bildungsdiskussion allgemein die Verbindung von Wissen und Können in der Bewältigung von Handlungsanforderungen verstanden. Als kompetent gelten Personen, die auf der Grundlage von Wissen, Fähigkeiten und Fertigkeiten aktuell gefordertes Handeln neu generieren können. Insbesondere die Bewältigung von Anforderungen und Situationen, die im besonderen Maße ein nicht routinemäßiges Handeln und Problemlösen erfordern, wird mit dem Kompetenzkonzept hervorgehoben." (zit. n. BIBB 2020)

Klassisch geworden ist die Bestimmung von Franz E. Weinert, der *„Kompetenzen"* definiert als „die bei Individuen verfügbaren oder durch sie erlernbaren kognitiven Fähigkeiten und Fertigkeiten, um bestimmte Probleme zu lösen, sowie die damit verbundenen motivationalen, volitionalen (willentlichen) und sozialen Bereitschaften und Fähigkeiten, um die Problemlösungen in variablen Situationen erfolgreich und verantwortungsvoll nutzen zu können" (Weinert 2001, 27 f.). Weinert kennzeichnet Kompetenzen zudem durch folgende *Merkmale:*

- Kompetenzen sind anforderungsbezogen zu definieren (d.h., die Struktur einer Kompetenz ergibt sich entsprechend aus den Anforderungen, die zu bewältigen sind).
- Die zur Bewältigung der Anforderungen notwendige Kompetenz sollte einen gewissen Grad an Komplexität aufweisen (entsprechend sind Kompetenzen nicht vollständig automatisierbar, sie sind – treffender ausgedrückt – automatisierte Fertigkeiten).
- Kompetenzen beinhalten sowohl kognitive als auch motivationale, volitionale, ethische und/oder soziale Komponenten.
- Lernprozesse sind eine notwendige Bedingung zur Erlangung von Kompetenzen.
- Von diesem Kompetenzverständnis sind konzeptionell die Konstrukte „Schlüsselkompetenz" und „Metakompetenz" abzugrenzen. (Weinert zit. n. Knigge 2014, 7).

Die *Kritik des Kompetenzbegriffs* im Verhältnis zum *Bildungsbegriff* offenbart sich an mindestens folgenden drei Aspekten:

- *Erstens:* Bildung ist nicht bis ins Detail aufzuschlüsseln, geschweige denn durch eine Aneinanderreihung von Kompetenzen adäquat zu beschreiben. Das Ganze ist mehr als die Summe seiner Teile, um mit Aristoteles zu sprechen. Bildung umfasst neben diversen Kompetenzen auch das Wissen um die Grenzen des eigenen Wissens und Könnens. Nikolaus Cusanus nennt es „De docta ignorantia" und meint neben Kompetenzen auch Wertungen, Überzeugungen sowie Einstellungen. Sie ist durch eine Ausgewogenheit und Abgestimmtheit seiner Bestandteile gekennzeichnet. Was nützt zum Beispiel ein hohes Maß an spezialisierter fachlicher Kompetenz, wenn soziale Kompetenzen fehlen? Zudem können sich gerade auch zwischen verschiedenen Kompetenzen pädagogisch relevante Wechselwirkungsverhältnisse ergeben. Oder: Was nutzen hohe Kompetenzen in allen Bereichen, wenn das Grundverständnis des Menschseins und der Welt fehlt? Das Spannungsfeld, das sich somit zwischen Bildung und Kompetenzen ergeben kann, ist folgender Art: Durch eine Vereinseitigung, also durch ein Übergewicht der Kompetenzen im Vergleich zu allen anderen Eigenschaften der Bildung oder durch die Überbetonung einer einzelnen Kompetenz, kann der Bildungsprozess im Ganzen ins Stocken, ins Wanken geraten. Insofern ist eine Ausgeglichenheit und Ausgewogenheit anzustreben. Wissen, Können, Kompetenzen sind für den Bildungsprozess wichtig, ja treiben ihn geradezu an. Aber erst in der gegenseitigen Verbindung dieser Kategorien und in ihrer Verflechtung mit Wertungen, Haltungen und Einstellungen erfüllen sie ihren Bildungszweck. Bereits Johann Friedrich Herbart hat in seinem Buch „Umriss pädagogischer Vorlesungen" von 1835 (S. 37) auf diesen Zusammenhang aufmerksam gemacht: „Der Wert des Menschen liegt zwar nicht im Wissen, sondern im Wollen." Weiter unten wird darauf nochmals zurückgekommen.

- *Zweitens*: Es existiert ein weiteres Spannungsfeld, das für die pädagogische Praxis bedeutsam ist. Während nämlich Kompetenzen objektiv formuliert werden können, ist Bildung immer ein individueller Vorgang und entzieht sich in seiner Komplexität einer vollständigen Objektivierung und Messbarkeit. Zu denken ist hier an die einflussreichen Determinanten im Leben eines Menschen, wie zum Beispiel arm – reich, weiblich – männlich, gesund – krank, europäisch – afrikanisch. Dem würden Empiriker nun sofort widersprechen und entgegenhalten: Zum einen liegen bereits gut entwickelte und evaluierte Tests vor, die uns Glauben schenken wollen, alles berechnen und messen zu können. Zum anderen wird die Zukunft zeigen, dass selbst das, was sich heute der Messung entzieht, früher oder später gemessen werden kann. Drei Gegenargumente hierzu zur Wiederholung: Wenn das Ganze mehr ist als die Summe seiner Teile, dann kann es auch durch ein noch so ausgeklügeltes und evaluiertes Verfahren zur Messung einzelner Teile nicht erfasst werden. Der derzeit feststellbare Trend, Tests in quantitativer Richtung auszuweiten, hilft wenig. An den immer neu entstehenden Sammelsurien an diversen Kompetenzmodellen, die nahezu beliebig mit 10, 20 oder 30 Kompetenzen aufwarten, lässt sich dies auf einen Blick nachvollziehen. Zudem ist Bildung in erster Linie ein Prozess, der noch dazu ein Leben lang dauert und erst mit dem Tod sein diesseitiges Ende findet (vgl. Zöpfl/Huber 1990). Da jede Messung, insbesondere von Kompetenzen, nur eine statische Aufnahme eines Istzustandes beschreibt, kann sie im nächsten Moment schon wieder hinfällig sein. Darüber hinaus ist daran zu zweifeln, ob empirische Verfahren in Zukunft beispielsweise Aspekte wie Glauben oder Überzeugungen oder die Brücke zwischen moralischem Denken und moralischem Handeln erfassen können. Der Mensch ist kein Homo arithmeticandi, schon eher ein Homo arithmeticus. Er ist demnach durchaus ein rechnendes Wesen, aber kein bis ins letzte Detail berechenbares Wesen.

- *Drittens*: Noch ein letzter Punkt ist aus der Analyse des Kompetenzbegriffs abzuleiten. Bildung lässt sich nicht nur vom Output her denken, sondern ist mehr als dieser. Auf die Prozesshaftigkeit wurde bereits hingedeutet und auch der Input ist nicht von der Hand zu weisen. Es ist ein zentraler Kategorienfehler, eine Schimäre der Diskussion um Kompetenzorientierung, zu glauben, dass allein am Output irgendetwas über Bildungsprozesse ausgesagt werden kann. Selbst Kompetenzen sind an Inhalten festzumachen und an Domänen gebunden. Wolfgang Klafki hat diesen Sachverhalt mit den Worten der doppelseitigen Erschließung von „Mensch und Welt" umschrieben und in der Theorie der kategorialen Bildung auf den Punkt gebracht. Diese Inhalte sind jedoch nichts anderes als Inputs im Bildungsprozess. Die Gefahr daraus ist, dass in der aktuellen Diskussion Inhaltsfragen immer mehr in den Hintergrund rücken. Ein Beispiel hierzu: In Zukunft, so eine mögliche Gefahr, werden Lehrpläne keine inhaltlichen Vorgaben mehr machen, sondern nur noch Kompetenzen nennen und unterschiedliche Kompetenzstufen beschreiben. Aber was soll eine Lehrkraft damit anfangen? Sie wird auf dieser Basis wohl kaum den Unterricht planen können. Vielmehr ist sie mehr denn je gefordert, sich über die inhaltliche Dimension des Unterrichts Gedanken zu machen und den Input zu bestimmen. Erziehungswissenschaftliche Forschung, die sich ausschließlich an Kompetenzen orientiert, klammert diese wichtige Frage aus und überlässt sie den Praktikern. In der Mitte des letzten Jahrhunderts stellte man sich dieser Aufgabe im erziehungswissenschaftlichen Diskurs, und Autoren wie Martin Wagenschein, Hermann Heimpel und Wolfgang Klafki entwickelten hier wichtige Theoriekonzepte (vgl. dazu Zierer 2012).

Zwischen den Begriffen *Bildung* und *Kompetenz* bestehen demnach *Unterschiede*, aber auch Gemeinsamkeiten. Wie oben ausgeführt, ist für den Bildungsbegriff die Selbstentfaltung und Selbstverwirklichung des Individuums als Prozess und normatives Ziel kennzeichnend. Das Bildungsdenken zielt auf einen, mit umfassendem Wissen und verbindlichen Werten ausgestatteten Menschen, der sämtliche in ihm angelegten Fähigkeiten bei sich selbst ausbildet und sie für eine, die eigenen sozialen Milieugrenzen übersteigende Lebensführung nutzt. Das dient der Allgemeinheit. Demgegenüber sieht der Kompetenzbegriff den Menschen als ein konkretes Ensemble von Dispositionen und Fähigkeiten, die sich in den jeweiligen gesellschaftlichen Verhältnissen generativ entwickeln und so der Autonomiegewinnung des Einzelnen im sozialen Austausch dienen (vgl. Erpenbeck/Weinberg 2004, 71).

Unter dem speziellen Aspekt des Lernenlernens bedeutet das, dass Bildung die Kompetenz einschließt, selbstständig und effizient lernen zu können. Da Bildung aber mehr ist als Kompetenz heißt das, die Kompetenz auch durch eine entsprechende „Haltung" (hier zum Lernen) zu ergänzen.

1.2.2.2 Bildung als Erwerb von Haltung

Vor dem Hintergrund der aktuellen *Renaissance des Haltungsbegriffs* – es wird z.B. „Haltung" gegenüber der Umweltverschmutzung oder gegen antidemokratische Tendenzen gefordert – erscheint es notwendig, eine *begriffliche Reflexion* vorzunehmen. Der Duden[5] bezeichnet „Haltung" als:

- „Innere (Grund)Einstellung, die jemandes Denken und Handeln prägt". Gemeint ist damit beispielsweise eine konservative, fortschrittliche oder zwiespältige Haltung.
- „Verhalten, Auftreten, das durch eine bestimmte innere Einstellung, Verfassung hervorgerufen wird." Konkret bedeutet dies z.B. eine vornehme, selbstbewusste oder ruhige Haltung.
- „Beherrschtheit; innere Fassung." Diese Bedeutung von Haltung zeigt sich beispielsweise in den Ausdrücken: eine feste Haltung zeigen oder die Haltung verlieren.

Diesem klassischen Verfahren der Begriffsexplikation folgend wird daher im Folgenden auf etymologische und alltagssprachliche Aspekte ebenso eingegangen wie auf wissenschaftliche Ergebnisse.

Das Wort „Haltung" stammt u.a. vom mittelhochdeutschen „halten" ab, das mit „hüten, schützen, bewahren", später auch mit „halten, festhalten" übersetzt wurde.

Dementsprechend finden sich in der Alltagssprache zwei Denominationsgruppen: Zum einen wird das Wort mit Blick auf das Körperliche verwendet („Achte auf eine gute Körperhaltung!") und zum anderen hinsichtlich des Geistigen („Er hat in dieser schwierigen Situation Haltung gezeigt."). Mit diesen Beispielen zeigt sich, dass Haltung im Kern etwas Positives, Wichtiges, Erhabenes meint und den Bezug des Menschen zu sich selbst und der Welt beschreibt.

Für den Haltungsbegriff, wie er im vorliegenden Zusammenhang diskutiert wird, ist die zweite Bedeutung von Interesse. Dabei wird ersichtlich, dass Haltungen von außen, also von anderen Menschen, beobachtbar sind, aber gleichzeitig auch von innen, von jedem einzelnen Menschen, in den Blick genommen werden können. Letzteres setzt ein Selbstbewusstsein voraus, das in der wissenschaftlichen Analyse des Haltungsbegriffes wesentlich ist.

Blickt man vor diesem Hintergrund in die Begriffsgeschichte, so reicht diese zurück bis in die Antike. Beispielsweise findet sich bei Aristoteles in seiner Nikomachischen Ethik das Wort „hexis", das zentral ist für eine Tugendethik: Zwar kann der Mensch nichts für die Umstände und die daraus resultierenden Gefühle, die ihn ereilen. Aber er ist verantwortlich, wie er damit lebt und was er daraus macht. Ein damit verbundenes Selbst- und Weltverständnis stellt eine Konkretisierung der allgemeinen

---

5 Quelle: https://www.duden.de/rechtschreibung/haltung [Abruf am 25.11.2020]

Bestimmung von Haltungen als Selbst- und Weltbezug dar. Das angedeutete Merkmal der Stabilität wird von Otto Friedrich Bollnow weiter herausgearbeitet, wenn er den Haltungen die Stimmungen gegenüberstellt: Während Stimmungen etwas sind, was sich schnell ändern kann und insofern labil ist, erweisen sich Haltungen als beständig und überdauernd – ohne aber unveränderbar oder starr zu sein. Anders als bei Stimmungen, sind Veränderungen von Haltungen die Folge von tiefgreifenden Erfahrungen, womit erneut das Selbstbewusstsein als Kategorie angesprochen ist.

Eine weitere Dichotomie wird sichtbar, wenn der Haltungsbegriff im Singular und im Plural – allerdings laut Duden selten – verwendet wird. Grundlage dafür ist, dass der Mensch einerseits eine Grundhaltung zum Leben insgesamt entwickeln kann, andererseits diese aber aus einer Reihe von Teilhaltungen zu Einzelfragen des Lebens besteht. Letzteres ist die Basis für eine Professionshaltung, die im Kontext von Erziehung und Unterricht zu fordern ist.

Zeigen sich diese Aspekte des Haltungsbegriffs annähernd widerspruchsfrei, offenbaren sich die Schwierigkeiten beim Blick in den aktuellen internationalen Diskurs. Denn dort gibt es ein Begriffswirrwarr: Habitus, Einstellungen, Wertungen, Überzeugungen, beliefs, attitudes, efficacy, mindset und mindframes, um nur ein paar Beispiele zu nennen. Was ist was und wie hängt das Eine mit dem Anderen zusammen? Im Rahmen eines Stichwortbeitrages lassen sich diese Fragen nicht abschließend beantworten, aber ein Versuch der Ordnung soll dennoch vorgelegt werden.

Ausgehend von Jürgen Habermas' „Drei-Welten-Theorie" unterscheidet Ken Wilber (vgl. 2002) *vier Erkenntnisquellen*, die mit Blick auf Haltungen unterschiedliche Facetten eröffnen:

- *Erstens* einen objektiven Selbst- und Weltbezug, deren Grundlage empirische Daten sind. Haltungen sind hier objektive Einstellungen.
- *Zweitens* einen subjektiven Selbst- und Weltbezug, deren Grundlage Interessen, Wünsche und Bedürfnisse sind, wie man sie in Glaubenssätzen findet. Haltungen sind hier subjektive Überzeugungen.
- *Drittens* einen intersubjektiven Selbst- und Weltbezug, deren Grundlage Werte und Normen sind, wie sie durch einen Diskurs in einer Gemeinschaft festgelegt werden. Haltungen sind hier intersubjektive Wertungen.
- Und *viertens* einen interobjektiven Selbst- und Weltbezug, deren Grundlage systemische Zusammenhänge sind, wie sie in Rollenzuschreibungen sichtbar werden.

Haltungen sind demnach systemische Einstellungen. Insofern umfassen Haltungen immer subjektive Überzeugungen, intersubjektive Wertungen, objektive Einstellungen und interobjektive Einstellungen. Da es zwischen diesen Facetten durchaus Widersprüche geben kann – so kann ein Mensch mit Leidenschaft Jäger sein, aber sich ebenso für artgerechte Tierhaltung einsetzen –, ist kennzeichnend für *Haltungen*, dass sie *nicht konsistent, also widerspruchsfrei* sind, sondern *kohärent, also zusammenhängend.* Diese Kohärenz weist erneut auf die Veränderbarkeit von „Haltungen“ hin.

Im Kontext einer Professionalisierung ist es genau dieser Möglichkeitsraum, der evident wird. Dabei geht es nicht einseitig um eine Gesinnungsethik (nach dem Motto: „Hauptsache die richtigen Haltungen!“) oder eine Verantwortungsethik (nach dem Motto: „Hauptsache das Ziel wird erreicht!“). Vielmehr muss es in Anlehnung an Max Weber um eine Ethik der Profession gehen, die *sowohl nach den Ursachen als auch nach den Folgen des Handelns* im Licht einer Humanität und eines daraus folgenden Bildungsverständnisses fragt.

Der *Blick auf* den Zusammenhang von *Bildung und Schule* zeigt Folgendes:

„Schulen sollen nicht nur Wissen und Können vermitteln, sondern auch Herz und Charakter bilden.“ So steht es in Artikel 131 der Verfassung des Freistaates Bayern. So selbstverständlich der Satz auf den ersten Blick auch ist, so facettenreich zeigt er sich bei näherer Betrachtung. Sein Verständnis setzt nämlich eine Auseinandersetzung mit dem Bildungsbegriff voraus. Die bisher angestellten Reflexionen können hilfreich sein und sie weisen den Weg, Bildung als die Einheit von Kompetenz und Haltung zu sehen. Denn es ist nicht nur das Wissen und Können, das Bildung ausmacht. Wissen und Können und in diesem Sinn Kompetenzen sind für sich alleine genommen wertfreie Kategorien. So kann ein Mörder durchaus viele Kompetenzen besitzen – er ist und bleibt ein Mörder. Erneut sei auf den Satz von Johann Friedrich Herbart hingewiesen, der dezidiert auf diesen Zusammenhang aufmerksam gemacht hat: „Der Wert des Menschen liegt zwar nicht im Wissen, sondern im Wollen.“ Für Bildung entscheidend ist folglich eine ethische Dimension, die mit dem Begriff der „Haltung“ umschrieben werden kann: Wollen und Werten sind also grundlegend für Bildungsprozesse.

Bildung umfasst folglich Kompetenz (Wissen und Können) und Haltung (Wollen und Werten). Beide Komponenten müssen immer wieder aufeinander bezogen werden.

Unter dem speziellen Aspekt des Lernenlernens bedeutet das, zum einen Wissen und Können zum richtigen, effizienten Lernen zu besitzen, zum anderen auch lernen zu wollen und das Lernen an sich grundsätzlich positiv zu betrachten (vgl. Zierer 2015).

Für die Schule resultiert daraus der besondere Auftrag bei den Bildungszielen, die Schülerinnen und Schüler darin zu bestärken, eigene Erfahrungen zu machen statt zu schnell auf die Antworten von Chatbots zuzugreifen. Zudem muss man ihnen die Gefahren der Abhängigkeit von Chatbots und anderen KI-Programmen frühzeitig vor Augen führen, um das eigene Denken und Verstehen nicht zu vernachlässigen (vgl. Zierer 2024).

1.3 Digitalisierung und Künstliche Intelligenz (KI) als neue Herausforderungen

1.3.1 Neue technische Möglichkeiten in der Gegenwart

Bereits seit vielen Jahren existieren digitale Werkzeuge, die auch im Bildungsbereich verwendet werden. Dazu gehören die Nutzung von Suchmaschinen oder der Online-Enzyklopädie Wikipedia. Gemeint sind auch Plattformen, die Erklärvideos bis zur maschinellen Übersetzung anbieten. Einige dieser Möglichkeiten basieren auf Methoden der Künstlichen Intelligenz (KI): Die Suche nach Bildern in Google nutzt neuronale Netze, die es ermöglichen, Objekte in Bildern zu identifizieren. Maschinelle Übersetzungen basieren auf großen Sprachmodellen, wie sie auch den unten beschriebenen Textgeneratoren wie z.B. ChatGPT zugrunde liegen (vgl. Schmid 2023a).

Künstliche Intelligenz hat schon bisher weite Verbreitung gefunden: Wer einige Male Google zur Internetsuche nutzt, wird bald personalisierte Werbung vorfinden. Google ergänzt bereits bei der Eingabe von Anfragen mögliche Themen. Persönliche Assistenten wie Siri, Alexa oder Cortana arbeiten mit NLP[6]. Auf vielen Websites finden sich Chatbots, die auf der Basis von firmeneigenen Informationen und FAQs der Kunden trainiert wurden und viele Anfragen standardisiert und automatisch beantworten. Übersetzungstools wie Google Translate und DeepL helfen uns schon seit Längerem, in mehr als 100 Sprachen unsere Texte übersetzen zu lassen. Seit November 2022 erfolgte eine neue digitale Revolution mit der Freigabe von ChatGPT mit täglich über einer Million Anfragen. Seither schießen weitere KI-Programme aus dem Boden, um in der Industrie, in der Medizin, im Finanz- und Transportwesen und bei der Vermarktung von Produkten und Dienstleistungen Prozesse zu optimieren, Effizienzsteigerungen zu erzielen, Entscheidungen zu treffen und Probleme zu lösen. Die KI ist schon lange in unserem Alltag angekommen wie auch die folgenden Informationen zeigen.

KI-Anwendungen haben aber auch bereits den Alltag von Grundschulkindern erreicht. Die Eltern haben oftmals schon mit ChatGPT kommuniziert. Damit wurde die KI in eigenständigen Programmen oder Apps verwendet. In der Folge haben viele Kinder schon miterlebt, wie mit dem Smartphone oben genannte Formate genutzt werden können. Der Kontakt der Kinder hängt sicher von der Affinität der Eltern zu den neuen Medien und Möglichkeiten ab. So bieten sich eventuell für Kinder Gelegenheiten, schon selbst Befehle beispielsweise an ChatGPT zu geben und so an Texte o.Ä. zu gelangen.

---

[6] Anm. d. Verf.: NLP (Natural Language Processing) im Zusammenhang mit KI sollte nicht verwechselt werden mit NLP (neuro-linguistisches Programmieren) als Sammlung von Methoden und Kommunikationstechniken, die psychische Abläufe im Menschen beeinflussen sollen.

1.3.1.1 Chatbots als Auslöser der KI-Welle: Dialogsysteme und Quellen

Chatbots wurden in der Erwachsenen- und Weiterbildung von Kowald schon 2019 nicht nur als Dienstleister im Kundenservice, Marketing und E-Commerce verwendet, sondern auch im Weiterbildungsbereich. Weiter sind die Chatbots länger schon in der Lage, Buchungen und Registrierungen durchzuführen oder Auskünfte zu Terminen, Qualifizierungsangeboten, Preisen und Trainern zu geben. Fragen und Hindernisse klären sie über gut gepflegte FAQ-Listen und deren perfekte Antworten schnell, ohne großen Aufwand rund um die Uhr und entlasten damit Weiterbildungsmanager, Trainer bei Routineaufgaben und auch die Lernenden selbst. Chatbots können demnach konkretes Fachwissen oder Drill-and-Practice-Übungen bereitstellen oder als Vokabel- und Sprachtrainer wirken. Als Begleiter im Lernprozess entstand durch ein Lernen im Dialog ein neues riesiges Wirkungsfeld.

Ab November 2022 entwickelte sich ein regelrechter Hype um das neue ChatGPT, das binnen einer Woche über eine Million neue Nutzer fand. Nach zwei Monaten waren es bereits über 100 Millionen. Derzeit besuchen etwa 1,7 Milliarden Menschen monatlich den frei verfügbaren Chatbot. Er basiert inzwischen auf der GPT-4-Technologie, die auf Erfahrungen und Lernprozessen von Algorithmen aus verschiedenen Netzwerken mit sehr großen Datenmengen basiert. ChatGPT wurde mit sehr vielen Texten aus dem World Wide Web trainiert, kann inzwischen auch auf das aktuelle Internet zugreifen und gibt auf dieser Grundlage plausible Antworten.

Chatbots bauen in einer Trainingsphase ihren Sprachschatz auf, indem sie Milliarden von digitalen Texten (z.B. aus Websites, Foren oder E-Books) hinsichtlich des Wortschatzes und der Struktur analysieren und das erworbene Wissen in einem großen Sprachmodell – Large Language Model (LLM) – speichern. Dazu muss das Gelesene zunächst in eine für einen Computer verständliche Form gebracht werden. Mit diesem Teilgebiet der Informatik beschäftigt sich die Computerlinguistik bzw. ihr Teilgebiet Natural Language Processing (NLP). Dieses NLP beschreibt Strukturen und Methoden, mit denen Grammatik und Syntax einer Sprache gespeichert („codiert") werden können (vgl. MEBIS Magazin 2023).

Große Sprachmodelle wie **Large Language Models (LLM)** können Textinhalte produzieren, die menschenähnlich klingen. Sie wurden entwickelt, um das Lernen von Sprachen zu unterstützen, indem sie Texte analysieren und dabei helfen, Vokabeln, Grammatik und andere sprachliche Aspekte zu verstehen. Sie arbeiten wie „stochastische Papageien": D.h. sie kombinieren auf Anfragen hin mögliche Zusammenhänge zwischen Begriffen, die mit hoher Wahrscheinlichkeit oft in Texten mit- oder nacheinander verwendet werden (Katze in der Nähe von Hund und Maus, Silvester und Rakete, Geburtstag und Geschenke).

GPT steht für „Generative Pre-trained Transformer" und ist ein weitverbreitetes Modell, das auf großen Mengen an Textdaten trainiert wurde. Es kann Texte generieren, Fragen beantworten und sogar Dialoge führen. Es wurde von Clickworkern in

Handarbeit verbessert, indem menschliche KI-Trainer mit dem Sprachmodell schriftliche Unterhaltungen führten, in denen menschliches Fehlverhalten wie Hass-Sprache, Wutausbrüche, verbale Aggressivität, Mobbing, verbale sexuelle Herabsetzung, Gewalt usw. abtrainiert und verboten wurden. In den Versionen GPT3 und GPT-4 bildet es die Basis vieler Chatbots wie z.B. ChatGPT, aber auch für Copilot bei BING. GPT-4 geht über ein reines Sprachmodell inzwischen hinaus, da es auch Bilder verstehen und generieren kann. Als „Multimodal Large Language Model" steht es für den Beginn der Kollaboration von KI-Anwendungen. Die Version GPT-4V(ision) mit Spracheingabe kann auch Spracheingaben zu Texten verändern. Sie ist zudem in der Lage, die Sprachausgabe mithilfe eines Text-zu-Sprache-Übersetzermoduls vorzunehmen. Das ermöglicht die Nutzung bereits durch Grundschüler.

GPT-4, **PaLM 2** und **Bard Gemini Pro** sind drei der fortschrittlichsten Sprachmodelle, die von OpenAI bzw. Google entwickelt wurden. Das PaLM-2-Sprachmodell ist ein von Google entwickeltes, ehrgeiziges Schlussfolgerungsinstrument mit 540 Milliarden Parametern. Das PaLM-2-Sprachmodell wurde auf Websites, in Büchern, Artikeln, Gedichten und Rätseln in über 100 Sprachen trainiert. Im Vergleich dazu wurde das GPT-4-Sprachmodell auf einem viel größeren Datensatz trainiert. Es nutzt 825 TB Textdaten aus Reddit, GitHub, Wikipedia und verschiedenen anderen Quellen. Während das GPT-4-Modell ein breiteres Spektrum an Textquellen abdeckt, wählt PaLM 2 einen vorsichtigeren Ansatz, indem es Texte vermeidet, die Hassreden oder Fehlinformationen enthalten. Bard Gemini Pro von Google verfügt über ein Context Window. Es kann bis zu 500 000 deutsche Wörter einlesen. Damit können inzwischen komplette Bücher hochgeladen und analysiert werden.

TextCortex ist ein AI-Assistent, der darauf abzielt, die Schreibqualität und das Internetabenteuer der Benutzer zu verbessern. Somit steht TextCortex als Webanwendung und Browser extension zur Verfügung. Er ist in über 4000 Websites und Anwendungen integriert. So lässt sich TextCortex weiterhin nutzen, egal auf welcher Webseite man sich befindet. Das Format wird mit der leistungsfähigsten Konversationslösung namens ZenoChat geliefert.

ZenoChat verwendet zusätzlich zu GPT-4 das Sophos-Sprachmodell und ist damit in der Lage, die Eingabeaufforderungen der Benutzer zu verstehen und hochwertige, menschenähnliche Ausgaben zu erzeugen. Da ZenoChat über ein Gesprächsgedächtnis verfügt, kann es außerdem mit jedem Gespräch besser auf die Fragen der Benutzer reagieren.

Vereinfacht gesagt, kann man ***Chatbots als KI-Hilfsprogramme*** für Nutzer sehen, die Sprache erkennen und Antworten in menschenähnlicher Form generieren können. Die Spracherkennung erfolgt sowohl durch geschriebenen als auch gesprochenen Text – und für die Schule wichtig: auch in handgeschriebenen Texten. Dabei muss aber jedem Nutzer immer bewusst sein, dass die Erstellung der Antworten nur auf Wahrscheinlichkeiten beruht – Experten sprechen von räumlichen Vektoren mit über 100 Milliarden Parametern. Chatbots konstruieren nur höchst wahrscheinliche Zusammenhänge zu den wichtigen Begriffen in den Anfragen der Nutzer. Je mehr sich die „Bedeutungsräume" zweier Wörter ähneln, desto häufiger tauchen sie in den Antworten von Chatbots nebeneinander auf.

Dadurch entsteht die *Gefahr von „Halluzinationen"*. Wenn man von ChatGPT verlangt „Schreibe einen wissenschaftlichen Aufsatz mit Belegen zum Thema xyz", dann fantasiert ChatGPT notfalls Belege und sogar Abbildungen. Das ist beängstigend. Zur Generierung eines Gedichts zum 80. Geburtstag des Onkels taugt ChatGPT, für die Abfrage von Faktenwissen eignet es sich dagegen noch nicht zuverlässig genug (vgl. Schmid 2023a). **Die Richtigkeit der Aussagen sollte daher immer überprüft werden.**

Ein Anfangsproblem bestand darin, dass die Quellen seiner scheinbaren Informationen von ChatGPT3.5 als Vorläufer der neuen KI-Welle nie angegeben werden konnten. Inzwischen werden nicht nur von ChatGPT-4, sondern auch von anderen Chatbots wie z.B. von Copilot BING Quellenangaben geliefert, wenn sich die Antworten auf existierende Internetlinks oder Bücher beziehen.

Bei den großen Techfirmen wie Microsoft, Google, Meta oder Amazon entstand seit 2022 ein wahres Wettrennen um neue KI-Anwendungen. Man sah und sieht darin sowohl für den privaten Gebrauch, v.a. aber für Unternehmen großen Nutzen und damit große finanziellen Gewinn.

Ein Chatbot arbeitet zuverlässig, wirkt geduldig und höflich, beantwortet einfache Fragen schnell und präzise, zeigt sich als anregender Chatpartner u.v.m. Dies kann in Zeiten von Fachkräftemangel helfen, Menschen für das einzusetzen, wo sie wirklich gebraucht werden: zur Lösung komplexer Fragen, um genau zuzuhören und für den menschlichen Umgang. Da Sprachmodelle mit kumulativen Daten trainiert werden, verbessert sich die Erfahrung der Nutzer mit Suchmaschinen, Texterstellung und Chatbots. So können die Nutzer weniger Zeit mit der Recherche verbringen und die gesuchten Informationen in kürzerer Zeit abrufen.

Auch in den Schulen beim Lehren und Lernen lassen sich Chatbots einsetzen: Beispielsweise können KI-gestützte Systeme häufig gestellte Fragen von Lernenden beantworten. Ein in die Homepage integrierter Chatbot kann Eltern bei organisatorischen Fragen unterstützen, und ein Chatbot als Lernprogramm kann individueller Lernberater sein. Im besten Fall werden Lehrkräfte entlastet und erhalten mehr Zeit für pädagogische Arbeit (vgl. MEBIS Magazin 2023).

Präziser betrachtet lassen sich für den **schulischen Bereich** fünf verschiedene Arten von Chatbots unterscheiden, die auf unterschiedliche Bedürfnisse und Anwendungsfälle zugeschnitten sind:

- **Informationsbots**: Diese Bots liefern Informationen auf Anfrage. Sie können zum Beispiel Fragen zu Kursinhalten, Prüfungsterminen oder allgemeinen Informationen zur Institution beantworten. Dann wird der FAQ-Bot vom Wissenslotsen zum digitalen Tutor (vgl. Kowald 2019).
- **Tutorbots**: Diese Bots fungieren als persönliche Tutoren. Sie können Lernmaterialien bereitstellen, Fragen beantworten, Übungen durchführen und

Feedback geben. Sie können auch personalisierte Lernpfade erstellen und den Fortschritt der Lernenden verfolgen.

- **Mentorbots**: Diese Bots bieten Orientierung und Unterstützung für Lernende. Sie können Ratschläge geben, Motivation fördern und bei der Zielsetzung helfen.
- **Administrative Bots**: Diese Bots helfen bei administrativen Aufgaben wie der Registrierung für Kurse, der Planung von Terminen oder der Beantwortung von Fragen zu Verfahren und Richtlinien.
- **Community-Bots**: Diese Bots fördern die Interaktion und Zusammenarbeit in Lerngemeinschaften. Sie können Diskussionen moderieren, Ressourcen teilen und gemeinsame Aktivitäten koordinieren.

1.3.1.2 Large Language Models werden mit RAG sicherer

Large Language Models (LLM), das sind – wie bereits genannt – große Sprachmodelle, produzieren auf Anfragen hin Textinhalte, die aus möglichen Zusammenhängen zwischen Begriffen mit großer Wahrscheinlichkeit eine sprachlich perfekte Antwort kombinieren. Vereinfacht gesagt *„vermuten"* die LLMs also nur die Antworten. Daraus resultieren gelegentlich auch falsche oder „erfundene" Inhalte und damit verbunden immer eine gewisse Unsicherheit bei der Richtigkeit.

Ein Jahr nach der Einführung von ChatGPT stellt OpenAI eine bahnbrechende Neuerung vor. Nutzer bekommen zukünftig die Möglichkeit, individuelle Versionen des KI-Chatbots zu erstellen. Dafür bedarf es einer **API** (Application Programming Interface) als Schnittstelle, die es unabhängigen Anwendungen ermöglicht, miteinander zu kommunizieren und Daten auszutauschen. Der Einsatz von firmenspezifischen Daten und Anwendungen würde damit den Chatbots die Möglichkeit eröffnen, nur innerhalb der verfügbaren Daten auf Kundenanfragen zu reagieren und nicht mehr auf die Datenbasis von ChatGPT 3.5 oder GPT-4 angewiesen zu sein, was gelegentlich zu wilden Vermutungen und Halluzinationen führt.

RAG (Retrieval Augmented Generation) hilft den LLMs, verlässlichere Antworten zu geben. Nach einer Suchanfrage eines Kunden (siehe Abb. 1) werden mit RAG zunächst alle verfügbaren Informationen aus der Datenbank eines Unternehmens abgerufen (siehe Abb. 2). Erst danach werden die Anfrage und die relevanten Informationen (siehe Abb. 3)aus der externen Datenquelle an das LLM weitergegeben (siehe Abb. 4). Die Datenbank eines Unternehmens kann laufend und billiger aktualisiert werden, als ein neues großes Sprachmodell zu trainieren. Damit werden die Antworten verlässlicher, genauer und „Halluzinationen" des LLMs können vermieden werden (siehe Abb. 5).

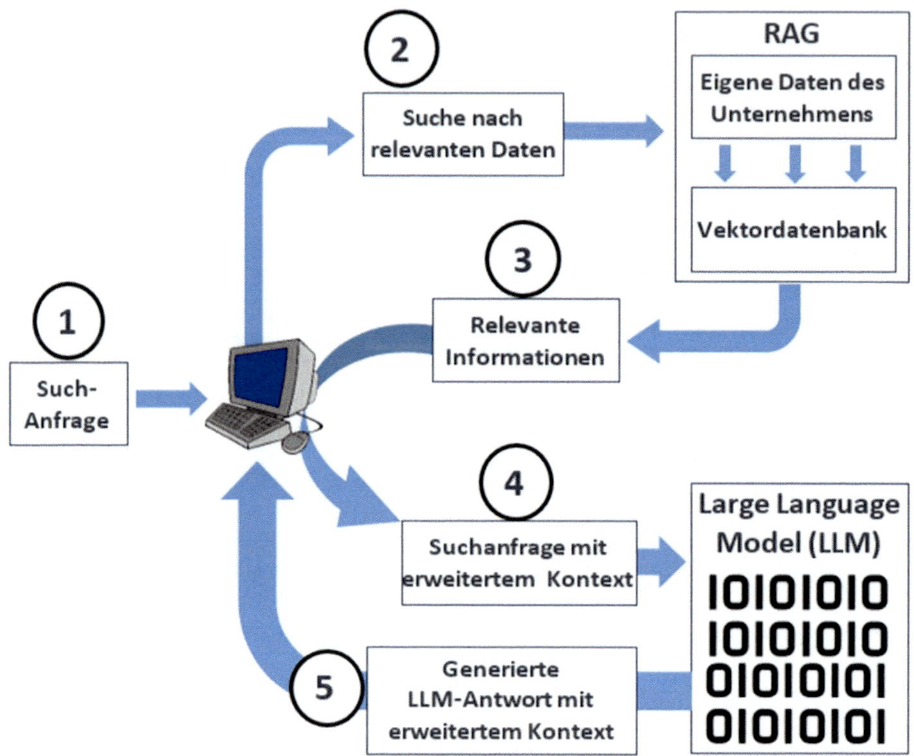

Abbildung 1: Retrieval Augmented Generation (eig. Darstell.)

Inzwischen verfügt auch Claude 3 von Anthropic über eine Calling-Funktion, die die Interaktion mit den eigenen Wissensdatenbanken, anderen APIs oder KI-Agenten ermöglicht.

Damit bleiben – ein großer Vorteil - die Daten innerhalb der Firewall des Unternehmens. Vertraulichkeit und Datenschutz sind so gewährleistet. Das bedeutet die Kontrollmöglichkeiten verbessern sich, unerwünschte oder unangemessene Ergebnisse lassen sich einfacher verhindern, die Antwort wird relevanter. Einziger Nachteil sind die einmaligen hohen Entwicklungskosten für die Anbindung der eigenen Firmendaten über API an das LLM.

Aus wirtschaftlichem Interesse wird die Erstellung maßgeschneiderter Chatbots bei den Unternehmen rapide wachsen, wodurch auch die Erstellung von Chatbots für Non-Profit-Unternehmen wie das Bildungssystem leichter werden wird.

In Ergänzung sollte auch bald eine KI-Governance entwickelt werden, die die Balance zwischen Schnelligkeit, Fokus und Risikomanagement abwägt und überwacht (Nutzen, Ressourcen, Risiken; vgl. Stenac 2023).

Auch die Ständige Wissenschaftliche Kommission der Kultusministerkonferenz veröffentlichte dazu ein Impulspapier, wie LLMs künftig im Bildungsbereich eingesetzt werden könnten. Zwar soll das Potenzial generativer KI-Systeme genutzt, aber auch die Grenzen klar erkannt und verantwortungsbewusst mit den Beschränkungen umgegangen werden (vgl. SWK der KMK 2024).

1.3.1.3 Verlässlichkeit und Wahrheitsgehalt von KI-Inhalten

Nach Statistiken von Experten bleibt ein kritisches Misstrauen gegenüber den LLMs nötig. Begründung:

- Zahlen, Daten, *Fakten* sind *oft falsch* und müssen auf Plausibilität der Aussagen geprüft werden.
- Auch wenn der Output vermeintliches Fachwissen vermittelt, sollte die Korrektheit zumindest *stichprobenartig überprüft* werden.
- Eine *KI* hat keine Erfahrung und wird sie auch nie haben. Sie *kuratiert* nur.
- Die KI kann eine *erste Gliederung* erstellen. Die Struktur sollte jedoch *manuell überarbeitet* werden.
- Aktuelle Entwicklungen und *Wissensstände* werden zum Teil *nicht berücksichtigt* (vgl. Polomski 2023).

Sam Altman, CEO von OpenAI, behauptet zwar nach wie vor, dass seine Firma als Entwickler von ChatGPT seiner Kernidee folgt, jedem den Zugang zum weltweiten Wissen durch die KI zu ermöglichen. Diese hehren Ziele werden inzwischen aber leider auch durch Menschen unterlaufen, die damit Spam-Werbung, Fake News, -Bilder und -Videos produzieren. Damit können Wahlen gewonnen, Firmen-Websites lahmgelegt, Deepfake-Medien produziert oder berühmte Persönlichkeiten angegriffen werden. Spamming, Betrug und Vortäuschung sind die Schattenseiten der neuen generativen KI. Die Nutzung der technischen Möglichkeiten der KI erfolgt bereits jetzt schon missbräuchlich.

***Schulen** stehen daher besonders im Auftrag, ihre Schülerinnen und Schüler gegen Missbrauch der KI-Produkte abzusichern und den Lernenden zu einem verantwortlichen, ethisch korrekten und kompetenten Umgang zu verhelfen.*

1.3.1.4 Neue Kollaboration und Multimodalität der KI-Anwendungen

Es gibt nach Einschätzung von Experten Anfang 2024 über 10 000 KI-Anwendungen in verschiedenen Spezialgebieten. Eine weitere rasante Entwicklung lässt sich derzeit in der Zusammenarbeit von KI-Anwendungen erkennen.

Mindmapping-Programme wie z.B. XMind oder Mindmeister übernehmen inzwischen strukturierte Listen von ChatGPT. Die Veranschaulichung in Form von Organigrammen, Zeitleisten, Fischgrätendiagrammen, Logic- oder Baumdiagrammen oder einfachen zentralen Mindmaps kann helfen, im Präsentationsmodus Informationen geordnet und übersichtlich darzustellen. Dabei verfügen kostenpflichtige Versionen aus verständlichen Gründen über mehr Funktionen als kostenlose Demo- oder Einstiegsversionen.

Microsoft entwickelt laufend neue Programme, die in Office-Programmen für *zusätzliche Unterstützung (Add-ins)* durch KI sorgen:

- Im Programm Word helfen Zusatzprogramme mit KI wie z.B. Copilot, Robin AI, AI Detector Pro, Jasper AI, AI Perfect Assistant, GenText AI Assistant oder PaperPal: The Complete AI Academic Writing beim Formulieren, Verbessern und Überarbeiten.
- Das Programm Excel kann Add-ins von Numerous.ai dabei unterstützen, mit ChatGPT die Daten einfacher zu sortieren, ohne den riesigen Befehlsumfang des Tabellen-Kalkulationsprogramms vollständig kennen zu müssen. Ähnliche Hilfs-Add-ins für Excel sind dazu Spreadsheet AI, Rowsie AI, AI Assistant for Excel oder AI-aided Formula Editor.
- Das Programm Teams bietet Add-ins mit KI an, z.B. Meeting Summaries from Read AI, Focusworks AI, Presentations AI oder State of Mind AI.
- Powerpoint-Präsentationen übernehmen neuerdings Aufgaben der KI wie z.B. durch AI Presenters from D-ID, beautiful.ai oder AI Perfect Assistant for Office.

Diese Kollaboration von KI-Anwendungen dient der Benutzerfreundlichkeit und erleichtert immer mehr Menschen den Zugang zur Künstlichen Intelligenz.

Zudem *wächs*t die **Multimodalität** von KI-Modellen. Sie können nicht nur zunehmend verschiedene Arten von Input aufnehmen in Form von Text, Sprache, Bilder, diversen Dokumenttypen, Code und Videos, sondern sie können als Output neben Texten, Sprache, Bildern, Audios, Code und Musik auch Videos generieren.

Dabei wird vermutlich wieder eine Konzentration auf die multimodal funktionsfähigen KI-Modelle erfolgen, während die speziellen Angebote von den großen Anbietern gekauft und aufgenommen werden.

1.3.1.5 Datenschutz in der Schule

Mit dem Hinweis auf den Datenschutz werde oft jegliche Nutzung von KI in der Schule abgelehnt, sagt Ralph Müller-Eiselt, der bei der Bertelsmann Stiftung das Programm Digitalisierung und Gemeinwohl leitet und sich dort mit den Chancen und Risiken von Künstlicher Intelligenz befasst. Damit könne ein riesiger Datensatz verloren gehen, warnt er und weist auch darauf hin, dass der verantwortungsvolle Umgang mit Daten nicht erst in Bezug auf Künstliche Intelligenz ein Thema sei: „Schülerdaten werden innerhalb der Schule immer erfasst, das ist ja auch der Fall, wenn sich Lehrerinnen und Lehrer analog Notizen machen.“ Wichtig sei, genau zu beachten, welche Daten personalisiert sein könnten und welche pseudonymisiert werden müssten. Innerhalb der Schule seien personalisierte Daten möglich, außerhalb der Schule könnten Daten nur pseudonymisiert weiterverwendet werden (vgl. Kuhn 2022).

Eine große Hürde für die Nutzung KI-basierter Programme sei auch, dass es in der Schule an Vertrauen in Ed-Tech-Angebote von Unternehmen fehle, erklärt Nina Briskorn, Geschäftsführerin von TechUcation@school, einem digitalen Bildungsprogramm für Lehrkräfte. Dieses Programm produziert in Zusammenarbeit mit dem Landesinstitut für Lehrerbildung (LI) und der Schulbehörde in Hamburg Lernvideos zu KI. *Bisher gibt es noch wenige adaptive Lernprogramme, die bundesweit zum Einsatz kommen.* Das sind z.B. „Anton", „Area9 Lyceum" oder das adaptive Mathe-Lernsystem „bettermarks". Für diese Programme haben inzwischen mehrere Bundesländer Lizenzen erworben.

In China erfreut sich dagegen bereits jetzt – wegen des deutlich weniger überwachten Datenschutzes – das Lernmanagementsystem „Squirrel" einer riesigen Nachfrage. Es bedient einen gigantischen Nachhilfemarkt. „IFLYTEK" wiederum hilft beispielsweise sowohl der Schulverwaltung als auch Lehrkräften, oder das Programm „Liulishuo" wird im Englisch-Unterricht eingesetzt.

Die EU-Kommission hat 2019 „Leitlinien für eine vertrauenswürdige KI" als Ausgangspunkt für die Diskussion über vertrauenswürdige KI für Europa veröffentlicht und fordert darin z.B.: „Die Entwicklung, Einführung und Nutzung von KI-Systemen muss so erfolgen, dass die folgenden ethischen Grundsätze eingehalten werden: Achtung der menschlichen Autonomie, Schadensverhütung, Fairness und Erklärbarkeit." (Vgl. EU-Kommission 2019)

Ende 2023 wurde in der EU der AI-Act (KI-Gesetz) beschlossen, der Risiko-Abstufungen der KI je nach Leistungsfähigkeit der Systeme und ihrer Anwendungsgebiete enthält. Hochleistungssysteme, die in der Medizin und in der Wissenschaft Verwendung finden, werden wegen sensibler Daten stärker reguliert werden. Das sind Allzweck-KI-Systeme wie Gemini oder ChatGPT, für die lediglich Transparenzpflichten gelten sollen. KI-Assistenzsysteme wie etwa für Übersetzungen sollen ohne weitere Verpflichtungen freigegeben werden.

Zum Schutz der Schülerinnen und Schüler soll eine Nutzung von ChatGPT in der Schule erst ab dem Alter von 13 Jahren genehmigt sein. OpenAI erlaubt zudem erst ab 18 Jahren die Einrichtung eines Kunden-Accounts.

Nach den EU-Richtlinien ist der Einsatz erst nach der 6. Jahrgangsstufe möglich, so wie früher der Taschenrechner auch erst ab der 7. Klasse in der Schule zum Einsatz kam. Zuhause aber ist die Kontrolle der Nutzung kaum möglich.

In Bayern gab das Kultusministerium (StMUK) den „Orientierungsrahmen Künstliche Intelligenz und Schule“[7] heraus. Er stellt als Unterstützung für Schulen Hinweise zum Umgang mit KI-Technologien bereit und aktualisiert diese fortlaufend. Zielgruppe der Orientierung sind Lehrkräfte und Erziehungsberechtigte.

1.3.1.6 Trends bei den KI-Technologien in der schulischen Bildung

Vermutungen von Bildungsforschern zufolge entstehen derzeit in rapidem Tempo neuartige KI-Technologien für die Schule, mit denen das Bildungssystem teilweise schon jetzt, bald aber in größerem Umfang konfrontiert sein wird. Beispiele sind:

- ITS: Intelligent Tutoring Systems
- Machine Learning und Deep Learning
- NLP (Natural Language Processing/Understanding) und ASR (Automatic Speech Recognition
- Automated Assessment/Grading
- Chatbots und intelligente multimodale Mensch-Maschine-Interaktion
- Learning (Predictive) Analytics und Educational Data Mining (EDM)
  (Vgl. MMB-Institut 2021, 10)

Auch wenn sich in Zukunft im Bereich Digitalisierung und KI noch sehr viel ändern wird, sollen im Folgenden einige Themen zur Vorausinformation angesprochen werden.

1.3.2 Grundsätzliches zu KI-Anwendungen in der Schule

Bevor wir uns dem konkreten und aktuellen Einsatz von KI im schulischen Bildungsbereich (siehe 1.3.3) zuwenden, versuchen wir im Folgenden einige fundierende Punkte anzusprechen und zu diskutieren, die im Zusammenhand mit der KI stehen.

1.3.2.1 Warum Informatik in der Grundschule?

Unbestritten ist, dass unsere Kinder heute in eine digitale Welt hineingeboren werden und Tablets und Smartphones als Bestandteil ihres Alltags erleben. Wie bei früheren Generationen das Fernsehen, ist heute die Nutzung von Computermedien sehr stark durch das Elternhaus geprägt. Damit haben Kinder ganz verschiedene

---

[7] Quelle: https://www.km.bayern.de/gestalten/digitalisierung/kuenstliche-intelligenz [Abruf am 11.04.2024]

Vorerfahrungen und Kompetenzen, wenn sie in die Schule kommen. Manche Kinder erleben Smartphones und Tablets als „Fernsehen 2.0“ – ein interaktives Unterhaltungsmedium, das unhinterfragt rein konsumierend genutzt wird. Andere Kinder haben kaum Kontakt zu digitalen Medien. In beiden Fällen bedarf es einer pädagogischen Intervention, um Kinder zum kompetenten und souveränen Umgang mit Computermedien zu befähigen (vgl. Schmid 2020).

In der Bildungsforschung bestehen derzeit **zwei gegensätzliche Positionen**. Ende November 2023 forderten 40 Wissenschaftler, unter ihnen der Schulpädagogik-Professor Klaus Zierer und der Neurologe Manfred Spitzer, ein „Moratorium der Digitalisierung“. Sie kritisieren eine „einseitige Fixierung auf Digitaltechnik“, weshalb Schülerinnen und Schüler erst ab der siebten Klasse mit digitalen Medien in Berührung kommen sollten (SZ, 23.12.2023).

Andere Bildungsforscher wie beispielsweise Rudolf Kammerl, Professor für Medienpädagogik, sehen es bereits als Aufgabe der Grundschule, die Alltagserfahrungen der Kinder von zu Hause aufzugreifen und mit ihnen gemeinsam einzuordnen. Immer mehr Eltern seien damit überfordert. Diese Gruppe der Bildungsforscher plädiert trotz der möglichen Gefahren für den Einsatz von KI-Werkzeugen im Bildungsbereich. KI-Technologien seien zunehmend aus unserem Alltag nicht mehr wegzudenken und entsprechend sei die Vermittlung eines sinnvollen, sicheren und souveränen Umgangs wichtig. Es geht dabei auch darum, einem zunehmenden „digital divide“, also einer Kluft in der Gesellschaft zwischen Menschen mit und ohne Möglichkeit der Nutzung digitaler Medien entgegenzuwirken. Dazu sei es auch notwendig, dass Lehrende wie Lernende Grundkompetenzen in Informatik und Statistik aufbauen. Unabdingbar sei, dass die Diskussion um zukunftsfähige Kompetenzziele in allen Fachdidaktiken geführt werde. KI-Anwendungen, die Lernende gezielt fördern, Individualität erhalten und Diskriminierung vermeiden, könnten nur im interdisziplinären Dialog zwischen KI-Forschenden und den Fachdidaktiken entwickelt werden (vgl. Schmid 2023b).

Gleichzeitig bedarf es mehr fortgebildeter Lehrkräfte, die in ihrer zentralen Rolle als Lernbegleiter den Einsatz und den Umgang mit den neuen KI-Anwendungen reflektiert unterstützen (vgl. Schmid 2023a).

Die Schülerinnen und Schüler sollten in ihrer Schulzeit altersadäquat KI-Instrumente nutzen lernen zur Informationssuche, Planung, Recherche, Darstellung und Präsentation. Dabei treffen sie die Auswahl der KI, prüfen Quellen und nutzen sie zum selbstgesteuerten Lernen, was auch als ein Training für die Nutzung im späteren beruflichen und gesellschaftlichen Leben hilfreich sein könnte.

Vermutlich werden bald Start-ups und Unternehmen versuchen, Unterrichts-Managementsysteme mit KI-Anteilen in die Schulen zu verkaufen. Bei einfachen schulischen Verwaltungsaufgaben und Korrekturen hätte dies durchaus Vorteile und brächte mehr Effizienz. Zudem scheinen intelligente Tutorensysteme für individualisierte Lernphasen viel Potential zu haben, um besser auf die Unterschiedlichkeit z.B. bei den Grundschulkindern eingehen zu können.

Dabei verbleibt vor allem der Grundschule die Aufgabe der Basisbildung und eines Grundverständnisses in der Mathematik: Andreas Schleicher, Leiter der PISA-Studie 2022, empfiehlt für den Umgang mit Mathematik, dass Schüler keine Klimamodelle berechnen können müssten, aber zumindest die Idee einer Exponentialfunktion verstehen sollten.[8]

In Bayern ist die Berücksichtigung relevanter neuer Technologien in den Lehrplänen bereits angelegt, etwa in den in allen Schularten verankerten fächerübergreifenden Bildungs- und Erziehungszielen „Medienbildung/Digitale Bildung“ sowie „Technische Bildung“.

Ziel dieser schulischen Medienbildung ist der Erwerb von Kenntnissen und Fertigkeiten, um sachgerecht, selbstbestimmt und verantwortungsvoll in einer multimedial geprägten Gesellschaft handeln zu können. Bezüge zur digitalen Bildung sind in allen **Fachlehrplänen des bayerischen LehrplanPLUS** vorhanden. Für eine passgenaue Umsetzung dieses Bildungs- und Erziehungsauftrags, unter Berücksichtigung der schulspezifischen und individuellen Bedarfe vor Ort, systematisiert jede Schule ihre medienpädagogische Arbeit in einem *schuleigenen* ***Medienkonzept***.

Im **Mediencurriculum**, dem zentralen Bestandteil des Medienkonzepts, wird der Medienkompetenzerwerb in allen Jahrgangsstufen und Fächern, basierend auf dem jeweiligen Lehrplan und unter Berücksichtigung der spezifischen Gegebenheiten vor Ort, spiralcurricular anlegt, systematisiert und konkretisiert. Die Mediencurricula basieren dabei auf dem vom Staatsinstitut für Schulqualität und Unterricht (ISB) entwickelten „Kompetenzrahmen zur Medienbildung an bayerischen Schulen“.

Es wird zukünftig wichtig werden, Kompetenzen im Umgang mit KI fachintegrativ und spiralcurricular im Mediencurriculum zu berücksichtigen. In der Grundschule wird das so angestrebt:

> *„Im LehrplanPLUS der* ***Grundschule*** *sind verpflichtende Inhalte und Kompetenzerwartungen zur Medienbildung und -erziehung im Sinne des Lernens über Medien insbesondere im Fachlehrplan Heimat- und Sachunterricht (HSU) in allen Jahrgangsstufen verankert.*
> *Informationsverarbeitung im Sinne des Lernens mit Medien ist allgemein in den fächerübergreifenden Bildungs- und Erziehungszielen festgeschrieben.*
> *Ziel des Unterrichts in der Grundschule ist eine lehrplanintegrative Vermittlung informatischen Denkens und informatischer Inhalte, zum Beispiel im Rahmen des Programms IDAKi (Informatisches Denken in der Grundschule – Algorithmen für Kinder).“ (Vgl. KM Bayern 2024)*

Schülerinnen und Schüler in der Primar- und Sekundarstufe gehören aus Sicht von Demografieforschern überwiegend schon zur **Generation Alpha** bzw. **Generation α**

---

8 Information aus dem Podcast von Andreas Schleicher im Gespräch mit Richard David Precht über die Erkenntnisse aus der PISA-Studie 2022.

(Geburtsjahre 2010 bis 2025). Sie wuchsen noch intensiver als die vorhergehende Generation Z als „digital natives" auf, die Smartphones und Tablet-PCs wie selbstverständlich nutzen. Die Denk- und Lebensweisen der Generation Z sind derzeit noch bekannter, daher werden sie nach ihnen als Generation Z 2.0 bezeichnet (vgl. Schnetzer 2023).

Untersuchungen zeigten bereits 2018, dass 98 % der Kinder potentiell die Möglichkeit hatten, zuhause das Internet zu nutzen (vgl. KIM-Studie 2018).

Für die neuere KIM-Studie von 2022 wurden in ganz Deutschland zwischen dem 2. September und 21. Oktober 2022 insgesamt **1219 Kinder zwischen sechs und 13 Jahren zur Computer- und Internetnutzung** befragt. Die Untersuchung erfolgte anhand von computergestützten persönlich-mündlichen Interviews (CAPI) vor Ort in den Haushalten. Parallel hierzu wurde jeweils die primäre Erziehungsperson zu ihrem eigenen und dem familiären Mediennutzungsverhalten sowie zu Einstellungen bezüglich Medienthemen befragt. Hierfür wurde ein Selbstausfüll-Fragebogen (paper & pencil) eingesetzt.

Im Folgenden stichwortartig einige Vergleichszahlen[9]:

Eigene Geräte	Über ein eigenes Smartphone verfügen die Kinder im Alter von: 6–7 Jahre: 9 %, 8–9 Jahre: 27 %, 10–11 Jahre: 58 %, 12–13 Jahre: 81 % 15 % verfügen über eigenen Computer 12 % über eigenen Laptop, 10 % eigenes Tablet 22 % nutzen im eigenen Zimmer das Internet (nach Angaben der Haupterzieher) 44 % der 6- bis 13-Jährigen nutzen regelmäßig offline Computer/Laptops
Ohne Aufsicht	71 % der Kinder nutzen Spiele am Handy/Smartphone allein 58 % surfen damit im Internet 56 % spielen am Tablet 30 % der Sechs- bis Siebenjährigen surfen schon allein am PC im Internet 79 % der 12- bis 13-Jährigen

[9] Die repräsentative Stichprobe erfolgte anhand eines Quotenverfahrens. Die Sample Points wurden geschichtet nach Bundesland und Gemeindetyp (BIK-Ortsgrößenklassen) zufällig ausgewählt. Innerhalb der Sample Points wurden die Befragten anhand von Quotenvorgaben mit den Merkmalen Geschlecht x Alter, Geschlecht x Alter x Bundesland und Gemeindetyp (BIK) x Bundesland entsprechend den aktuell vorliegenden Daten des Statistischen Bundesamts ermittelt.

Internet-recherche	17 % der Schüler im Alter von 6–7 Jahren recherchieren schon für die Schule 67 % der Kinder im Alter von 12–13 32 % der 12- bis 13-Jährigen nutzt Google oder andere Suchmaschinen täglich
Suchthemen im Internet	71 % der Kinder suchen aktiv nach Informationen für die Schule, die sie beispielsweise für Hausaufgaben oder Referate benötigen 51 % suchen aktiv – allein oder mit anderen – nach Dingen, die sie kaufen möchten 45 % recherchieren, wenn sie ein Problem lösen möchten
Digitale Spiele im Kinderzimmer	17 % der Kinder bevorzugen das Open-World-Spiel „Minecraft" 15 % spielen „FIFA (Fußballsimulation) 9 % kämpfen beim Koop-Survival-Shooter „Fortnite" 7 % fahren mit „Mario Kart" (Autorennspiel) Die Top drei der liebsten Spiele bei den Mädchen sind „Die Sims", „Candy Crush" und „Minecraft", während Jungen „FIFA", „Minecraft" und „Fortnite" bevorzugen.

Vgl. KIM-Studie 2022, S. 5–56

Bei diesen erschreckend hohen Zahlen und dem Faktum, dass viele Kinder unbeaufsichtigt den neuen technischen Möglichkeiten ausgesetzt sind, muss bedacht werden, dass die Studie 2022 entstand, als der Hype um ChatGPT gerade noch in den Kinderschuhen steckte.

Kinder der Generation Z und Alpha sind als „digital natives" mit Smartphones, Computern und dem Internet weit früher und besser vertraut als ihre Eltern oder Lehrkräfte. Diese sollten deshalb bei der bereits jetzt schon großen Nutzung von Suchdiensten, Chatbots und KI-Anwendungen im Kinderzimmer auf diese geänderten Voraussetzungen reagieren. In den Jahren 2023 und 2024 kamen mit ChatGPT und in dessen Folge mit Bildprogrammen eine massive Ausweitung der KI-Anwendungen hinzu, die auf schulische Bildungsprozesse große Auswirkungen haben.

Bisher liegen dazu noch keine großen, belastbaren Untersuchungen über deren Nutzung von KI-Anwendungen in Kinderzimmern und in der Schule vor. Die wechselseitige Beeinflussung ist aber massiv gestiegen.

Für **Eltern und Lehrkräfte** müssen daher derzeit der Kenntniszuwachs und der Austausch über sinnvolle Einsatzmöglichkeiten im Vordergrund stehen. Beispielweise die ...

- laufende Ausweitung des eigenen Kenntnisstandes über neue KI-Anwendungen;

- wechselseitige Information und Kooperation in den pädagogischen Bemühungen;
- Kenntnis und Kontrolle der Nutzung von Chatbots und weiteren KI-Anwendungen im Kinderzimmer;
- Kenntnis und Kontrolle der Internetnutzung im Kinderzimmer und in der Schule;
- Fort- und Weiterbildung der Lehrkräfte;
- Unterstützung und Beratung durch Schulleitung und Fachleute im Einsatz und im Umgang mit KI-Anwendungen in der Schule;
- Angebote der Schule für Eltern zum Umgang mit den neuen technischen Möglichkeiten (Elternabende, pädagogische Beratung und Empfehlungen, Kontrollen und Grenzsetzungen).

1.3.2.2 Voraussetzungen für die Nutzung

Alle KI-Anwendungen brauchen eine Datenbasis, aus der heraus ihre Algorithmen Sprache, Bilder, Ideen usw. generieren können. LLMs (Large Language Models) im Bereich der Schule brauchen vor allem möglichst viele Daten über die Lernenden. In Ländern wie China, in denen – wie erwähnt – geringere Datenschutzbedenken bestehen, werden solche Daten bereits jetzt genutzt.

Umfassende (Vergleichs-) **Daten der Lernenden**, d.h. deren Verhalten, Interaktion, Kommunikation, Mimik etc. fallen heute in großem Umfang bei der Nutzung digitaler und mobiler Lerntechnologien an: Sehr einfach „getrackt" werden können z.B. Klicks und Navigationsmuster, Verweildauer, Anzahl an Wiederholungen, Schwierigkeitsniveaus, Texteingaben und Suchanfragen. Hinzu kommen Ergebnisse aus Online-Prüfungen sowie explizite Evaluationen und Leistungs-Assessments usw. Im normalen Schulunterricht wäre es wohl keiner noch so aufmerksamen Lehrkraft möglich, auch nur einen Bruchteil dieser Informationsmenge allein durch aufmerksame Beobachtung zu gewinnen, geschweige denn diese zu analysieren (vgl. MMB Institut 2021, 7).

Unter **Learning Analytics** versteht man die kontinuierliche Messung und Sammlung, Analyse und Berichterstattung von Daten über Lernende und ihre Aktivitäten zum besseren Verständnis und zur Optimierung des Lernens in den jeweiligen digitalen Lernumgebungen. Immer wenn Lernmanagementsysteme (LMS), MOOC-Plattformen, Social Media oder andere digitale Tools genutzt werden, können Klicks, Navigationsmuster, Suchanfragen, Bearbeitungszeiten für Aufgaben und Tests sowie die Quantität und Qualität von Interaktionen und kommunikativen Aktivitäten dokumentiert und im Blick auf Kompetenz- und Leistungsniveaus ausgewertet werden. Neben Informationen, die im Rahmen der Nutzung von Lernanwendungen entstehen, können auch weitere, durch Sensoren oder Videokameras generierte Daten, wie z.B. Augen- und Kopfbewegungen, Körperdaten (Puls, Blutdruck), Gesichtsausdrücke (Expression Analytics), Gehirnströme etc. ausgewertet werden.

Auf dieser Datengrundlage können dann einerseits didaktische Interventionsmaßnahmen und Anreize, andererseits aber auch maßgeschneiderte, personalisierte Lernwege, Hilfestellungen und Lernziele generiert werden. Das übergreifende Ziel von Learning Analytics besteht also darin, individualisiertes Lernen zu ermöglichen und verlässliche Prognosen zu künftigem Lernerfolg mithilfe von **Predictive Analytics** bereitzustellen. Auf den schulischen Kontext übertragen, könnten Daten genutzt werden, um etwa die Halbjahresnote eines Schülers im Fach Mathematik vorherzusagen. Inzwischen stehen zahlreiche Tools zur Verfügung, die auch Personen ohne Vorkenntnisse in Statistik und maschinellem Lernen nutzen können. Die naive Anwendung birgt jedoch große Risiken – von schlichten Vorhersagefehlern bis hin zu systematischen Verzerrungen, die bestimmte Personengruppen benachteiligen (unfair biases; vgl. Schmid 2023b).

Dazu können **Intelligente Tutorsysteme** (ITS) eine sinnvolle Alternative bieten. Auch bei solchen KI-Tools kommt oft maschinelles Lernen zum Einsatz. Fokus bei ITS ist jedoch die individuelle Wissensdiagnose im Problemlösekontext; das Ziel dabei ist, Wissenslücken und Fehlkonzeptionen auf individueller Ebene zu diagnostizieren, um gezieltes Feedback zu geben (vgl. Schmid 2023b).

Mittels **EDM (Educational Data Mining)** – inklusive der Verfahren des maschinellen Lernens und der Statistik – werden beispielsweise Lernprozesse und -aktivitäten, Lernzeiten und Lerndauer sowie Testleistungen gemessen und analysiert. Daraus können Erkenntnisse darüber abgeleitet werden, wie Lernende in bestimmten didaktischen Formaten oder mit bestimmten Lernangeboten und Systemen lernen. Damit leistet EDM auch einen Beitrag zur Entwicklung von Lerntheorien in der Bildungspsychologie und Pädagogik. Während sich EDM vor allem mit der Analyse von Lerner-Daten (mit Blick auf die Optimierung von Lernsettings und Systemen, mit der Verbesserung von Organisationen, Lernangeboten und Tools) befasst, richtet sich der Fokus der damit eng verwandten **Learning Analytics** stärker auf die Person des Lernenden (vgl. MMB-Institut, 12 f.).

1.3.2.3 Chancen durch neue Technologien

KI-gestützte, lernförderliche Technologien, d.h. Formate, die auf Technologien wie Machine Learning, Educational Data Mining oder Learning Analytics basieren, bieten erhebliche Potenziale für alle Bereiche der schulischen Bildung.

Vor allem jedoch auf der **Mikroebene** des Lernens eröffnen „intelligente" Lernanwendungen für den Lernprozess selbst vielfältige neue Möglichkeiten. Es können individualisierte Lernformen und Assistenzsysteme sowie automatisierte Leistungsbewertungen, Lernempfehlungen und Prognosen realisiert werden. Weitere Anwendungsmöglichkeiten hierzu sind: das adaptive Lernen, der Nachhilfemarkt, die Visualisierung sowie die Verbindung von Realität und virtuellem Raum. Davon können die Schülerinnen und Schüler profitieren, insbesondere auch diejenigen mit besonderem Förderbedarf (vgl. MMB-Institut 2021, 4). Um die Lernenden für die spätere

Arbeitswelt zu wappnen, empfiehlt sich zudem der Erwerb von Kompetenzen im Umgang mit KI als Werkzeug. Wer ein Potenzial für den KI-Einbezug ins Arbeitsleben einbringt, wird später mehr gebraucht werden (vgl. McClatchy, Julia 2024).

Auf der **Mesoebene**, d.h. dem Unterrichtsgeschehen werden neue Formen des Assessments, Gradings, Tutorings und des Classroom-Managements möglich. Weitere Anwendungsbereiche: Unterrichtsvorbereitung, Lehrpläne, individuelle Lehrprogramme, individualisierte Lernprogramme für Schülerinnen und Schüler erstellen, Co-Teaching.

Auf der **Makroebene** der Schulorganisation können mittels Data-Mining und Analytics viele Routineaufgaben erledigt und Prozesse optimiert werden. Mögliche Bereiche hierzu sind: Organisation, Stundenplanung, Raumverplanung, Finanzen, Evaluationen und Berichte für die Schulaufsicht, Konferenz- und Gesprächsplanung mit Lehrkräften, Verfassen von Reden und Ansprachen, Website-Gestaltung, Predictive Analytics für Klassen und Schule, Hilfen für Analysen und Entscheidungen.

Wer die Verlässlichkeit der Antworten von LLMs anzweifelt, kann sich inzwischen selbst einen kleineren firmen- oder **schuleigenen GPT** selbst zusammenstellen. Es lassen sich inzwischen Chat-Programme für jedes Unternehmen oder jede Schule selbst entwickeln. Diese können auf ChatGPT von OpenAI basieren und auf schuleigenes Wissen und die schuleigene FAQ-Datenbank mit spezifischen Instrumenten und Fähigkeiten zugreifen. Mit dieser gezielten Eingrenzung auf die eigene Wissensbasis und auf die Bedürfnisse der Schule kann der Gefahr von „Halluzinationen" entgegengewirkt werden, was wiederum die Verlässlichkeit der generierten Antworten steigen lässt.

Es gibt bereits jetzt schon Anleitungen, wie man mithilfe von ChatGPT sich eine eigene GPT zusammenstellen kann. Man muss allerdings das nötige Prompt-Engineering beherrschen und eine Schnittstelle zu den eigenen Datenbanken herstellen können. Vollmundig beschreibt dies das Format Sniffin: „Introducing GPTs: You can now create custom versions of ChatGPT that combine instructions, extra knowledge, and any combination of skills." (vgl. Sniffin 2023).

Die Ankündigung der Entwicklung eines LLM-Sprachmodells mit dem Namen „Bayern GPT" an der Universität Nürnberg lässt hoffen, dass ein sicheres Modell entsteht, das in Bayern vom Ministerium bis zur Einzelschule in der Verwaltung eingesetzt werden kann. Die Entwicklung schuleigener Chatbots könnte damit ebenso einhergehen, um Schulleitungen, Lehrkräften, Eltern, Schülerinnen und Schülern eine Kommunikationsplattform zu bieten, die auch in verschiedenen Sprachen Anfragen beantworten kann. Das wäre ein großer Vorteil für Schulen mit hohem Migrationsanteil unter den Lernenden.

Detaillierter betrachtet ist ChatGPT eine Plattform, die Wissen recherchieren, reproduzieren und zu einem neuen Text zusammenfassen kann. Schülerinnen und Schüler sollten dabei das Steuern von Inhalt und Ausrichtung lernen. Der Chatbot ist *gut für eine erste Orientierung* oder vielleicht als Formulierungs- und Strukturierungshilfe, aber Recherche, Grammatik, Textaufbau und -länge müssen *von den Lernenden* selbst erarbeitet oder *nachgebessert* werden. Seine Ergebnisse müssen immer nochmals geprüft werden.

ChatGPT bietet für die Schule z.B. auch die Möglichkeit, die Schülerinnen und Schüler gezielt dazu aufzufordern, ihre eigene Meinung zu bilden, Informationen zu analysieren und zu interpretieren. Dies kann dabei helfen, die eigene Persönlichkeit zu stärken und in direkter Diskussion im Klassenraum kommunikative Fähigkeiten zu bilden. Allgemeinwissen bleibt dabei unentbehrlich, aber das Analysieren von Informationen und das Aufdecken von Fake News sind auch wichtig. Der Schweizer Informatikdidaktiker Honegger rät zum Erhalt der eigenen Kreativität und Entscheidungsfähigkeit dazu: „Nutze (Chat)GPT weder als Erstes noch als Letztes", sondern nur zur Prozess- und Produktoptimierung (vgl. Honegger 2024).

Die Bildung einer eigenen persönlichen Meinung, die Förderung des Kritikvermögens und die Vorstellungen für Verbesserungen und Visionen müssen demnach die Nutzer selbst bewerkstelligen und sollten daher in der Schule eingeübt werden.

ChatGPT selbst antwortet auf die Frage, ob es Hausaufgaben für Schülerinnen und Schüler erledigen kann, übrigens so: „Ich kann dir dabei helfen, deine Hausaufgaben zu verstehen und zu bearbeiten, indem ich dir Erklärungen und Anweisungen gebe. Aber es ist wichtig zu beachten, dass es relevant ist, selbst zu lernen und verstehen, anstatt die Arbeit einfach von jemandem anderen machen zu lassen." (Vgl. Stockmann 2023)

Darüber hinaus zeigen KI-Formate bei Lernschwächen wie Dyslexie, Legasthenie, Dyskalkulie große Potenziale. Sie können sowohl Analysen als auch Prognosen sowie Hilfestellungen für Lernschwächen entwickeln. Es wird jedoch auch hier kritisch hinterfragt, ob man Schwächen durch Technik kompensieren und dadurch die Abhängigkeit der Lernenden verstärken sollte, oder ob es nicht erstrebenswerter sei, Selbst-Kompensationsstrategien zu vermitteln (Drigas/Ioannidou, 2012). So gibt es bereits Bildschirmleseprogramme für sehbehinderte Schülerinnen und Schüler, Spracherkennungssoftware für Lernende mit Schreibschwäche oder spezielle Lernapps für Schülerinnen und Schüler mit Autismus. Diese Formate fördern die Inklusion und unterstützen Schüler und Schülerinnen mit besonderen Bedürfnissen, erfolgreich am schulischen Leben teilzunehmen.

KI kann nicht „nur" als Unterstützer von Lernenden mit kognitiven Defiziten eingesetzt werden, sondern ist als explizite Assistenzfunktion (z.B. beim Vorlesen oder bei Brain-Computer-Interface-Funktionen) auch wichtig für Lernende mit sensorischen oder körperlichen Defiziten. Die Bildungstechnologien müssen allerdings mit diesen (oft persönlichen) Assistenzsystemen kompatibel sein.

Befragungsergebnisse bestätigen den Befund aus der wissenschaftlichen Literatur: Zwar halten fast alle befragten Expertinnen und Experten die KI-basierte Unterstützung von Schülerinnen und Schülern mit Behinderung für besonders wünschenswert. Gleichwohl werden die technische Realisierbarkeit und insbesondere die

Wahrscheinlichkeit, dass dieses Szenario in den nächsten fünf bis zehn Jahren real wird, geringer eingeschätzt. Ethische Fragestellungen müssen hier dringend stärkere Berücksichtigung finden.

Die optimistischste Antwort zur Frage, welchen Einfluss die Digitalisierung auf die Schulen haben könnte, gibt ChatGPT selbst (hier nur in Stichworten): größerer Zugang zu digitalen Ressourcen, interaktives, individualisiertes und kollaboratives Lernen wird möglich, Bewertung und Rückmeldung erfolgen effizient und rasch, selbstgesteuertes Lernen wird möglich und damit die technologische Vorbereitung der Schülerinnen und Schüler auf die Anforderungen der beruflichen Welt und die Herausforderungen der Zukunft.

Folgt man diesen Einsichten, so bietet die Digitalisierung den Schülern und Schülerinnen eine vielfältigere, individualisierte und interaktive Lernerfahrung. Schulen sollten daher diese Veränderungen daher proaktiv angehen, damit die Lernenden die notwendigen Fähigkeiten und Kenntnisse für die Welt von morgen entwickeln können.

Auch KI-Expertin Ute Schmid sieht viele Vorteile und fordert nötige Konsequenzen aus dem Umgang mit derartigen Chatbots: Lehrkräfte wie Lernende können solche Systeme kreativ nutzen, etwa um sich Ideen generieren zu lassen, Textentwürfe zu bestimmten Themen zu erstellen oder auch Programmcodes zu generieren. Allerdings ist es für einen sinnvollen Einsatz unerlässlich, dass verstanden wird, dass Ausgaben von Sprachgeneratoren nicht über spezielles Wissen oder ein Weltmodell verfügen. Zusammenfassend fordert sie: *„Es ist somit unerlässlich, die Antworten kritisch zu prüfen und formulierte Sachverhalte anhand anderer, zuverlässiger Quellen zu verifizieren. Entsprechend muss Medienpädagogik möglichst zeitnah um das Thema generative KI erweitert werden. Schülerinnen und Schüler müssen frühzeitig Kompetenzen erwerben, wie Inhalte kritisch hinterfragt und unabhängig geprüft werden können. Die Suche nach geeigneten Informationsquellen sowie die kritische Beurteilung der Vertrauenswürdigkeit von Quellen sollte bereits ab der Sekundarstufe in die Lehrpläne aufgenommen werden."* (Vgl. Schmid 2023b)

Zudem wird für die schulische Anwendung von KI-Produkten die sogenannte **Gamification** interessant: Das sind laufende Rückmeldungen, Übersichten über Punktestände, Belohnungen von Lernfortschritten in Form von Bons, Punkten oder Sternchen etc. Sie animieren vor allem die jüngeren Schülerinnen und Schüler der Generation Alpha oder Z. Diese Art der Belohnungen und kleinen kurzfristigen Feedback-Gaben kennt die genannte Generation von häuslichen Spielen am Smartphone, Tablet oder PC (vgl. Amerland 2024).

Insgesamt lassen sich fünf bedeutsame Lernbereiche auflisten, in die **Chatbots zusätzlich integriert** werden könnten.

- **Interaktives Lernen**: Das bedeutet, Chatbots können interaktive Lernszenarien erstellen, in denen die Schülerinnen und Schüler Fragen stellen und sofortige Antworten erhalten. Dies fördert das aktive Lernen und die Problemlösungsfähigkeiten.

- **Individuelles Lernen**: Das heißt, Chatbots können personalisierte Lernpfade erstellen, die auf die individuellen Bedürfnisse und Fähigkeiten sowie auf das eigene Lerntempo und die eigenen Interessen der Lernenden zugeschnitten sind.
- **Wiederholung und Prüfungsvorbereitung**: Das bedeutet, dass Chatbots dazu verwendet werden können, den Lernstoff zu wiederholen und die Schülerinnen und Schüler auf Prüfungen vorzubereiten. Sie können beispielsweise Quizfragen stellen und sofortiges Feedback geben.
- **Hausaufgabenhilfe**: Konkret meint das, dass Chatbots bei Hausaufgaben helfen können, indem sie Fragen beantworten, Ressourcen bereitstellen oder Erklärungen zu schwierigen Konzepten geben.
- **Motivation und Engagement**: Das heißt, Chatbots können Elemente von Spielen und Wettbewerben in das Lernen einbeziehen, um die Motivation und das Engagement der Schülerinnen und Schüler zu erhöhen.

Zudem lassen sich zwei Bereiche ergänzen, die die *Selbststeuerung des Lernens* fördern:

- **Feedback in Echtzeit**: Das bedeutet, KI-gestützte Systeme können den Schülerinnen und Schülern sofortiges Feedback geben, wodurch sie Fehler schneller erkennen und korrigieren können. Dies fördert ein kontinuierliches und effektives Lernen.
- **Selbstreguliertes Lernen**: Das heißt KI-Tools können Schülerinnen und Schülern helfen, ihre Lernfortschritte zu verfolgen und selbstständig Lernziele zu setzen. Das stärkt ihre Selbstregulationsfähigkeiten.

Weitere mögliche **KI-Anwendungen** für die Schule gehen über die reinen Chatbots und Sprachmodelle hinaus. Dabei lassen sich mehrere Bereiche in der Schule erkennen, in denen das Lernen unterstützt werden könnte. Das sind beispielsweise:

- **adaptive Lernplattformen**: Diese Plattformen passen sich an die individuellen Lernstile und das Tempo der Schülerinnen und Schüler an. Sie können den Fortschritt der Schüler und Schülerinnen verfolgen und personalisierte Lernpfade erstellen. Allerdings erfordern diese Plattformen eine sorgfältige Implementierung und Überwachung, um sicherzustellen, dass sie effektiv sind und die Privatsphäre der Schülerinnen und Schüler schützen.
- **automatisierte Bewertungssysteme**: Diese Systeme können Teile von Aufgaben und Tests automatisch bewerten, was den Lehrkräften Zeit spart. Sie

können jedoch Schwierigkeiten haben, komplexe oder kreative Antworten zu bewerten. Deshalb sind sie nicht in der Lage, ein präzises qualitatives Feedback zu liefern, das eine menschliche Lehrkraft geben kann.

- **Spracherkennungssysteme**: Diese Systeme können die Sprachfähigkeiten der Schülerinnen und Schüler bewerten und ihnen helfen, ihre Aussprache und Grammatik zu verbessern. Schwierigkeiten treten derzeit noch bei Dialekten oder Akzenten auf; die Systeme können nicht die nuancierte Rückmeldung liefern, die eine menschliche Lehrkraft geben kann.
- **KI-gestützte Spielplattformen**: Diese Plattformen verwenden KI, um interaktive und ansprechende Lernspiele zu erstellen. Sie erfordern jedoch eine sorgfältige Überwachung, um sicherzustellen, dass die Schülerinnen und Schüler beim Lernen bleiben und nicht nur spielen.
- **Vorhersagemodelle**: Diese Modelle verwenden KI, um Muster in den Daten der Lernenden zu erkennen und Vorhersagen zu treffen. Beispielsweise können sie feststellen, welche Schülerinnen und Schüler wahrscheinlich Schwierigkeiten haben werden oder welche Themen für eine Klasse besonders herausfordernd sein könnten. Diese Implementierung und Überwachung brauchen zwar sehr viele erhobene Daten und eine intensive Überwachung. Die Modelle wären aber für viele Lehrkräfte und Schulleitungen eine willkommene Unterstützung.

Bei all diesen technischen Anwendungsmöglichkeiten sind – wie aufgezeigt – die ***Lehrkräfte nicht überflüssig***! Ganz im Gegenteil: Sie werden in diesem Kontext aufgefordert, die Nutzung von Chatbots sorgfältig zu planen und im Unterricht zu implementieren. Sie sollen die Schülerinnen und Schüler beim Erwerb der erforderlichen Fähigkeiten und Kompetenzen unterstützen und dabei stets Privatsphäre und Sicherheit gewährleisten.

In der hybriden Kombination von menschlichem Geist und Künstlicher Intelligenz könnten sich daher auch die Menschen entsprechend weiterentwickeln und die *KI als hilfreiches Instrument* weiter eigeninitiativ nutzen (vgl. Diamandis 2024).

Fragt man ChatGPT selbst nach der Zukunft des Lernenlernens, die es in Form eines englischen Gedichts formulieren soll, werden weitere Optionen erkennbar:

In distant days of three thousand and more,
Where knowledge's depths we seek to explore,
In halls of light where wisdom's ember burns,
Scholars of future learn with eager turns.

No longer books with pages bound,
But thoughts and facts in networks found,
The tendrils of the mind now intertwined,
In virtual realms, ideas enshrined.

With neural links, they forge a bridge,
From mind to source, across the ridge,
Information flows, a torrent pure,
In the age where learning finds its cure.

No rigid desks or chalk-dust air,
But simulations rich and rare,
History's stage brought to life anew,
As past and present blend in view.

Science's mysteries, once arcane,
Now like an open book remain,
Experiments run in virtual spheres,
Guided by mentors through the years.

Languages spoken near and far,
Learned through devices, a global star,
Culture blooms in digital grace,
Boundaries blur in this shared space.

But though the tools have changed their form,
The fire for learning still burns warm,
In year three thousand, minds aglow,
The quest for knowledge ceaselessly flows.

(Eigene Anfrage der Autoren, 20.08.2023)

Bei diesen **Gedanken zu unserer Zukunft** *erschreckt* aber auch beispielsweise die Vorstellung, dass Schülerinnen und Schüler mit KI-generierten neuronalen Chips ausgestattet werden. Diese könnten ihnen schlagartig das komplette Weltwissen und die ungefilterten Daten im Internet zur Verfügung stellen. Das würde den „Vorteil“ bieten, den mühsamen Wissenserwerb durch Lernen oder das Erlernen von Sprachen mit einem Schlag überflüssig zu machen – was das bisherige Lernen, den Wissenserwerb und alle Vorstellungen von Bildung auf völlig neue Füße stellen würde. Denn bereits jetzt gibt es implantierbare Chips, die behinderten Menschen bei der Kompensation ihrer physischen Defizite helfen können.

Was ist, wenn sich mit verbesserten Chips tatsächlich das Wissen schlagartig erweitern ließe? Wie gelangt man zu eigenen Erkenntnissen, zu eigenen Schlussfolgerungen? Lassen sich auch Verantwortungsbewusstsein, Ethik, moralisches Empfinden in ähnlicher Weise erweitern? Es stellen sich viele Fragen über die Wirkung der Digitalisierung und der KI.

1.3.2.4 Nötige Änderungen in der Schule aus Sicht eines Chatbots

Im Folgenden haben die Verfasser ChatGPT selbst nach nötigen Änderungen im Unterricht aufgrund der Zunahme von KI und Chatbots in Ausbildungsbetrieben befragt:

Wie muss sich der Unterricht in den bayerischen Schulen wegen der zunehmenden Digitalisierung bis 2030 ändern, damit ein Abschlussschüler die perfekte Vorbereitung auf einen Berufsbeginn in einem Betrieb hat, in dem Künstliche Intelligenz und ChatGPT schon lange Einzug gehalten haben?

Diese Antwort gab ChatGPT am 03.02.2024:

„Die Integration von Digitalisierung und die Vorbereitung auf eine Arbeitswelt, in der Künstliche Intelligenz und fortschrittliche Technologien eine wichtige Rolle spielen, sind entscheidende Herausforderungen für das Bildungssystem, nicht nur in Bayern, sondern weltweit. Bis 2030 sollten Schulen daher folgende Anpassungen vornehmen, um Abschlussschüler optimal auf den Berufseinstieg in einem von Künstlicher Intelligenz (KI) geprägten Umfeld vorzubereiten:

1. *Fächerübergreifende digitale Kompetenzen: Schulen sollten verstärkt auf die Vermittlung von digitalen Kompetenzen setzen. Dies umfasst nicht nur das Beherrschen von Office-Anwendungen, sondern auch das Verständnis von Grundlagen der Programmierung, Datenanalyse und KI. Der Unterricht sollte fächerübergreifend sein, um die praktische Anwendung digitaler Werkzeuge in verschiedenen Kontexten zu fördern.*

2. *Projektbasiertes Lernen: Der Unterricht sollte stärker auf projektbasiertes und problemorientiertes Lernen setzen. Schüler sollten die Möglichkeit haben, reale Probleme zu identifizieren und Lösungen mithilfe digitaler Technologien zu entwickeln. Dies fördert die Kreativität, kritisches Denken und die Anwendung von Wissen in der Praxis.*

3. *Kooperation mit der Industrie: Schulen sollten Partnerschaften mit Unternehmen und Forschungseinrichtungen eingehen, um Einblicke in aktuelle Entwicklungen im Bereich KI und Technologie zu gewinnen. Praktika, Gastvorträge und Mentoring-Programme können Schülern helfen, die Anforderungen und Möglichkeiten in diesen Branchen besser zu verstehen.*

4. *Ethik und digitale Bildung: Schüler sollten frühzeitig über ethische Fragen im Zusammenhang mit KI und Technologie informiert werden. Dies umfasst Themen wie Datenschutz, Bias in Algorithmen und die sozialen Auswirkungen von Technologie. Die Förderung von ethischem Verhalten im Umgang mit digitalen Werkzeugen ist entscheidend.*

5. *Adaptives Lernen und Individualisierung: Schulen sollten adaptive Lernplattformen und -methoden einführen, die es Schülern ermöglichen, in ihrem eigenen Tempo zu lernen und individuelle Interessen zu verfolgen. Dies kann die Motivation und die Fähigkeit zur Selbststeuerung stärken.*

6. *Lebenslanges Lernen fördern: Schüler sollten die Bedeutung des lebenslangen Lernens verstehen und ermutigt werden, ihre Fähigkeiten und Kenntnisse auch nach dem Abschluss kontinuierlich zu erweitern. Die Schaffung einer Lernkultur, die Neugier und Wissbegierde fördert, ist von großer Bedeutung.*

7. *Soft Skills betonen: Neben technischen Fähigkeiten sollten Schulen auch die Entwicklung von Soft Skills wie Teamarbeit, Kommunikation, Problemlösung und Kreativität fördern. Diese Fähigkeiten sind auch in einer von Technologie geprägten Arbeitswelt unerlässlich.*

Die Bildungsinstitutionen sollten sich demnach kontinuierlich weiterentwickeln und sich den sich rasch verändernden Anforderungen der digitalen Welt anpassen. Dies erfordert aber nicht nur eine Anpassung des Lehrplans, sondern auch die der Schulung der Lehrkräfte. Es gilt sicherzustellen, dass Lehrerinnen und Lehrer die erforderlichen Fähigkeiten und Kenntnisse zum sinnvollen Umgang mit KI-Formaten vermitteln können. Schließlich sollte Bildung nicht nur auf den Erwerb von Wissen abzielen, sondern auch auf die Förderung von kritischem Denken, Flexibilität und der Fähigkeit zur Anpassung an eine sich wandelnde Welt."

1.3.2.5 Herausforderungen

Es werden noch viele Herausforderungen im Umgang mit der aktuell rasch wachsenden KI-Technologie und deren Anwendungen auf die Schule zukommen. Hier kann nur eine Auswahl der derzeit dringlichsten Aufgaben angeführt werden.

- Es liegen bisher nur wenige belastbare empirische Studien über „besseres" Lernen mit der KI vor.
- KI-Systeme sind bisher nur sehr selten aus lerntheoretischer Sicht evaluiert worden.
- Die Entlastung der Lehrkräfte bei der Korrektur wäre von Vorteil, damit sie mehr Zeit für die persönliche Lernbegleitung der Schülerinnen und Schüler bekommen. Über die Qualität und Auswirkungen solcher KI-Programme liegen bisher noch keine Untersuchungen vor.
- Die Unterstützung der KI bei der Diagnose von metakognitiven Fähigkeiten ist bei der Aufmerksamkeit und Gesprächsdynamik der Lernenden möglich. Die Fähigkeit zum kollaborativem Lernen und Arbeiten und zum Verhalten in Teams wird diagnostizierbar, wurde aber noch nicht ausreichend untersucht.
- Auch Emotionen und Affekte scheinen durch Fortschritte in der KI-basierten Gesten-, Mimik-, Sprach- und Sensordatenanalyse erkennbar zu werden. Videoaufzeichnungen aus dem Unterricht, die in China gängiges Szenario sind, werden in Deutschland von den Befragten weniger gewünscht.
- Einige Unterrichtsfächer, z.B. Fremdsprachen, bekommen durch KI neue Möglichkeiten mit fortgeschrittenen Sprach- und Textanalysen, automatischen Übersetzungen oder Essay-Scoring-Systemen. Dazu fehlen bisher aber noch didaktisch kluge Ansätze.
- Große Potenziale werden in der KI als Unterstützer von Schülerinnen und Schülern mit kognitiven Defiziten wie Dyslexie, Legasthenie, Dyskalkulie usw. mit Analysen, Prognosen und Hilfestellungen gesehen. Diese wurden aber noch nicht ausreichend erforscht (vgl. KI & Bildung, 2021, 29 ff).

Dazu kommen für die Schulen noch ganz allgemeine Punkte wie beispielsweise:

- die Herausforderung, die Lehrkräfte zu KI-Nutzung fortzubilden und zu motivieren
- die Verhinderung des eigenständigen Lernens und Arbeitens bei Schülerinnen und Schülern durch KI (Die Frage ist: Wie kann die Schule dem Einhalt gebieten?)
- der Schutz der Daten, der generell eine Herausforderung bei diesen neuen KI-Anwendungen ist
- die zeitliche Begrenzung der KI-Nutzung in und außerhalb der Schule
- die Aufnahme der KI-Tools in die Bildungslehrpläne
- die ethischen Probleme, da die KI die Rohstoffe Wissen, Daten, Fakten ohne Skrupel, Verantwortung, Ethik oder Empathie nutzt

Daher sieht man neue Probleme auf die Schule zukommen: „Wenn Schule nicht den Lernprozess, sondern die Produkte priorisiert, die herauskommen, werden Schüler und Schülerinnen keinen Grund haben, sich die Aufgaben nicht von Programmen erstellen zu lassen." (Vgl. Blume 2023) Die Kunst, die richtigen Fragen stellen zu können, wird die Qualität der Antworten der KI-Programme mitbestimmen.

Bayerns ehemaliger Kultusminister Piazolo vermutete in der Zukunft die stärkere Ausdifferenzierung der Aufgabenkultur: „Beispielsweise werden noch mehr Aufgabenformate entwickelt werden, die die eigene kreative Leistung der Schülerinnen und Schüler und den reflektierten Umgang mit Inhalten in den Mittelpunkt stellen und den Lern- bzw. Leistungsprozess transparent machen." Für die Kontrolle seien auch begleitende mündliche Gespräche und Rechenschaftsberichte zu abgegebenen Schülerarbeiten denkbar (vgl. Kuhn 2023, 5).

Eine andere Herausforderung wird sicher in einer verantwortungsvollen Entwicklung einer neuen, pädagogisch sinnvollen Kombination von Lehrkraft und KI liegen. Adaptive Systeme werden für immer mehr Anwendungen in der Bildung entworfen und eingesetzt. Ihre Wirkung ist aber pädagogisch umstritten und teilweise auch mit dem Risiko verbunden, den Menschen in seiner Autonomie und Freiheit gewissermaßen ein Stück weit zu „entmündigen". Neuere Forschung fokussiert sich daher auf hybride Mensch-KI-Ansätze in der Bildung, mithin auf Co-Teaching Szenarien und eine stärkere Integration von lernfördernden Technologien in den Unterricht. Die theoretische und konzeptuelle Ausgestaltung in diesem Forschungsbereich ist noch sehr begrenzt (vgl. Holstein et al. 2020).

Weitere Herausforderungen werden darin bestehen, dass generative KI-Anwendungen zunehmend in Apps und Betriebssystemen integriert werden. Diese werden aus Datenschutz- oder Performance- und Kostengründen vermutlich nicht in den Clouds, sondern vermehrt in den Geräten selbst laufen. Diese müssen aber mit verbesserter Hardware und durch effizientere LLMs angepasst werden. Damit bleibt die Datenbasis in den Unternehmen, und die Outputs werden immer besser und sicherer.

Durch die interaktiven KI-Anwendungen, denen man nur noch das Ziel vorgibt und die dann eigenständig ohne viel „Prompten" durch Zuhilfenahme eigener Datenbanken, APIs oder erlaubter Internetzugriffe den Nutzern komplexe Lösungen für ihr Problem anbieten.

Für dieses verstärkte Eindringen von Künstlicher Intelligenz in den Alltag sollten Lehrkräfte, Schulleitungen und Eltern gewappnet sein.

Die Versuchung für die Schülerinnen und Schüler, Chatbots oder weitere KI-Anwendungen bei ihren häuslichen Schularbeiten und beim Lernen hinzuzuziehen, wird sich mit jeder Weiterentwicklung der KI-Programme weiter steigern. Bereits jetzt können sie große Datenmengen schnell analysieren und bieten variantenreiche Antworten auf Suchanfragen, Bitten um Zusammenfassungen und Erfassen der Kernaussagen von Texten.

Für Lehrkräfte entstehen neue Herausforderungen, um Lernende stark zu machen gegenüber den neuen KI-Anwendungen. Es stellen sich Fragen wie: Was sind die neuen Erziehungsaufgaben? Welche Bildungswerte sind anzustreben? Wo liegen die Alleinstellungsmerkmale von gebildeten Menschen im Vergleich zur neuen KI?

Wichtig sind **neue Erziehungsaufgaben** wie

- eigenes Wissen als Basis aufbauen,
- grundlegende Denkfähigkeiten forcieren,
- die Förderung des kritischen Denkens mit Diskussionen und Debatten,
- die Ermunterung zum Verfassen eigener Forschungsarbeiten,
- Anreize schaffen zum eigenständigen Denken und Arbeiten,
- die Anerkennung von Originalität und Tiefe im eigenen Denken,
- das Hilfegeben durch individuelle Beratung, Gruppenarbeit, Peer-Reviews.

Notwendig ist die **Hervorhebung eigenständigen Denkens und Schlussfolgerns** wie

- das praktische Verständnis (gesunder Menschenverstand),
- die Kreativität,
- die emotionale Intelligenz
- oder die Flexibilität bei Problemlösungen.

Man muss **herausfordernde Aufgaben stellen** für

- die Förderung des kritischen Denkens,

- das Trainieren der Problemlösefähigkeiten,
- die Anwendung und Umsetzung theoretischen Wissens,
- die Förderung des eigenen Verständnisses,
- das Üben des eigenständigen Lernens und Arbeitens.

In der Konsequenz sollten Lernzielkontrollen daher nicht nur das **Produkt** (Arbeitsergebnis) bewerten, sondern mehr Wert auf den **Prozess** (des Wissens- und Erkenntniserwerbs) und die **Argumentation** legen, mit der Gedanken und Ideen erklärt und verteidigt werden sollten (vgl. Honegger 2024).

Zudem können sie nur noch im Präsenzunterricht wahrgenommen und überprüft werden. Hausarbeiten oder Projektarbeiten mit teilweise häuslich erbrachten Leistungen können in Zukunft nicht mehr als verlässlich gelten.

1.3.2.6 Risiken und Grenzen

Eine Gefahr liegt auch in einer übertriebenen Nutzung der KI-Anwendungen in jedem möglichen Bereich. „Ich glaube, es ist verlockend, wenn das einzige Werkzeug, das man hat, ein Hammer ist, alles zu behandeln, als ob es ein Nagel wäre", sah schon 1966 Abraham Maslow. Die gefährliche Versuchung, statt des eigenen Denkens, Informationssuche, Entscheidung und Umsetzung die KI-Tools einzusetzen, die in Form von Chatbots alles binnen Sekunden erledigen, sollte durch Lehrkräfte eingegrenzt werden.

Skeptiker sehen bei der Nutzung der LLMs (Sprachprogramme) neue Schwierigkeiten aufkommen. Um sich das mühsame Lernen zu ersparen, gab es schon bisher die Optionen, von anderen abzuschreiben, Antworten online zu finden bis hin zur Verweigerung bei den Hausaufgaben. Mit den LLMs könnte es nun zusätzlich heißen: Arbeitsauftrag kopieren, Antwort von LLM kopieren. Die Versuchung, sich durch ein einfaches Tool die eigene Lernarbeit zu ersparen, verhindert aber die Entwicklung eigenen Denkens, Schreibens, Begründens oder Schlussfolgerns bei Schülerinnen und Schülern. Bei Lehrkräften könnten die Fähigkeiten verkümmern, selbst Bildungspläne und Unterrichtsvorbereitungen zu erstellen oder individuelle Lernmöglichkeiten für Schülerinnen und Schüler zu entwickeln.

Eigentlich bedeutet Lernen ja immer auch mühsames Erarbeiten und Kämpfen: Es ist hart. Es braucht Ziele, konstruktives Feedback, Durcheinander, Wiederholungen, jemand, der kontrolliert, ob man weitermacht trotz aller Schwierigkeiten. Lernen kann Spaß machen, aber es ist nicht immer angenehm. Daher sind LLMs hochwillkommen mit ihrem inhärenten Versprechen: Ich nehme dir die Mühsal des Lernens ab.

Wer sich um Menschen kümmert, die Wissen und Fähigkeiten erwerben sollen, der sollte sich daher weiterhin auf den Erwerb durch eigenständiges Lernen konzentrieren – und nicht die LLMs den eigentlichen Zweck von Schule untergraben lassen (vgl.

Ko 2023). Die Versuchung, sich durch KI helfen zu lassen, untergräbt die nötigen Selbstherausforderungen zur Problemlösung und unterminiert die notwendige eigene Sammlung und Sortierung von neuen Erfahrungen.

Künstliche Intelligenz kann zwar vorhersagen, welche Lernenden zum Erfolg kommen, auf welchem Lernstand sie sind und was sie brauchen. Aus Sicht der Lernforschung fehlt aber die Theorie dahinter. Instrumente der Künstlichen Intelligenz müssten daher künftig mit einer fachdidaktischen Perspektive mit Erkenntnissen der Pädagogik und Psychologie kombiniert werden (vgl. Kuhn 2021).

Schulische Bildung darf dabei aber nicht nur auf Quantifizierbares reduziert werden wie zum Beispiel im Fußball, wo heutzutage Ballbesitz, Laufstrecken, Passgenauigkeit, Torschüsse bis hin zu Atemfrequenz und Fitness erfasst und in übersichtlichen Tabellen präsentiert und statistisch ausgewertet werden (vgl. Fischer 2021).

Bisher fehlt es in vielen möglichen Einsatzbereichen an Erfahrungswerten und Evaluationen der verschiedenen Anwendungspotenziale. Zudem bestehen weiterhin datenschutzrechtliche und ethische Fragestellungen neben rechtlichen, technologischen und politischen Aspekten, die derzeit noch umstritten sind. Zu den Risiken gehören außerdem die Gefahr der Entmenschlichung des Lernprozesses, die mögliche Verstärkung sozialer Ungleichheiten, die Abhängigkeit von Technologie sowie die Gefahr von Fehlern und Vorurteilen bei der Verwendung von KI-Systemen (vgl. MMB-Institut 2021, 33). Für die Schülerinnen und Schüler geht die zunehmende Bildschirmzeit zulasten der Entwicklung sozialer Fähigkeiten oder körperlicher Aktivitäten, und es besteht die Gefahr eines entstehenden Mangels an unabhängigem kritischem Denken und Problemlösungsvermögen (vgl. Farrell 2024).

Die Gefahr von **Deepfakes** bedroht nicht nur die Medienwelt der Erwachsenen, sondern auch die Kinderzimmer. KI-generierte Videos, Sprachaufnahmen oder Bilder von Menschen (z.B. Politiker, Schauspieler, Musiker) werden sich über soziale Medien, Youtube oder Tiktok rasend schnell verbreiten und können die Nutzer irritieren. Gerade die Schule und die Eltern sollten wissen, wie sie und die Kinder irreführende „Informationen“ erkennen, kontrollieren und vermeiden können.

Auch in den Fächern Deutsch, Religion und Ethik werden Lügen, Falschaussagen, Märchen oder Fabeln besprochen. Zur Überprüfung des Wahrheitsgehalts lernen Schülerinnen und Schüler bisher schon, woanders nachzufragen und nur sicheren Quellen zu vertrauen. Auch das Erkennen der Unterschiede zwischen Lügen, um einen Vorteil zu erlangen oder anderen zu schaden, und Not- und Höflichkeitslügen gehört bislang schon zu den Erziehungszielen der Schule. Mit den Chatprogrammen kommt eine neue Version dazu: Falschaussagen eines Programms mit scheinbar unendlichem Wissen, die dennoch von einer zu geringen Datenbasis herrühren oder nur aufgrund von Wahrscheinlichkeiten getroffen werden. Bei den Kindern muss daher auch in diesem Bereich die Sensibilität für unwahrscheinliche Daten ausgeweitet werden.

Wie im Sexualkundeunterricht das Misstrauen gegenüber allzu freundlichen Erwachsenen sollte auch im Informatikunterricht eine kritische Grundhaltung bei diesen stets perfekten Aussagen und Antworten von Chatbots gefördert werden. Damit werden sie auch später Fake News aus den Medien besser gegenübertreten können.

Mögliche Internetadressen, um ***Fake News* zu *erkennen***, sind beispielsweise:

- www.swrfakefinder.de (spielerisches Herausfinden mit Schülern)
- www.psiram.de (Infos zu Pseudowissenschaften)
- www.corrective.org (Faktencheck durch Journalisten)
- www.volksverpetzer.de (deutsches Weblog, das sich als Faktenchecker mit Falschmeldungen auseinandersetzt)
- www.cemas.io (bündelt als gemeinnützige Organisation interdisziplinäre Expertise zu Themen wie Verschwörungsideologien, Antisemitismus und Rechtsextremismus)
- www.mimikama.org

Die Altersgrenze zur Eröffnung eines eigenen Kontos für ChatGPT liegt derzeit bei 18 Jahren, die Verwendung von ChatGPT ist laut der Betreiberfirma OpenAI zudem erst ab 13 Jahren erlaubt, wie es derzeit die UNESCO auch empfiehlt.

Bedenken kommen zudem vonseiten der Philosophie. Softwaresysteme können nach Julian Nida-Rümelin zwar rechnen und mit hohen Wahrscheinlichkeiten Aussagen kombinieren, aber nicht denken. Sie sind weder zu Gefühlen noch zu moralischen Entscheidungen fähig noch können sie menschliche Kommunikation ersetzen, sondern errechnen und formulieren Antworten und Problemlösungsvorschläge nach den Gesetzen der Stochastik, aber nicht nach humanistischen Grundsätzen.

Die enormen Möglichkeiten, die täglich neue KI-Anwendungen bei der Verarbeitung von Text, Bildern, Statistiken und riesigen Datenmengen zunehmend bieten, können angesichts der Anzahl auch die Auswahl erschweren. Die Vielzahl der Optionen lähmt nach Andreas Sommer manchmal Menschen mit der Qual der Wahl. Und wieder erhält die Schule einen neuen Bildungsauftrag, mit Selbstkontrolle beim Einsatz, Überprüfung der Wahrheitsgehalte und mit größerem Verantwortungsbewusstsein die Schülerinnen und Schüler an diese neuen Möglichkeiten herangehen zu lassen und sie dabei zu begleiten (vgl. Sommer 2024).

Hilfreich könnten auch **folgende Tipps** der Khan Academy für Lernende sein, die mit KI-gesteuerten Chatbots arbeiten.

1. Bewahre dir deine Fähigkeiten zum kritischen Denken. Vertraue nicht, überprüfe.
   Es besteht die Gefahr, dass der zunehmende Einsatz von Chatbots dazu führen könnte, dass das kritische Denken und die Problemlösungsfähigkeiten der Lernenden nachlassen. Aber KIs haben nicht immer recht: Sie rechnen manchmal falsch, geben ungenaue Informationen und haben kein Urteilsvermögen.

2. Verwende das mentale Modell eines „Genies im Raum“:
   Stell dir vor, du wohnst neben einem Genie, das fast alles bis 2021 kennt.
   Die einzige Möglichkeit, mit ihm zu kommunizieren, ist, einen Zettel unter der Tür durchzuschieben und um Antwort zu bitten.
   Das Genie weiß nichts über dich oder deine Aufgabe. Es kann dein Gesicht nicht sehen, weiß nicht, wo du bist; es kann deine Gefühle nicht deuten und hat keine Ahnung, was du vorhast.
   Das Genie akzeptiert nur Fragen, die auf einen Zettel geschrieben sind und unter der Tür durchgeschoben werden.
   Daher empfiehlt sich folgende Kommunikation:
   - Erkläre die Aufgabe klar und deutlich, da das Genie nichts über dich und deine Probleme weiß.
   - Erkläre die Struktur des gewünschten Ergebnisses. Zum Beispiel: „Antworte in einer Aufzählung.“
   - Erkläre den Ton, den Stil oder die Persönlichkeit, die das Genie einnehmen soll. Zum Beispiel: „Beantworte die Frage als geduldiger Mathe-Lehrer.“
   - Gib dem Genie besondere Hilfsmittel, besondere Kenntnisse, die es für die Aufgabe braucht. (Vgl. Khan Academy 2024)

Dabei sollten die Nutzer der Chatbots immer davon ausgehen, dass die KI über keine moralischen Einstellungen oder emotionale Erfahrungen verfügt.

Die aktuelle Faszination von ChatGPT-4o als Gesprächspartner kann daher auch zu fatalen Fehleinschätzungen führen. Aharoni et al. von der Georgia State University, USA, erweiterten den Turing-Test. Alan Turing wollte untersuchen, ob Computer als intelligent gelten könnten, wenn Versuchspersonen nach einer Unterhaltung keinen Unterschied erkennen würden, ob ein Mensch oder ein Computer die Antworten geliefert hätte. Aharoni et al. untersuchten konkret im „Moral Turing Test“, ob Probanden feststellen konnten, welche von zwei moralischen Entscheidungen von einem Menschen oder einem Computer stammten. Die computergenerierten Antworten wurden aber signifikant öfter in fast allen Dimensionen als besser eingeschätzt, auch als intelligenter, vertrauenswürdiger und tugendhafter als die Antworten von Menschen (Aharoni et al. 2024). Daher ergibt sich die Frage: Laufen wir der Gefahr, dass uns irgendwann die KI bessere, d.h. moralischere Ratschläge als ein Pfarrer oder ein persönlicher Coach gibt?

Der Entwurf künftiger Leitlinien, Gesetze oder Richtschnüre sollte mitbedenken, dass die KI keine Gefühle sowie kein Bewusstsein von Raum und Zeit hat und über keine emotionalen Erfahrungen wie Freude, Schmerzen, Leiden, Mitgefühl, Moral oder gesunden Menschenverstand verfügt.

1.3.3 Aktueller Einsatz von KI im schulischen Bildungsbereich

Zur Anwendung der KI-Produkte werfen wir zuerst einen Blick ins Ausland, um daraufhin einen Vergleich mit den Gegebenheiten in Deutschland zu ziehen. Dabei zeigen sich erhebliche Unterschiede.

1.3.3.1 Marktanalyse in den USA, China und Finnland

In der weltweiten Vergleichsstudie des MMB-Instituts im Auftrag der Telekom-Stiftung wurden 99 KI-Anwendungen recherchiert und erfasst. Über die Hälfte stammt dabei aus den USA und China:

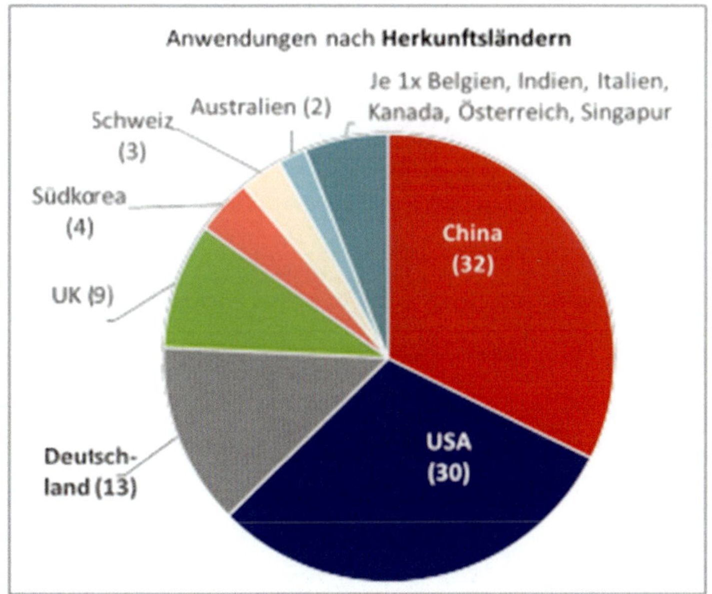

Abbildung 2: KI-Anwendungen nach Herkunftsländern (vgl. MMB-Institut 2021)

Der deutlich sichtbare Entwicklungs- und Produktvorsprung in China und den ***USA*** lässt sich u.a. mit den technologischen Stärken der jeweiligen nationalen IT-Industrien erklären.

Aber auch (bildungs-)kulturelle Unterschiede spielen eine Rolle. So haben in ***China*** Individualität und Privatheit und der Schutz von Persönlichkeitsrechten keinen so großen Stellenwert. KI in der Bildung ist deshalb in chinesischen Unternehmen und zunehmend auch in Kindergärten und Schulen sehr verbreitet. Vier Trends lassen sich dabei beobachten:

a) Es gibt sehr viele ähnliche KI-Anwendungen, wodurch der Wettbewerb die Entwicklung fördert.

b) Die größte Verbreitung haben Angebote auf dem Nachmittags- und Nachhilfemarkt (z.B. Squirrel), lern- und lehrunterstützende KI für den Englisch-, Informatik- bzw. KI-Unterricht (Englisch: Liulishuo, VIPKID; Programmier- und Robotikausbildung: Codemao, UBTECH, rainier).

c) Es gibt bereits Plattformangebote für die Schule als Ganzes (z.B. iFlytek, Baidu).

d) Durch staatliche Förderung entstehen KI-gestützte Programme z.B. zur Beobachtung und cloud-basierten Bewertung des Lernverhaltens (z.B. HIKVISION: Class Behavior Management System: Gesichts- und Emotionserkennung in Unterrichtsaufzeichnungen).

Finnland gehört zu den Vorreitern in Europa in Sachen Digitalisierung und Förderung von KI. Seit 2018 gibt es für die finnische Bevölkerung einen Online-Kurs „Elements of AI" der Firma Reaktor, in dem Grundlagen zur KI in einem Zeitraum von sechs Wochen in sechs Lektionen spielerisch vermittelt werden. Der Kurs ist kostenlos auf Finnisch und Englisch verfügbar und wird bereits auch in Luxemburg als Weiterbildungsformat genutzt.

Der Einsatz von Elias Robot verbreitet sich an immer mehr finnischen Schulen. Das ist ein KI-gestützter sozialer Roboter der Firma Curios Technologies Ltd. Lernende können mit ihm in verschiedenen Sprachen natürliche Gespräche führen und beliebige Sprachen lernen. Lehrende wiederum können die Lektionen an deren Bedürfnisse und an den Lernfortschritt anpassen und sogar die Sprechgeschwindigkeit auf den Lernenden einstellen.

Mit Elias Robot werden die Schülerinnen und Schüler in einer sicheren Umgebung in reale Kommunikationssituationen versetzt, wo sie in ihrem eigenen Tempo lernen können. Dadurch hat die Lehrkraft mehr Zeit, sich auf die Planung des Unterrichts zu konzentrieren und sich besser auf jeden einzelnen Lernenden einzustellen[10]. Wie die Untersuchungsergebnisse der Universität Tampere zeigen, lernen Schülerinnen und Schüler mit dem Roboter besser. Es werde – so die Aussagen – diszipliniert und mit viel Interesse während der Vokabel- und Gesprächsübungen gearbeitet. Elias kann

10 Quelle: https://www.eliasrobot.com/ [Abruf am 04.04.2024]

jedoch die Leistungen einer Lehrkraft nicht ersetzen. Sie behält die Kontrolle über den Einsatz des Roboters als Unterrichtsassistent, d.h. die Lehrkraft kooperiert mit dem KI-Produkt und nutzt es.

In ***Deutschland*** werden eine frühe Medienbildung und der Einsatz digitaler Medien in Kitas und Grundschule hingegen kontrovers diskutiert (vgl. Nieding/Blanc/Goertz 2020) und deshalb zurückhaltend umgesetzt. Wegen der hohen datenschutzrechtlichen Anforderungen bzw. Bedenken bestehen in Deutschland noch eine Reihe großer Hürden für eine weitergehende Nutzung digitaler Medien.

1.3.3.2 KI-Anwendungen auf drei Ebenen

Anwendungsprogramme der KI haben heute das Potenzial, sämtliche schulischen Handlungsfelder zu durchdringen und zu verändern. Schulen sind komplexe Institutionen, in denen Prozesse der Wissensvermittlung umfassend gestaltet und geplant, organisiert und administriert, kommuniziert und evaluiert werden. Sämtliche Tätigkeitsfelder sind heute stark technologisch geprägt – und damit auch offen für KI-Innovationen. Derzeit werden drei Einsatzebenen bzw. Anwendungsfelder unterschieden, die nachfolgend kurz beschrieben und mit Beispielen charakterisiert werden.

a. Die Mikroebene des individuellen Lernens und Übens der Lernenden

Mit bestimmten *intelligenten Datenanalysen* kann das individuelle lernbezogene Verhalten *der Schülerinnen und Schüler* umfassend beobachtet, dokumentiert und statistisch analysiert (Learning Analytics) sowie im Vergleich zu anderen Lernenden ausgewertet werden (Performance Assessment). Die dabei identifizierten Lernmuster, Stärken und Schwächen ermöglichen nicht nur die Erstellung differenzierter Kompetenz- und Leistungsprofile, sondern auch die Bereitstellung personalisierter Lern- und Übungsaufgaben (Adaptive Learning, Recommendation Systeme). Überdies werden Prognosen zum erwartbaren Schulerfolg sowie zu geeigneten fachlichen Schwerpunktsetzungen möglich (Predictive Analytics). Interaktive und multisensorische Lern- und Übungsprogramme (z.B. Augmented und Virtual Reality) sowie tutorielle Assistenzsysteme ermöglichen ferner in vielen Fächern heute ganz neue Formen der Wissensvermittlung und der „automatisierten" Lernbegleitung. Als Ziel gilt dabei vor allem die individuelle Förderung.
Für die **Mikroebene** stehen zwei Applikationen zur Verfügung. Beide unterstützen hauptsächlich das Lernen in Mathematik, expandieren aber zunehmend auch in weitere Fächer:

Squirrel AI Learning steht für personalisiertes After School Tutoring und ist – wie schon erwähnt – auf dem chinesischen Nachhilfemarkt sehr erfolgreich. Es stellt Lernmaterialien und Tests aus fast allen Lernbereichen in Primar- und Sekundarschulen zur Verfügung. Für jeden angebotenen Kurs arbeiten die Entwicklerteams mit einer Gruppe von Lehrkräften zusammen, um das Thema in kleinstmögliche konzeptuelle Teile (Lernnuggets) zu unterteilen. Beispielsweise ist die Mittelschulmathematik in 30 000 Wissenspunkte unterteilt. Damit sollen die Wissenslücken eines Lernenden so genau wie möglich diagnostiziert werden.[11]

Der CEO von Squirrel beschreibt sein Produkt wie folgt: „Angetrieben durch KI-Technologie wird die Lernmaschine eingesetzt, um viele Probleme in Chinas traditioneller Bildungsindustrie zu lösen, wie die ungleiche Verteilung von Bildungsressourcen und die geringe Lerneffizienz der Schüler. Die KI-Bildung wird sich schließlich zu einer personalisierten Bildung entwickeln und jedem Schüler eine eigene Lernlösung und einen KI-Experten als Lehrer zur Verfügung stellen." (Vgl. Finanzen.at 2019)

bettermarks gilt als die in Deutschland am weitesten verbreitete Anwendung im Nachhilfebereich. Sie wird aber zunehmend auch im Regelunterricht verwendet. Das Programm funktioniert wie ein Mathebuch mit integriertem Tutor. Schülerinnen und Schüler sehen nicht nur sofort, ob sie eine Aufgabe richtig oder falsch gelöst haben, sondern erhalten auch Tipps, Hilfestellungen, Erklärungen und notfalls auch den Lösungsweg. Das Programm enthält adaptive Lernhilfen, Lösungsbeispiele mit Erklärungen, verschiedene Eingabe- und Visualisierungshilfen sowie eine intelligente Fehlerdiagnose, die auf die jeweiligen Lösungsfehler zugeschnittene Rückmeldungen gibt. Alle Aufgaben werden automatisch korrigiert und der Lernstand der Klasse wird angezeigt. Die Kultusadministration von Berlin hat zuletzt eine Landeslizenz für seine Schulen erworben.[12]

b. Die Mesoebene des Lehrens, Unterrichtens und Prüfens der Lerngruppen

Diese *Assistenzsysteme für Lehrkräfte* mit Spracherkennung und -generierung wie z.B. Chatbots agieren vermehrt als „virtuelle Hilfslehrer" und Tutoren. Intelligent Tutoring Systems (ITS) können z.B. situative Wissensfragen auf unterschiedlichen Lern- und Wissensniveaus beantworten bzw. entsprechend darauf (visuell, mimisch, textlich oder sprachlich-auditiv) reagieren. Sie sind in der Lage, dem jeweiligen Lernstand angepasste Materialien für das Lernen zu finden und bereitzustellen.
Zudem könnten solche KI-Anwendungen die Lehrkräfte im Bereich des Prüfens und Testens entlasten, indem Lern- und Wissensleistungen erfasst in unterschiedlichen Prüfungsformaten automatisch analysiert und (durch Automated Assessment oder Automated Grading) bewertet werden. Zudem könnten künftige Leistungen (durch Predictive Analytics) prognostiziert und Interventions-Empfehlungen für Lehrkräfte generiert werden.

Zur allgemeinen Erklärung der **Mesoebene** werden exemplarisch die Aufsatz-Bewertungs-Technologie **Knowledge Analysis Technology** (KAT), das Programm **iFLYTEK**,

---

[11] Quelle: http://squirrelai.com
[12] Quelle: https://de.bettermarks.com

eine Plattform für den Sprachenunterricht und **Khanmigo,** ein Format für den Deutsch- und Mathematikunterricht kurz vorgestellt.

Knowledge Analysis Technology (KAT) von Pearson Education soll Lehrkräften bei der Korrektur von Aufsätzen helfen. Sie bietet neben automatischer Spracherkennung und Computerlinguistik auch eine Textanalyse mit mehreren Beurteilungsmaßstäben des Schreibens an. Dazu gehören die Kriterien Schreibideen, Textorganisation, Konventionen, Satzfluss und Wortwahl. Der Anbieter Pearson Education ist der weltweit größte Schulverlag und wird dementsprechend diese Software zügig weiterverbessern.[13]

Auch das Programm **iFLYTEK** aus China kann sowohl im Meso- als auch auf der Mikroebene zum Einsatz kommen. Es soll Lehrkräften beim Planen und Durchführen des Englischunterrichts und auch den Schülerinnen und Schülern beim personalisierten Selbstlernen helfen. iFLYTEK bietet die Möglichkeit, mithilfe der umfangreich erfassten Daten aus Lernprozessen und mit ihrer KI-basierten Analyse, leistungsgerechte spezifische Lehrpfade für jeden Lernenden zu erstellen. KI-Komponenten sollen auf diese Weise helfen, das Lernen zu personalisieren und zugleich die Unterrichtsvorbereitung zu optimieren. Das Programm unterstützt die Organisation von gemeinsamen Prüfungen auf Distriktebene, auf Schulebene und bei täglichen Klassentests. iFLYTEK-Anwendungen kommen beispielsweise bei den wichtigsten Englischprüfungen in China zum Einsatz. Die iFLYTEK Smart Campus-Lösung wurde an fast 1000 Schulen verifiziert. VR classroom von iFLYTEK ist eine schulübergreifende AVR-Lösung mit mehreren Terminals für alle schulischen Ebenen bis hin zur Hochschulbildung.[14]

In den USA stellt das kostenlose **Khanmigo**-Lernportal durch die ChatGPT-basierte Software für Lernende KI-Helfer bereit, die sie bei Rechenaufgaben, Aufsätzen oder beim Programmieren begleiten und Hilfestellung leisten. Die Schülerinnen und Schüler werden nicht nur auf falsche Rechenergebnisse aufmerksam gemacht, sondern die Programme erahnen bereits die Hintergründe der Rechenfehler und fragen sie nach den Beweggründen. Damit können Lernende einen persönlichen Tutor und Lehrende einen persönlichen Assistenten erhalten. Finanziert wird Khanmigo von der Khan Academy als einer gemeinnützigen Organisation unter anderem von der Bank of America, der Bill & Melinda Gates Foundation und von Tata Trusts[15]. Als gemeinnützige Organisation bietet sie über 13 300 kostenlose Lernvideos aus den Bereichen Mathematik, Naturwissenschaften, Informatik, Geschichte und Wirtschaft an, die als adaptive Lernprogramme dem Lernfortschritt der Lernenden folgen.[16]

---

13 Quelle: https://windows10updater.com/3-automated-essay-grading-software-every-teacher-needs-use
[Abruf am 18.06.2024]

14 Quelle: https://www.iflytek.com/edu [Abruf am 18.06.2024]

15 Quelle: https://www.khanmigo.ai [Abruf am 18.06.2024]

16 Quelle: https://de.khanacademy.org/ [Abruf am 18.06.2024]

c. Die Makroebene der Steuerung, Evaluation und Planung der Schulorganisation

Auch für das *Management und die Planung der Schulorganisation* zeigen sich neue Potenziale durch eine umfassende Evaluation des Geschehens in den Klassen und in der Schule (Educational Data Mining). Derartige KI-gestützte Managementsysteme erlauben eine deutlich effizientere Schuldaten-Diagnostik und -Prognostik im Blick auf verschiedenste Messwerte und Indikatoren. Das sind wie z.B. Fehl-, Ausfall- und Vertretungszeiten, Personal und Ressourcen, Kompetenz- und Leistungsniveaus etc. Neben der dadurch entstehenden organisatorischen Transparenz können auf dieser Grundlage Empfehlungen für Schulleitungen, Schüler und Schülerinnen sowie für Lehrkräfte generiert werden. Es können auch Zielvereinbarungsgespräche, Schulinspektionen, Schulentwicklungsberatungen usw. datenbasiert unterstützt werden (vgl. MMB-Institut 2021).

Für die **Makroebene** entstehen – derzeit allerdings erst langsam – KI-Anwendungen, die eine Unterstützung bei der Steuerung der Organisation (Schule, Schulträger usw.) und der Unterrichtsplanung bieten sollen.

Beispielsweise stellt das Programm **Watson Education Classroom** von IBM ein solches multifunktionales kognitives System für Schulen dar. Es ist eine Cloud-Service-Lösung, die Lehrkräften bei der Organisation von adaptivem Unterricht hilft, um die Lernergebnisse zu verbessern. Die Sammlung von diversen Schülerdaten und sozialen und verhaltensbezogenen Datenquellen soll der Leistungsverfolgung dienen und den Pädagogen mehr Zeit für persönliche Gespräche mit den Schülerinnen und Schülern geben und um Unterrichtsentscheidungen zu treffen. Es ist ein Planungstool zur Lehrerunterstützung mit kuratierten Lerninhalten und Zugang zu analysierten schulischen Stärken und Schwächen der Lernenden. Das Programm soll die Lehr- und Lernprozesse in vielen Bereichen unterstützen. Ein ähnliches System entsteht in der KI-Anwendung Google Classroom.[17]

1.3.3.3 Weitere Potenziale von KI-Anwendungen in der Schule

Der *Einsatz neuer Technologien in Schule* wird seit jeher von vielen mit großer *Skepsis* beäugt, weil den möglichen Vorteilen scheinbar viele Nachteile gegenüberstehen. Beispielsweise sind das die nötigen Investitionen, die notwendige Fortbildungszeit der Lehrkräfte, die zulasten der Unterrichtszeit geht, die Widerstände der Lehrkräfte usw. Noch 2017 belegten Denoel, Etienn et al., dass Schülerinnen und Schüler die Tablets, Laptops und E-Reader im Klassenzimmer verwenden, schlechtere schulische Leistungen zeigten als solche, die das nicht tun (vgl. Bryant et al. 2020).

Aber der zweifellos große Fortschritt beim praktischen Technologieeinsatz und auch die übermäßige Arbeitsbelastung von Lehrkräften *forcierten die weitere Suche* nach

---

[17] Quelle: https://www.ibm.com/watson/advantage-reports/ai-social-good-education.html [Abruf am 18.06.2024]

Möglichkeiten, wie *durch gezielten Einsatz* der digitalen Technologien und vor allem der Verbesserungen der KI-Angebote möglich wären.

Nach einer **McKinsey-Studie** von Bryant et al. (2020), bei der mehr als 2000 Lehrkräften in Kanada, Singapur, Großbritannien und USA befragt wurden, ergab sich eine durchschnittliche Wochenarbeitszeit von Lehrkräften von etwa 50 Stunden pro Woche. Davon wurden aber weniger als die Hälfte für die direkte Interaktion mit den Lernenden verwendet. Der Einsatz von mehr Technologie und Computerprogrammen könnte nach Ansicht der Befragten den Lehrkräften etwa *13 Stunden Arbeitszeit ersparen.* Das wären 5 Std. Entlastung bei den Vorbereitungen, 3 Std. bei der Evaluation und beim Feedback, 2,5 Std. bei der Verwaltung, 2 Std. bei der Instruktion der Lernenden und 0,5 Std. bei der professionellen Entwicklung.

Die Befragten würden diese Zeit vor allem nutzen wollen für die Förderung des persönlichen Lernens, für die Unterstützung des sozial-emotionalen Lernens der Schülerinnen und Schüler und zur Entwicklung der Schlüsselqualifikationen für das 21. Jahrhundert. Zudem wäre mehr Zeit zum Verbessern der persönlichen Beziehungen zu den Lernenden, für die Ermutigung zu mehr Selbstregulation und Durchhaltevermögen beim Lernen und zur Förderung von mehr Zusammenarbeit zwischen den Schülerinnen und Schülern.

Zum Zeitpunkt dieser Studie 2020 war aber ChatGPT noch nicht veröffentlicht und der KI-Boom für Lernsoftware hatte noch nicht begonnen. Neuere, belastbare Studien mit Einbezug von KI und neuerer Software für die Schulen liegen derzeit noch nicht vor.

Die im Auftrag der Deutschen Telekom Stiftung 2021 erschienene **Studie des mmb-Instituts**[18] gibt einen weiteren Einblick zum verbesserten Einsatz von KI-Tools beim Lehren und Lernen in der Schule. Weltweit wurden 99 KI-basierte Anwendungen auf der Mikro-, Meso- und Makroebene recherchiert und einer qualitativen Inhaltsanalyse unterzogen. Etwa die Hälfte davon fokussieren den Bereich des Selbstlernens am Nachmittag. KI-Technologien wie Learning Analytics oder Educational Data Mining werden in nahezu allen modernen Lern- und Bildungslösungen funktional integriert.

Neben einer standardisierten Online-Befragung wurden zudem in einer Focus Group 40 Expertinnen und Experten interviewt, die über die Hälfte (55 %) in Wissenschaft, Forschung und Beratung tätig sind. Sie wurden zur technischen Machbarkeit durch die Unterstützung durch KI-Anwendungen im Schulbereich befragt.

---

18 Quelle: https://www.telekom-stiftung.de/sites/default/files/files/media/publications/KI%20Bildung%20Schlussbericht.pdf [Abruf am 28.10.2023]

Auf einer Skala von 1 (sehr gut) bis 6 (überhaupt nicht) wird *von den Befragten* die *KI-Anwendung für realistisch* gehalten ....

... für die Unterstützung von Schulorganisation und -verwaltung: d.h. für die Planungsunterstützung (bewertet mit 1,3), Ausfallzeiten- und Personalprognosen (1,4) und Schuldatendiagnostik (1,4).

... für das individuelle Lernen: D.h. für sprachbasierte Assistenzsysteme (1,4), für selbstreguliertes Lernen (1,5), für individuelles Üben und Hausaufgabenunterstützung (1,5) und für das personalisierte Lernen (1,8).

... erst an dritter Stelle werden Unterrichten und Lernen in der Klasse genannt. Das bedeutet für die Schülerinnen und Schüler neue Lernerfahrungen in MINT-Fächern (1,5), für die Lehrkräfte Unterstützung bei der individuellen Förderung der Lernenden (1,7), Hilfen für die Lernstandsmessung (1,7) und für die automatische Korrekturarbeit (1,9)
(vgl. MMB-Institut 2021, Abb. 12).

Für Lehrkräfte wären noch folgende *KI-Szenarien* für die Verbesserung der nachfolgenden Problemlagen *wünschenswert*

... Unterstützung von Schülerinnen und Schülern mit Behinderung (1,3), Hilfen für selbstreguliertes Lernen (1,6), für individuelles Üben und Hausaufgaben (1,7) und für personalisiertes Lernen (1,7).

... Individuelle Förderung (1,5) der Lernenden durch neue Lernerfahrungen im MINT-Bereich (1,7), durch Steuerung kollaborativen Lernens (1,7) und Hilfen bei der Lernstandsmessung (1,8) (vgl. MMB-Institut 2021, Abb. 13).

1.3.3.4 Kritische Stimmen

Die Einordnung derartiger Programme mit Blick auf den **Datenschutz** hat in Deutschland aber gerade erst begonnen. Interessant ist in diesem Zusammenhang das aktuelle BMBF-geförderte Verbundprojekt „DATAFIED“ (DATA For and In Education). In vier Teilprojekten werden hier die Datafizierung, d.h. die auf allen Schulsystemebenen gesammelten Daten und deren Auswirkungen analysiert. Das sind die Schulaufsicht, Schulinformationssysteme und Schulmanagement, Lernsoftware und Unterricht sowie die Lehrkräfte und Lernenden im Unterricht. Ziel ist es, „Handlungsimplikationen für zukünftige Entscheidungen in Bezug auf die Gestaltung der Datafizierung im Bildungssystem“ – und speziell für die „Institution Schule“ – zu formulieren“[19] (vgl. MMB-Institut 2021, 21–28).

Die in anderen Ländern der Welt schon deutlich erweiterte Nutzung im Bildungsbereich steckt in Deutschland noch in den Kinderschuhen. Die große mediale Aufmerksamkeit beim Start von ChatGPT griff auch auf weitere KI-Anwendungen über. Der

[19] Quelle: https://datafied.de/datafizierung-und-schule/[Abruf am 18.06.2024]

Markt von KI-Programmen im schulischen Bereich steht erst am Anfang. Daher gibt es bisher auch nur wenige randomisierte, kontrollierte Studien zur Wirksamkeit (Effektstärke) sowie zur Belastbarkeit (Reliabilität) bei den neuen Lehr- und Lernwerkzeugen. Die Quellen für die Produktbeschreibungen entstammen oft nur der Website eines Unternehmens, ihren Produktangeboten oder vereinzelten Zeitungsberichten. Die *KI-Anwendungen* müssten ihre *Effektivität* erst in großen Feldstudien *beweisen*, die aber noch nicht vorliegen.

Kritische Stimmen warnen auch vor den Risiken für den *Datenschutz* oder den Eingriff in die Privatsphäre. Man nennt als *negatives Beispiel* – wie bereits erwähnt – die Vorgehensweisen in *China*. In der Oberschule in Hangzhou wird beispielsweise schon der gesamte Ablauf in der Schule über Kameraüberwachung mit KI organisiert: Die Gesichtserkennung der Schülerinnen und Schüler ersetzt hier die Mensakarte oder den Bibliotheksausweis. Kameras im Klassenzimmer sammeln das Verhalten von den Kindern und Jugendlichen. Das soll Aufschlüsse geben, wie oft sie gähnen oder ob sie heimlich auf ihr Handy schauen. Die Lehrkräfte erhalten damit auch einen genauen Überblick über ihren Unterricht und wie dieser bei den Schülern ankommt. Ein weiteres Konzept ist der Einsatz von Stirnbändern, die die Aufmerksamkeit messen. Damit lassen sich „gläserne" Lernende schaffen, deren Leistungen und Verhaltensweisen bis ins kleinste Detail transparent werden.

Daher wird es auch *in Deutschland* immer wichtiger, *einheitliche Regelungen des Datenschutzes* und der Datennutzung zu treffen, um die Lernenden zu schützen. Die Europäische Kommission hat 2022 ethische Leitlinien zur Nutzung Künstlicher Intelligenz an Schulen veröffentlicht. Sie sind Teil eines Aktionsplans für digitale Bildung (2021–2027). Die KI habe – so heißt es in dem Plan – ein enormes Potenzial, um die allgemeine und berufliche Bildung für Lernende und Lehrende neu zu gestalten. Sie könne Lernenden bei Lernschwierigkeiten helfen und Lehrende bei der Individualisierung des Lernens unterstützen. Die Leitlinien sollten daher über Fehleinschätzungen und Ängste aufklären und gleichzeitig Lehrkräften und Schulleitungen praktische Ratschläge über die sinnvolle Nutzung der Technologie geben.[20]

Ziel sollte bleiben, dass Schülerinnen und Schüler sich diese Technologie zunutze machen können. *KI kann* und soll – wie schon mehrfach betont – in Form dieser interaktiven Lernplattformen oder eines Roboters *eine Lehrkraft keinesfalls ersetzen*. Durch KI-Formate können aber deren Arbeit, das *Lehren*, effizient *unterstützt* werden (vgl. Geibl 2023).

Nach dieser, eher allgemeinen Beschreibung der drei Einsatzebenen der KI, wird im Folgenden der Blick konkreter auf die Umsetzung von KI-Möglichkeiten in der Schule gelenkt.

---

20 Quelle: https://op.europa.eu/de/publication-detail/-/publication/d81a0d54-5348-11ed-92ed-01aa75ed71a1 [Abruf am 18.06.2024]

1.3.4 Mikroebene der Lernenden

Die KI kann inzwischen konkrete zusätzliche Programme bereitstellen, die als digitale Mentoren fungieren und personalisierte Lernerfahrungen ermöglichen. Sie analysieren die Reaktionen der Schülerinnen und Schüler auf den Unterricht und helfen ihnen dabei, diesen in ihrem eigenen Tempo und durch individuell angepasste Lernkanäle zu bewältigen. Adaptive Lernprogramme geben sofort und individuelles Feedback, überprüfen Lernfortschritte und passen die Lerneinheiten dem Tempo und dem Schwierigkeitsgrad an, welche die Schülerinnen und Schüler gerade noch bewältigen können. Mit Gamification-Elementen wird das Lernen altersgemäß forciert. Auch Schülerinnen und Schüler mit besonderen Lernschwierigkeiten können maßgeschneiderte Lerneinheiten erhalten und ihre nötigen Lernerfolge erzielen (vgl. Farrell 2024).

Schulisches Lernen unterscheidet sich bisher aber noch immer vom häuslichen Lernen, insbesondere in der Nutzung von Software, die zum Lernen eingesetzt wird:

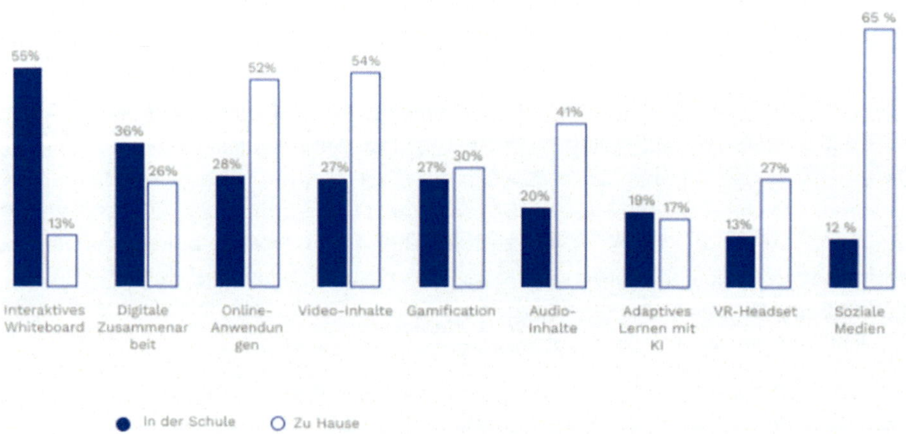

Abbildung 3: Eingesetzte Technologien und Software zum Lernen[21]

Wie die Abbildung zeigt, setzt die Schule bei den Technologien überwiegend auf das interaktive Whiteboard (55 %) und auf digitale Zusammenarbeit (36 %), während sich die Schülerinnen und Schüler beim Lernen überwiegend von sozialen Medien (65 %), von Videoinhalten (54 %), Online-Anwendungen (52 %) oder Audioformaten (41 %) Hilfe erhoffen.

---

[21] GoStudent: GOSTUDENT-Bericht zur Zukunft der Bildung. 2023. S. 31. Quelle: https://www.gostudent.org/ [Abruf am 01.11.2023]

Auf der Mikroebene könnten aber KI-Systeme das schulische Lernen mithilfe intelligenter, adaptiver Systeme verbessern und persönliche Lernprozesse ermöglichen, die den individuellen Fähigkeiten und Bedürfnissen der Lernenden besser entsprechen. Ähnlich wie im Sport der automatisch generierte individuelle Trainingsplan können auch in der Schule adaptive Lernpfade gefunden werden. Die aktuellen Herausforderungen in Sachen Bildungsgerechtigkeit, Heterogenität, Inklusion und Förderung benachteiligter Kinder könnten durch KI-gestützte Bildungstechnologien vermutlich besser bewältigt werden (vgl. MMB-Institut 2021).

Schülerinnen und Schüler müssten dazu jedoch frühzeitig Kompetenzen erwerben, wie Inhalte kritisch hinterfragt und unabhängig geprüft werden können. Ute Schmid plädiert für einen Beginn ab der 5. Jahrgangsstufe: „Die Suche nach geeigneten Informationsquellen sowie die kritische Beurteilung der Vertrauenswürdigkeit von Quellen sollte bereits ab der Sekundarstufe in die Lehrpläne aufgenommen werden" (Schmid 2023b). Im vorliegenden LL-Konzept wird das Digital- und KI-Thema schon bei jüngeren Schülerinnen und Schülern angesprochen (siehe Kap. 3 und 4).

Die Begründung dafür ist: Kinder kommen zu Hause bereits ab dem Kindergartenalter mit Smartphones, Tablets oder Spielekonsolen in Begegnung und sind oft versierter als ihre Eltern in der Bedienung. Daher kommen Lehrkräfte und Eltern schon früher in Zugzwang: Wenn bereits heute sprachgesteuerte Chatbots zur Verfügung stehen, die mit Kindern in Bildern und mit einfachen Texten kommunizieren können, ab wann beginnt dann die Notwendigkeit für Eltern und später für die Lehrkräfte hierauf Einfluss zu nehmen?

Deshalb muss die Schule möglichst bald auf mögliche Einflüsse im Grundschulalter Antworten parat haben und sollte möglichst frühzeitig auf neue Medien, neue Software und Chatbots reagieren können.

Das gelingt nur im engen Miteinander von Lehrkräften und Eltern. Nur im Verbund mit den Eltern kann eine neue Balance bei gemeinsam verfolgten neuen Erziehungsmaßstäben gefunden werden. Darauf wird im Kapitel 5 (Elternarbeit) noch weiter eingegangen.

Auf den Einsatz von KI-Anwendungen auf der **Mikroebene** der Schülerinnen und Schüler zu Hause haben Schulen bei uns in Deutschland noch kaum Einfluss. Dagegen prägen Programme wie Squirrel in China den Nachhilfemarkt für die jungen Lernenden und versprechen mit immer neuen KI-Anwendungen individuelle und adaptive Lernhilfen versprechen. Daher wird im vorliegenden Buch zum *Thema KI im Grundschulalter* auf die Gegebenheiten in Deutschland gezielt Bezug genommen und es werden zeitgemäße Unterrichtsbausteine zur Digitalisierung und KI vorgestellt (siehe Kapitel 3).

Insgesamt aber geht die Entwicklung von KI-Programmen auch in Deutschland auch für den Grundschulbereich weiter. Das Leibniz-Institut für Wissensmedien forscht zurzeit daran, einen Agenten zu entwickeln, der sich an die Sprache des Lernenden anpasst. Er nimmt die Wortwahl, die Stimme und sogar die Gestik der Lernenden an. Dadurch ergeben sich beim Lernen neue Möglichkeiten der Interaktion.

Kindern mit sprachlichen Schwierigkeiten fällt es leichter, mit einem Roboter als mit der Lehrkraft zu sprechen. Die Kommunikation mit dem Roboter ist niedrigschwellig und spielerischer. Der Roboter ist zunächst „dumm" und merkt nicht, wenn das Kind Fehler macht. Erst nach und nach lernt er in der sozialen Interaktion mit dem Kind. Dadurch kehren sich die Rollen von der wissenden Lehrkraft und den unwissenden Lernenden um.

Neben kognitiven Anwendungsfeldern wird KI in der Zukunft auch zur Diagnose von metakognitiven Fähigkeiten eingesetzt. KI-unterstützte Anwendungen werden immer stärker zum Messen der Aufmerksamkeit und der Gesprächsdynamik von Schülerinnen und Schülern beim computergestützten Lernen eingesetzt. Auch die Fähigkeit zu kollaborativem Lernen und Arbeiten sowie zum Verhalten in Teams wird datenanalytisch diagnostizierbar (vgl. Luckin et al. 2016 in: MMB-Institut 2021, 30).

Die Entwicklung von KI-Instrumenten für die Schule sollte aber nicht Software-Anbietern überlassen werden. Es ist wichtig, dass dabei fachliche Erkenntnisse der Pädagogik und Psychologie einfließen (vgl. Kuhn 2021).

Das begründet sich auch dadurch, dass die Bedienung der Geräte wird immer einfacher wird und so auch für Kinder leicht zu handhaben sind. Das Tech-Start-up Humane stellte 2024 beispielsweise einen AI-Pin als Anstecker an der Kleidung vor. Die Bedienung erfolgt über Spracheingabe. Der Pin kann telefonieren, übersetzen und alle Informationen aus dem Internet liefern. Auch bieten bereits seit einigen Jahren Mobiltelefonhersteller wie Meizu oder Lenovo Smartphones an, die nur durch Sprachbefehle bedient werden können. Die Telekom wiederum stellte Anfang 2024 das KI-Phone vor, das auf Apps verzichtet und nur durch Sprachbefehle mithilfe KI für den Kunden Informationen aus dem Internet sammelt und sie auf dem Display anzeigt. Beispielsweise sind das Flugbuchungen oder Geschenkvorschläge. Wichtige Daten können vom Phone auch auf die Handinnenfläche projiziert werden – der Spickzettel hätte damit ausgedient!

1.3.5 Mesoebene der Lehrkräfte und des Unterrichts

Im vorliegenden Buch werden vor allem Möglichkeiten einer neuen Nutzung von KI-Programmen aufgezeigt, die auf der Ebene der Lehrkräfte und des Unterrichts Einsatz finden und in einem *neuen, weiterführenden Ansatz von Lernen lernen* (Version 2.0) dargestellt werden.

1.3.5.1 Aktuelle Möglichkeiten und Optionen

Für Lehrkräfte werden auf der Mesoebene durch den Einsatz von KI-Programmen neue Formen von digitalen Assessments, Leistungsdaten-Evaluationen, Empfehlungssystemen, Tutorings und Classroom-Management möglich. KI-gestützte Systeme können – wie schon mehrfach betont – nicht ersetzend, sondern ergänzend-begleitend für Präsenz-Lernsettings eingesetzt werden. Co-Teaching und Assisted Learning in hybriden Lernarrangements werden ermöglicht.

Die Nutzung von Chatbots bietet für Unterrichts- und Gesprächsvorbereitungen, Wissensbeschaffung und -strukturierung seit der Freigabe von ChatGPT mit immer neuen Konkurrenzprogrammen ungeahnte weitere Möglichkeiten im Einsatz als Helfer für Lehrkräfte, aber auch als Unterrichtsmedium in alle Lehr- und Lernprozesse hinein.

„Co-Teaching" und „Assisted Learning" könnten als neue Leitbilder etabliert werden: Ein zentrales Argument für die Akzeptanz KI-basierter Anwendungen im schulischen Bereich ist deren vorwiegend „assistive" Funktion. Überall dort, wo KI-gestützte Technologien die Lehrkräfte künftig bei ihren wachsenden Aufgaben wirksam, zuverlässig und datenschutzkonform entlasten und zugleich aufwandsarm eingesetzt werden können, werden diese absehbar auch positiv auf- und angenommen. Der zunehmende Lehrkräftemangel wird dies noch verstärken. Aus didaktischer Sicht besteht zudem ein breiter wissenschaftlicher Konsens, dass KI-gestützte Systeme nicht ersetzend, sondern vielmehr ergänzend-begleitend zu Präsenz-Lernsettings einzusetzen sind („Co-Teaching" und „Assisted Learning" in hybriden Lernarrangements und Flipped Classroom-Settings etc.; vgl. MMB-Institut, S. 5 f.).

Zudem können bei KI-basierten Lernverfahren nicht nur Metakognitionen, sondern zunehmend auch Emotionen und Affekte eine Rolle spielen. Sie werden im Bildungstechnologiebereich, technisch getrieben und ermöglicht durch Fortschritte in der KI-basierten Gesten-, Mimik-, Sprach- und Sensordatenanalyse, zunehmend eine Rolle spielen. Diese werden möglicherweise auch zur Entwicklung von sogenannten Learning Companions führen (Yadegaridehkordi et al. 2019), bedürfen aber einer sorgfältigen Beurteilung hinsichtlich der Datennutzung.

Dass Videoaufzeichnungen aus dem Unterricht KI-gestützt ausgewertet und daraus automatisch pädagogische Hinweise für Lehrerinnen und Lehrer abgeleitet werden – ein in China durchaus gängiges Szenario – erweist sich aus Befragtensicht weder technisch (sinnvoll) umsetzbar noch erscheint dies als besonders wünschenswertes und wahrscheinliches Szenario. Gewünscht werden hingegen KI-basierte Anwendungen, welche die Lehrerinnen und Lehrer bei der Steuerung kollaborativen Lernens und bei der Lernstandsmessung unterstützen. Für die Lernunterstützung der Schülerinnen und Schüler sehen die Befragten v.a. Potenzial beim personalisierten und selbstregulierten Lernen und beim individuellen Üben (vgl. MMB-Institut, 31).

Zusammengefasst könnten sich folgende **Verbesserungen für Lehrkräfte** durch die Nutzung der ständig „schlaueren" KI-Programme in folgenden Bereichen ergeben:

- Unterrichtsvorbereitungen (Themenausarbeitung, Differenzierung etc.)
- Erstellung von Lernzielkontrollen und Bewertung
- Korrekturen von Schülerarbeiten samt Bewertung und Feedback
- Rechtschreib- und Grammatikkontrollen
- Aufsatzkorrekturen mit Verbesserungsvorschlägen
- Analyse von individuellen Lernfortschritten
- Frühzeitiges Erkennen von Lernschwierigkeiten durch datenbasierte Analysen
- Lernstandserhebungen bei adaptiven Lernprogrammen
- Ermöglichung individuellen Lernens für jede(n) Schüler(in) mit ihren/seinen spezifischen Lernkanälen
- Anpassung von individuellem Lernmaterial an die einzelnen Lernenden
- Nutzung der KI zur Entwicklung von interaktiven Lernspielen mit Gamification-Reizen
- Einsatz neuer digitaler Medien wie intelligente Dashboards, VR- und AR-Brillen
- Intelligente virtuelle Tutorensysteme

Konkrete **Empfehlungen** im Umgang mit KI und Chatbots im Unterricht werden für Lehrkräfte auch von der Ständigen Wissenschaftlichen Kommission der Kultusministerkonferenz (SWK) gegeben. Die Kommission rät:

- bei Prüfungen Freitextantworten verlangen,
- mehr mündliche Prüfungen,
- Zusammenhänge von den Schülerinnen und Schülern beschreiben lassen,
- eigene Begründung geben lassen,
- kritischen Umgang mit der neuen Technologie aufzeigen,
- Sensibilisierung der Lernenden für möglichen Missbrauch, Fake News und „Halluzinationen",
- Quellenangaben einfordern für schriftliche Arbeiten,
- die Lernfähigkeit für neue Technologien fördern durch mehr Flexibilität, und durch das Lernen des Lernens,
- Lernstandsanalysen mit eigenen Beobachtungen abgleichen (Vgl. SWK der KMK 2024)

1.3.5.2 Einsatz von Chatbots in verschiedenen Bereichen der Schule

Um den Lernprozess der Schülerinnen und Schüler zu unterstützen, können die Lehrkräfte z.B. ChatGPT in verschiedenen Anwendungsbereichen einsetzen. Beispiele sind:

- Automatisierte Aufsatzkorrektur: ChatGPT kann verwendet werden, um Schüleraufsätze automatisch zu korrigieren und Feedback zu geben.
- Erstellung personalisierter Lerninhalte: ChatGPT kann verwendet werden, um personalisierte Lerninhalte für Schülerinnen und Schüler zu generieren, die auf deren Fähigkeiten und Kenntnissen basieren.
- Unterstützung im Sprachunterricht: ChatGPT kann verwendet werden, um Schülerinnen und Schülern beim Erlernen einer Fremdsprache zu helfen, indem es sie anleitet, menschenähnliche Gespräche zu führen und Schreibaufgaben zu erledigen.
- Virtual Assistants: ChatGPT kann dazu verwendet werden, um Schülerinnen, Schülern und Lehrkräften einen virtuellen Assistenten zur Verfügung zu stellen, der sie bei administrativen Aufgaben und Fragen unterstützt. (Vgl. Kuhn 2023, 7 f.)

Wie in diesem Zusammenhang schon mehrfach betont, sollten Chatbots *nur als Helfer* dienen, um sich beispielsweise Vergleiche generieren zu lassen. Wichtig ist hier, dass die Lehrkraft diese bewerten muss und die eigene Meinung zu ihnen klar darstellen sollte (vgl. Schmid 2023a).

1.3.5.3 ITS und adaptive Lernprogramme

Intelligente Tutorielle Systeme (ITS) gibt es schon seit fast 50 Jahren. Sie basieren auf einem Modell, wie Wissen repräsentiert sein muss. Zum Beispiel für Mathematik: Was müssen Schülerinnen und Schüler verstehen, um eine Addition oder Subtraktion machen zu können? Welche Schritte folgen aufeinander? Nach diesem Modell erstellt das System Aufgaben und diagnostiziert, was die oder der Lernende kann. Das ist ein relativ aufwendiges Verfahren, das viel Expertise voraussetzt. Daher sind IST-Programme nur zum Teil in der Praxis angekommen.

Künstliche Intelligenz (KI) geht einen anderen Weg. Sie ist nicht theoriegeleitet, sondern sammelt Tausende Daten von Personen beim Lösen von Aufgaben. Je mehr Daten sie hat, desto besser kann sie arbeiten. KI-Instrumente ermitteln auf dieser Basis, welche Personen beim Lösen von Aufgaben erfolgreich sind. Sie stellen Muster fest, was einen guten von einem schlechten Lösungsweg unterscheidet. So kann das System ableiten, welche Lernenden zum Ziel kommen und welche Schülerinnen und Schüler Unterstützung brauchen (vgl. Kuhn 2021).

Derartige **adaptive Lernprogramme** passen sich ständig an die individuellen Bedürfnisse und Fähigkeiten der Lernenden an, da sie den Fortschritt, die Antworten und das Engagement beobachten und den Lerninhalt entsprechend anpassen. Der Lernprozess wird personalisiert und damit optimiert, es werden persönlich abgestimmte Lernpfade, Inhalte und Lernformate vorgeschlagen. Die Lernreihenfolge und die Schwierigkeitsstufen werden dabei laufend, den Fortschritten der Schülerinnen und Schüler entsprechend, aktualisiert. Wenn ein(e) Lernende(e) bei einer Zwischenbewertung schlecht abschneidet, schlägt die adaptive Lernplattform ein Modul vor, die betroffenen Kenntnisse passend zu wiederholen.

Als besonderes **Kennzeichen** derartiger *adaptiver Lernprogramme* gilt eine dynamische Anpassung an die Lernenden. Das sind personalisierte Lernpfade, die auf ihren Fähigkeiten, ihrem Wissen und ihren Zielen basieren. So sind keine zwei Lernpfade identisch und es gibt vor allem ein sofortiges Feedback zu den Leistungen. Dadurch verstehen die Schülerinnen und Schüler ihre Fehler und können sich somit schneller verbessern. Diese Programme erlauben eine dynamische Sequenzierung von Lerninhalten mit dem Überspringen von Lernstationen oder dem Einbau zusätzlicher Lernhilfen. Zudem ermöglichen sie die adaptive Unterstützung der Kooperation der Lernenden mit gleichen Zielen bzw. Lernbedürfnissen. Bei Bedarf erfolgt eine interaktive Unterstützung beim Problemlösen mit Hinweisen auf zusätzlich passende Lernressourcen sowie ein Feedback mit Verbesserungsvorschlägen.

Adaptives E-Learning bietet im Vergleich zum herkömmlichen E-Learning *Vorteile*. Die Lernenden fühlen sich durch individuelle Lernpfade stärker passend „abgeholt“ und durch den grundsätzlich höheren Grad an Interaktivität kann auch der Lernerfolg höher und anhaltender ausfallen.

Im *Berufsschulbereich* werden bereits erste Versuche beispielsweise mit „Georg“, einem Ausbildungskonzept vom Westermann-Verlag, unternommen Es ergänzt selbstgesteuertes Lernen mit individuellen Lernempfehlungen. Die Ausbildungsinhalte von 23 kaufmännischen, technischen und digital orientierten Berufen stehen in einem Online-Lehrwerk mit 3000 Videos, 232 Audio-Stunden, 50 000 Abbildungen, Animationen und Schaubildern mit insgesamt 2000 Lernstunden zur Verfügung. Nach den Eingangstests folgen individuelle Empfehlungen zur Zusammenstellung und Abfolge der Lerneinheiten. Die Arbeits- und Lernfortschritte können die Lernenden und Lehrkräfte über Statistiken nachverfolgen. Dabei handelt es sich um einen breit angelegten Versuch des Westermann-Verlags, ein adaptives Lernarrangement mit viel Selbststeuerungsmöglichkeiten zu erstellen, das an die früheren Versuche mit programmiertem Unterricht erinnert.

Diese Operationalisierung der Lernvorgaben führte allerdings oft zu einer technokratischen Handhabung, bei der weitere pädagogische Lernziele wie z.B. die Veränderung von Motivationen oder das Wachsen des Problembewusstseins mangels Messbarkeit wegfielen. Weitere *Nachteile* sind, dass soziale Kontakte, produktive Diskussionen oder die nötige Kollaboration unterbleiben und demotivierte Schülerinnen und Schüler alleingelassen werden. Die Nachteile werden aber dadurch entschärft, dass der Einsatz von KI nur in Teilbereichen erfolgt, nämlich dann, wenn aus den Wissenslücken der Schülerinnen und Schüler beim Eingangstest gefolgert werden kann, welche E-Learning-Aufgaben angegangen werden sollten. Dadurch soll die „Learnability" der Berufsschülerinnen und -schüler angestoßen werden. Darunter versteht man die Fähigkeit von Menschen, sich lebenslang selbstorganisiert und selbstgesteuert weiterbilden zu können. Für die Schülerinnen und Schüler der Berufsschulen bedeutet das, dass diese Lerngruppen aufgrund von Testergebnissen sich selbst mit ihrem eigenen „Lernpfad Manager" Aufgaben und Termine zuordnen können.

1.3.5.4 Adaptive Lernprogramme mit KI-Unterstützung

Trotz dieser genannten Erkenntnisse kommt KI bisher in den Schulen nur wenig zum Einsatz. Es sind eher die Portale für den Nachhilfemarkt, die aufblühen. Sie sammeln die Daten von Millionen von Schülerinnen und Schülern und entwickeln auf dieser Basis Aufgaben, die an die jeweiligen Leistungsstände der Lernenden angepasst sind.

Diese Formate wären aber auch für den Schulunterricht denkbar. Eine Lehrkraft macht dann nicht mehr die gleichen Aufgaben für alle, sondern jede(r) Lernende bekommt Aufgaben, die spezifisch auf seine Kompetenzen zugeschnitten sind und erhält Rückmeldungen in Form eines individualisierten Feedbacks. Damit können die Lehrkräfte viel differenzierter bestimmen, wo die Schülerinnen und Schüler leistungsmäßig stehen und was sie als Hilfe brauchen. Neben dieser Adaptivität wären dadurch auch mehr Chancengerechtigkeit und Inklusion besser umzusetzen (vgl. Kuhn 2021).

Früher glichen ITS (Intelligente Tutorielle Systeme) die Antworten der Lernenden nur in einer Datenbank auf „falsch" oder „richtig" ab. Heutzutage analysieren sie diese auch inhaltlich und geben differenziertes Feedback.

Einer Schülerin oder einem Schüler der Grundschule, die/der das zum Beispiel nicht verstanden hat, wie man beim schriftlichen Subtrahieren einen Übertrag macht, helfen zwanzig weitere Aufgaben und die immer gleiche Erklärung, wie vorzugehen sei, wenig. Stattdessen muss nachvollzogen werden, ob das Kind einen systematischen Fehler macht, etwa beim Übertrag. Hier muss das ITS in der Lage sein, das Fehlkonzept, das dem Fehler zugrunde liegt zu identifizieren. Daran anschließend wird beispielsweise ein ähnliches Beispiel vorgerechnet, in dem genau diese korrigierten Rechenschritte nochmals erläutert werden. So gibt das KI-System Schülerinnen und Schülern die Chance, konstruktiv im Kontext einer Aufgabenstellung zu lernen. Die Stichworte sind hier also intelligente Fehlerdiagnose und intelligentes Feedback – Dinge, die eine Lehrkraft mit 30 Kindern in einer Klasse individuell nicht leisten kann. Wenn man also zwischendurch kleine digitale Lerneinheiten hat, die so ein individualisiertes Lernen erlauben, kann *KI* im Klassenzimmer *ein Segen* sein (vgl. Schmid 2023a).

Hemmend wirken hierbei das fehlende Vertrauen in die entsprechenden Lernprogramme und die Angst, dass Künstliche Intelligenz die Lehrkraft ersetzen soll. Deshalb bedarf es der Überzeugung der Lehrkräfte, dass KI für den Unterricht wirklich sinnvoll ist (vgl. Kuhn 2022).

Gegen diese Hemmungen sprechen konkrete *Vorteile*. Das sind unter anderem die deutlichen Entlastungen der Lehrkraft. Adaptive Lernprogramme können z.B. viel mehr Differenzierungsmöglichkeiten erzeugen als eine einzelne Lehrkraft. Die Lehrerin bzw. der Lehrer hätte dann viel mehr Raum, um sich einzelnen Schülerinnen und Schülern zuzuwenden. Zudem fördern adaptive Lernprogramme das selbstständige Lernen, weil Schülerinnen und Schüler dabei selbst sehen können, wo sie stehen. Sie würden erkennen, wo ihre Fähigkeiten schon gut ausgeprägt sind und wo sie ihre Kompetenzen noch stärken sollten. So wären adaptive Lernprogramme nicht noch eine weitere Belastung zu dem, was Lehrkräfte jetzt schon leisten müssen, sondern ein kontrollierbarer Helfer bei der Bewältigung der bestehenden Herausforderungen (vgl. Kuhn 2022).

Anbieter von Bildungsmedien entwickeln derzeit intensiv neue KI-Systeme für das Lernen in der Schule, was an einem Beispiel verdeutlicht werden soll. Für den Englischunterricht hat der Westermann-Verlag interaktive Übungen auf der Basis eines selbstlernenden Systems entwickelt. Das Sprachverarbeitungssystem **SmartResponse**[22] unterstützt Schülerinnen und Schüler individuell bei der Bearbeitung ihrer Englischaufgaben und führt sie Schritt für Schritt zur Lösung. Als NLP-Tool kann es zuverlässig erkennen, ob Formen korrekt gebildet und im richtigen Kontext verwendet werden und ob Rechtschreibung, Grammatik und Bedeutung einer Eingabe stimmen. Das gilt auch für frei geschriebene Texte.

Mit dieser KI-Form erhalten Schülerinnen und Schüler nicht mehr nur „Richtig"- oder „Falsch"-Rückmeldungen oder vorab hinterlegte Hilfestellungen. Vielmehr gibt SmartResponse während der Bearbeitung Hinweise zu den konkret gemachten Fehlern und wie sie sich beheben lassen. Das System lernt stetig dazu und verfeinert somit kontinuierlich sein Feedback. Es entlastet somit Lehrkräfte von wiederkehrenden Korrekturarbeiten und bietet den Schülerinnen und Schülern individuelle Förderung, die in der Unterrichtspraxis ansonsten kaum umsetzbar ist. Das Programm wirkt fast wie ein persönlicher Coach. Das Angebot umfasst Aufgaben für das Fach Englisch in der Sekundarstufe und wird derzeit für das Fach Deutsch ausgeweitet (vgl. Westermann Verlag 2022).

Weitere adaptive Lernprogramme im deutschen Sprachraum sind gegenwärtig folgende Formate:

- **Anton**: Es ist eine häufig benutzte kostenlose Lernplattform. Sie wird durch den Europäischen Fonds für regionale Entwicklung (EFRE) kofinanziert

[22] Quelle:https://smartresponse.westermann.de/ [Abruf am 18.06.2024]

und hilft in den Fächern Deutsch, Mathe, Englisch, Sachunterricht, Musik u.a. von der Vorschule bis zum Abitur.

- **bettermarks** ist ebenfalls eine kostenlose adaptive Lernplattform. Sie wendet sich an Schülerinnen, Schüler und Lehrkräfte in den Jahrgängen 4 bis 13. Sie gibt personalisierte Rückmeldungen und korrigiert so, dass für Lehrkräfte eine übersichtliche Auswertung zum Leistungsstand der Klasse entsteht.

- **Serlo** ist eine weitere kostenlose Lernplattform, die für die Fächer für Mathematik, Biologie, Chemie und Informatik konzipiert wurde.

Adaptive Lernplattformen in englischer Sprache sind beispielsweise: Khan Academy (für mehrere Fächer), Duolingo (für Sprachen), IXL, DreamBox, ALEKS, Prodigy (für Mathematik).

1.3.5.5 Qualifizierung des Lehrpersonals

Der prominente Bildungsforscher Andreas Schleicher plädiert aufgrund der gesellschaftlichen und v.a. technischen Entwicklung für eine Zeitenwende. Die Lehrkräfte sollen nicht nur fachlich fit und für ihr Fach begeistert sein, sondern auch für eine Zusammenarbeit über ihre fachlichen Grenzen hinweg bereit sein. Da in der Schule heutzutage immer weniger über extrinsische Motivation erreichbar ist, müssten intrinsische Motivation und ein Wissenwollen (Volition) mehr Gewicht erhalten (vgl. Schleicher 2023).

Deswegen sollte die Fort- und Weiterbildung für Lehrkräfte intensiv auf die Kompetenzentwicklung im Bereich der Data- und KI-Literacy gerichtet werden, um die Risiken von KI-basierten Systemen realistisch und fortlaufend einschätzen und die aktuellen Tools sinnvoll nutzen zu können. Leider überwiegen bei Lehrkräften derzeit bzgl. KI noch zurückhaltende Einstellungen. Insbesondere in der Pädagogik besteht aber aus Sicht wissenschaftlicher Beobachter ein erhöhter Bedarf an ethischen Referenzsystemen für den Einsatz und die Erforschung von KI (vgl. Westermann Verlag 2022). Ein weiteres Problem stellt die große Anzahl von 110 000 Lehrkräften in Bayern dar, die alle diesbezüglich fort- und weitergebildet werden müssen. Das übersteigt jedoch die Kapazitäten z.B. der Akademie für Lehrerfortbildung und Personalführung (ALP) in Dillingen bei Weitem. Online-Kurse (z.B. über Microsoft Teams, Google Meet oder Zoom) sind seit der Coronapandemie zwar deutlich ausgeweitet worden, aber Akzeptanz und Nutzung stehen weiterhin in den Anfängen. Inzwischen können nämlich beispielsweise mit der App „tl;dv" verpasste Meetings nachgeholt, transkribiert oder nach bestimmten Stichworten schnell durchsucht werden (vgl. Polomski 2023).

Lehrkräfte sollten daher möglichst bald dazu befähigt werden, die fachdidaktische Relevanz dieser Bildungsinnovationen in ihren Möglichkeiten, Anwendungspotenzialen und Grenzen genauer zu verstehen und in ihrem Arbeitsbereich einzusetzen. Die pädagogischen Kompetenzanforderungen werden vor diesem Hintergrund nicht ab-, sondern vielmehr zunehmen. Eine immer stärkere Verschränkung von autonomen, technologiebasierten Lernphasen einerseits und sozialen Lernprozessen im Unterricht andererseits fordert die Lehrkräfte ebenso wie die Nutzung „smarter" Lernanwendungen im Nachmittagsbereich. Bildungsplattformen wie z.B. KI-Campus bieten schon entsprechende Kurse speziell für Lehrkräfte an (vgl. MMB-Institut 2021, 39).

Die von Schleicher geforderte stärkere Zusammenarbeit mit anderen Lehrkräften, vor allem mit KI-basierten Anwendungen, muss größere Bedeutung erfahren. Besonders deren „assistive" Funktion sollte im Klassenraum (zur individuellen Förderung der Kinder), in der Beratung und in der Organisation der schulischen Aufgaben genutzt werden. Vor allem dort, wo KI-gestützte Programme die Lehrkräfte bei ihren wachsenden Aufgaben wirksam, zuverlässig und datenschutzkonform entlasten, werden diese Technologien absehbar auch positiv auf- und angenommen. Der zunehmende Lehrkräftemangel wird diese positive Einstellung voraussichtlich noch verstärken. KI-Anwendungen könnten Entlastung z.B. bei der kognitiven Wissensvermittlung, beim Üben, Wiederholen, Prüfen, Evaluieren und Administrieren bieten. Hauptziel der Hilfen für den schulischen Unterricht sollte dabei immer die Unterstützung, Entlastung und die Freiraumschaffung von und für Lehrende sein, damit sich diese sich – virtuell und in Präsenz – ihren Schülern und Schülerinnen sozial und emotional stärker zuwenden können (vgl. MMB-Institut 2021).

Lehrkräfte sollten sich – zusammengefasst – aus folgenden Gründen intensiver mit der KI beschäftigen:

- KI wird immer schneller Teil unseres Alltags und der Arbeitswelt. Lehrkräfte sollten in der Lage sein, ihre Schülerinnen und Schüler auf diese Zukunft vorzubereiten. Integrieren sie KI-gestützte Lernwerkzeuge in ihren Unterricht, können sie den Lernenden frühzeitig praktische Erfahrungen ermöglichen.

- Die KI kann Lehrkräften helfen, ihre Arbeit effizienter zu gestalten. Beispielsweise können automatisierte Bewertungssysteme den Lehrerinnen und Lehrern Zeit ersparen, die sie für die individuelle Betreuung der Lernenden oder für die Unterrichtsvorbereitung besser nutzen könnten. (So kommt beispielsweise selbst ein handgeschriebener Text, abfotografiert, hochgeladen, in Sekunden rechtschriftlich und grammatikalisch korrekt zurück. Zusätzlich wird er mit einem Feedback zur Schreibweise sowie mit konkreten Empfehlungen für den nächsten Text ergänzt.)

- KI-Formate können den Unterricht besser auf die individuellen Bedürfnisse und Fähigkeiten der Schülerinnen und Schüler ausrichten. Adaptive Lernplattformen können beispielsweise personalisierte Lernwege erstellen, die auf den jeweiligen Fortschritt und die spezifischen Interessen und Lernarten jedes Lernenden abgestimmt sind.

- Der Umgang mit KI kann Schülerinnen und Schülern dabei helfen, wichtige Fähigkeiten des 21. Jahrhunderts zu entwickeln. Das sind beispielsweise kritisches Denken, Problemlösung und digitale Kompetenz.

- Der alltägliche Umgang der Schülerinnen und Schüler mit KI-Anwendungen im häuslichen und privaten Bereich nimmt die Lehrkräfte besonders in die Verantwortung. Es gilt, die Kinder und Jugendlichen auf die ethischen und gesellschaftlichen Herausforderungen vorzubereiten, die mit der KI verbunden sind. In Diskussionen, Projekten und auch anhand von unliebsamen Erfahrungen können Themen wie Datenschutz, Wahrheit, Vorurteile, Gerechtigkeit und Verantwortung besprochen und verarbeitet werden.

1.3.5.6 Bisherige Erfahrungen und Hürden

KI-basierte Bildungstechnologien und die damit verbundenen Erwartungen müssen erst noch ihren Praxistest im deutschen Schulsystem mit all seinen Besonderheiten und Anforderungen bestehen. Es fehlt – gerade, wenn es um pädagogische Kernthemen wie die Leistungsdiagnose und Bewertung oder die Lernberatung und Prognostik geht – oftmals sowohl an wissenschaftlicher Evidenz als auch an praktischer Erprobung und Erfahrung.

Daher wäre es nötig, *didaktisch orientierte Innovationsprozesse* anzuregen und neue Möglichkeiten für das Experimentieren mit intelligenten Anwendungen zu schaffen. Es sollte nicht nur verstärkt in Forschung und (Produkt-) Entwicklung investiert werden, sondern es müsste vor allen Dingen auch die praktische Erprobung und „Erdung" dieser Technologien im Schulalltag ermöglicht und systematisch evaluiert werden.

Ähnlich wie Modellschulen der Stiftung Bildungspakt in *Bayern als „KI-Innovationsschulen"* mit besonderen schulischen Rechten und finanziellen Mitteln ausgestattet wurden und werden, gibt es auch bereits erste Ansätze in anderen Bundesländern. Das Institut für Qualitätsentwicklung an Schulen in *Schleswig-Holstein* (IQSH) in Kiel arbeitet an der Entwicklung einer KI-basierten App für die Unterstützung des Lesenlernens in der Grundschule. Die *Universitätsschule Dresden* prüft im Zusammenhang mit einer umfassenden Digitalisierungsstrategie in projektbasierten Lehr-lern-Settings die Möglichkeiten der KI-Unterstützung für die Personalisierung des Lernens (Adaptive Learning). In solchen „KI-Innovationsschulen" sollen einerseits vorhandene und bereits evident „funktionierende" Lösungen im Bereich des regelbasierten Lernens (MINT-Fächern und Spracherwerb) erprobt werden. Ebenso sollten aber auch die derzeit noch eher in der Entwicklungsphase befindlichen Anwendungen, insbesondere im Bereich metakognitiver Kompetenzen und konzeptbasierter Lernformate eingeführt werden (vgl. MMB-Institut 2021, 35–38).

Ungenutzte Potenziale von KI-Lösungen werden derzeit insbesondere im Bereich der Unterrichtsorganisation gesehen. Denn die Einsatzmöglichkeiten intelligenter Systeme in der Schule gehen weit über den individuellen Lernprozess hinaus: Auch auf der Ebene der Schulklasse und Lerngruppe ermöglichen intelligente Anwendungen wie z.B. digitale Assessments und „automated grading" oder auch Leistungsdaten-

Evaluationen und Empfehlungssysteme neue und manchmal auch direktere Formen des didaktischen Feedbacks – quasi in „Echtzeit". Und ähnlich wie im Sport der automatisch generierte individuelle Trainingsplan könnte als schulisches Gegenstück der adaptive Lernpfad entstehen. Beides basiert auf Datenressourcen, die über den Informationshorizont des einzelnen Lernenden bzw. der Lehrkraft hinausgehen (vgl. MMB-Institut 2021, 5).

Bisher fehlt noch – wie schon mehrfach betont – *das Vertrauen* der Schulen in die KI-Techangebote von Unternehmen. Es gibt nur wenige adaptive Lernprogramme, die bundesweit zum Einsatz kommen, z.B. „Area9 Lyceum" oder das oben beschriebene adaptive Mathe-Lernsystem „bettermarks" (vgl. 1.3.5.4).

Zudem wird es noch lange dauern, bis Künstliche Intelligenz in Schulen zum Alltag gehört, denn die wenigsten Lehrkräfte können aktuell mit den entsprechenden Programmen umgehen. Viele Lehrkräfte sind aktuell noch unsicher im Umgang mit ChatGPT. In Nordrhein-Westfalen nutzen derzeit nur 11 % aller Lehrkräfte ChatGPT zur Unterrichtsvorbereitung (vgl. Kuhn 2023). Das Thema müsste – wie oben unter 1.3.5.5 ebenso schon gefordert – zunächst Einzug in die Lehrerbildung und anschließend in die zentrale sowie dezentrale Fort- und Weiterbildungen finden (vgl. Kuhn 2022).

Nach eigenen Befragungen von Lehramtsanwärterinnen und Lehramtsanwärtern (LAA) zeigen sich deutliche Hemmnisse, sich mit den Chatbots oder anderen KI-Anwendungen zu beschäftigen. Gründe sind:

- Im Studium bestehen bisher nur wenige Angebote zur zusätzlichen Ausbildung in der KI-Nutzung.
- Es fehlen die zeitlichen Ressourcen der LAA, sich innerhalb ihrer zweiten Ausbildungsphase zusätzlich zum praktischen Unterricht in der Schule eigene Kenntnisse und Erfahrungen anzueignen. Der Fokus der LAA liegt auf das Bestehen der 2. Lehramtsprüfung und auf der Bewältigung der üblichen Probleme von Berufsanfängern.
- Unsicherheit und Angst vor der neuen Technologie können die Arbeit mir KI-Anwendungen bremsen.
- Weder im Studium noch in der zweiten Ausbildungsphase wird der Umgang mit KI-Anwendungen bisher als relevant angesehen.
- Es bestehen hinsichtlich des Datenschutzes und der Sicherheit der Schülerinnen und Schüler Bedenken.

1.3.6 Makroebene – von der Einzelschule bis zum Ministerium

Nach einer repräsentativen Studie der Marketingberatung GBK Collective mit 672 industriellen Führungskräften in den Vereinigten Staaten nutzten 2023 bereits 89 % der Führungskräfte generative KI zur Datenanalyse, 84 % zur Erforschung von Kunden- und Wettbewerbsinformationen und 84 % zur Bearbeitung von Dokumenten. 82 % der Befragten planen, die Kundenbetreuung, den internen Helpdesk und E-Mails mit automatisierter Technologie aufzurüsten. 67 % der Führungskräfte sehen in der Personalbeschaffung und 57 % in der Ausarbeitung von Verträgen Potenzial bei der generativen KI (vgl. Springer Professional 2023).

Auch auf der *Ebene der Schule* finden KI-Systeme neue Einsatzfelder. Bei der Schulorganisation könnten mithilfe von Data-Mining oder Learning Analytics Planungs- oder Evaluationsprozesse optimiert werden, wenn alle schulischen Daten hier gesammelt zur Verfügung stehen würden. Damit könnten Berichte und Evaluationen für die Schulaufsicht, Diagnosen und Prognosen im Bereich des Schulmanagements, z.B. bei der Personal-, Raum- und Ressourcenplanung, quasi per Knopfdruck effizient und zeitsparend generiert werden.

Den *Schulleitungen* könnte beispielsweise ChatPDF die Durchsicht von umfangreichen PDF-Dateien erleichtern. Bei der schnelleren Durchsuche von langen Texten hilft ChatPDF Fragen zum Text zu stellen, die auf den Informationen von PDF-Dateien beruhen. Damit lassen sich schnell Übersichten erstellen und die wichtigsten Informationen extrahieren. Das Programm lässt sich direkt im Internet aufrufen und ermöglicht das Hochladen eines beliebigen PDF-Texts[23] (vgl. Medium Astrodevil 2023).

Gerade im Bereich der Schulleitung, einem häufig übersehenen, jedoch sehr wichtigen schulischen Handlungsbereich, könnten erhebliche technologische Effizienz- und Verbesserungspotenziale liegen (vgl. MMB-Institut, 8). Die Ständige Wissenschaftliche Kommission der Kultusministerkonferenz (SWK) fordert deshalb, digitale Lerntechnologien stärker zu nutzen. Der Support müsste sowohl die Technik als auch die Didaktik im Blick haben. Außerdem sind entsprechende Schulungen der Lehrkräfte und geprüfte, passende Materialien nötig. Praxis und Wissenschaft sollten hier eng zusammenarbeiten und auch entsprechende Verlage zur Verbreitung mit ins Boot holen. Um die digitale Bildung an Schulen voranzubringen und bei der Masse der Angebote trotzdem die Qualität zu sichern, wäre eine länderübergreifende konzertierte Zusammenarbeit erforderlich. Die Bildungspolitik wäre hier zur Prüfung der Angebote gefragt. Es müssten entsprechende Listen erstellt werden und die Datenschutzkonformität müsste dazu überprüft werden.

Die Nutzung sollte auf jeden Fall an die Curricula gebunden sein. Zudem sollte klar definiert sein, welche lernpsychologischen und pädagogischen Kriterien erfüllt sein müssen, damit die Instrumente das Lernen sinnvoll unterstützen. Viele Anwendungen sind interessant gestaltet, aber es bleibt offen, ob sie auch lernförderlich sind.

---

[23] Vgl. auch Quelle: https://www.chatpdf.com/

Bislang wird noch zu viel auf den Schultern der Lehrkräfte abgeladen. Digitale Entwicklung ist aber keine Aufgabe einzelner Lehrkräfte, sondern der Schule als Gesamtorganisation. Sie muss sich als Treiber für die digitale Transformation verstehen. Man braucht eine gemeinsame Haltung, ein Konzept, das von allen Beteiligten mitgetragen wird. Schulen, die bereits mit der Weiterentwicklung begonnen haben, zeichnen sich dadurch aus, dass die Kooperation im Kollegium hier viel stärker ist, dass Lehrkräfte gemeinsam Unterricht planen und dass die Selbststeuerung von Schülerinnen und Schülern beim Lernen eine größere Rolle spielt (vgl. Kuhn 2021).

Zusammengefasst hier noch einmal die **Einsatzmöglichkeiten von KI-Programmen für Schulleitungen.** Das sind die Bereiche

- *Verwaltung und Organisation*
  Das betrifft die Planung von Besprechungen und Veranstaltungen, Kalender mit Kollegium, Terminbuchung für Eltern und Lehrkräfte (Google Kalender, Microsoft Bookings) sowie das Dokumentenmanagement: speichern, teilen, gemeinsames Bearbeiten von Dokumenten, Tabellen.
- *Kommunikation*
  Das meint beispielsweise das Einrichten von Chatbots zur Beantwortung häufiger Fragen von Eltern und Lernenden.[24]
- *E-Mail-Management*
  Hierbei handelt es sich beispielsweise um erweiterte Filter oder automatische Antworten.[25]
- *Pädagogik und Unterricht*
  Zu dem Bereich gehören die interaktiven Lernplattformen, z.B. für digitale Klassenzimmer und Lernmaterialien[26], für Learning-Apps oder interaktive Übungen und Spiele.[27] Ebenso sind damit Feedback- und Bewertungswerkzeuge (Peer-Reviews und automatisierte Feedbackprozesse für Schülerarbeiten[28]) sowie Umfragen und Quizze zum Sammeln von Schülerfeedbacks und zur Messung des Lernerfolgs[29] gemeint.
- *Datenanalyse und Berichterstellung*
  Das betrifft die Verwaltung schulischer Daten, die Datenanalyse[30], das Datenmanagement und die Projektverfolgung[31]. Zudem geht es hierbei um die

---

24 Quelle: www.landbot.io, www.hellotars.com [Abruf alle am 18.06.2024]
25 Quelle: www.google.com/gmail, https://outlook.live.com
26 Quelle: www.schabi.de
27 Quelle: https://learningapps.org
28 Quelle: www.peergrade.io
29 Quelle: www.google.com/forms/about
30 Quelle: www.google.com/sheets/about
31 Quelle: https://airtable.com

Erstellung von interaktiven Berichten und Dashboards oder um das Visualisieren schulischer Leistungsdaten zu visualisieren[32].

- *Weiterbildung und Entwicklung*
  Die bayerische Akademie für Lehrerfortbildung und Personalführung (ALP Dillingen) bietet derzeit 37, überwiegend online, Lehrgänge[33] an. Dabei geht es nicht nur um ChatGPT und den Einsatz computerbasierter Systeme, sondern um den gesamten Themenbereich „Künstliche Intelligenz in Schule und Unterricht".

Der Einsatz von KI-Anwendungen auch auf der Makroebene der Schulämter, Regierungen bis hin zum Ministerium ist derzeit ein noch unerschlossenes Feld. Bei einer Begrenzung der einzulesenden Daten auf den Bildungsbereich (Schülerprognosen und -zahlen, Personaldaten der Lehrkräfte, Schulbedarfsprognosen, Evaluationsdaten usw.) ohne Nutzung weiterer Daten aus dem Internet als geschlossenes Datensystem scheinen aber Möglichkeiten für die KI gegeben, bei Schul- und Lehrkräfteprognosen helfen zu können. Beispielsweise könnten die Anzahl künftig einzuwerbender Lehramtsstudierender, die Personalauswahl oder die Fortbildungsempfehlungen auch durch KI-Anwendungen unterstützt werden. Das machen Großunternehmen in der Wirtschaft übrigens bereits seit Jahren.

1.3.7 Fazit

Führt man die obigen Ausführungen zusammen, entsteht ein Entscheidungs- und Handlungsdruck auf alle Beteiligten der Schule. Soll man die Nutzung von Smartphones, ChatGPT, KI-Programmen u.Ä. einfach verbieten wie es die Stadt New York oder Italien versuchten? Sollen die Schule und die Eltern wegsehen, erlauben, tolerieren, laufen lassen, was auf ihre Kinder und die Gesellschaft einstürmt?

„Jede neue Technik provoziert Skepsis und ruft Kritiker auf den Plan", sagt Prof. Dr. Amy Orben, Leiterin des Programms Digital Mental Health an der Eliteuniversität Cambridge als Beraterin der britischen Regierung. Sie konstatiert weiter: „Unsere Gegenwart ist ein riesiges Experiment. Und niemand kennt den Ausgang". Hilfreich ist dabei die *Metapher vom Ozean*, die Orben dazu vorbringt: Der Ozean könne ein tödlicher Ort für Kinder sein. Doch niemand kommt auf die Idee, Familien den Strandbesuch zu verbieten. Man geht zu Recht davon aus, dass Eltern aufpassen und ihre Kinder an den Ozean heranführen. Sie nehmen sie, wenn sie klein sind, an die Hand. Sie geben ihnen Schwimmunterricht. Bademeister werden bezahlt, die das Geschehen am Wasser überwachen. Und irgendwann trauen Eltern ihren Kindern zu,

---

32 Quelle: https://datastudio.google.com

33 Quelle: https://alp.dillingen.de/themenseiten/unterricht-ki/# [Abruf aller Quellen: 18.06.2024]

allein im Ozean zu schwimmen. Wäre das nicht auch der richtige Weg für das „Schwimmenlernen im digitalen Ozean"? Keine Verbote, sondern Ausprobieren unter Anleitung, Schritt für Schritt, langsam, aber sicher (vgl. Orben, 2024, 31 f.).

Die *aktuelle Situation erfordert baldige Reaktionen* auf bereits erfolgte technische Innovationen und proaktives Handeln des Schulsystems, um auch künftig nicht ins Abseits zu gelangen. Begreift man aber die *KI als zusätzlichen Helfer* für die Lehrkraft und als *Entlastung v.a. im administrativen Bereich* oder als immer ansprechbaren *Lernbegleiter* und Tutor für die Schülerinnen und Schüler bei individuellen Lernprozessen, dann eröffnen sich neue Möglichkeiten für die Lehrkräfte. Dies betrifft die *individuelle Begleitung der Lernenden* in ihrer Lernentwicklung, aber auch ihre Persönlichkeitsentwicklung (vgl. Farrell 2024).

Die KI-Anwendungen sind seit November 2022 mit ChatGPT massiv und abrupt in unser Leben und damit auch in den Bildungsbereich eingetreten und werden nicht mehr verschwinden. Daraus ergibt sich unmittelbar das Erfordernis für den gesamten Bildungsbereich, *sinnvoll darauf zu reagieren.*

Im Folgenden werden **zusammenfassend** kurz die Ausgangssituation, der aktuelle Handlungsbedarf sowie die künftig notwendige proaktive Haltung **konkret** beschrieben.

1.3.7.1 Ausgangssituation

Als wichtigste Hypothesen hier knapp zusammengefasst:

- Die KI-Anwendungen weiten sich seit dem Aufkommen von ChatGPT rasant auf viele Gebiete aus.
- Kinder haben bereits jetzt schon sehr viel freien Raum und Zugangsmöglichkeiten zu Computern und Internet, zu sozialen Medien, Chatprogrammen und Spielen.
- Einfache Verbote der Nutzung von ChatGPT oder anderen KI-Anwendungen kommen in der Schule zu spät. Stattdessen sollte dort die pädagogisch sinnvolle Nutzung im Vordergrund stehen.

1.3.7.2 Aktueller Handlungsbedarf

- Eltern müssten bereits im Vorschulalter auf die *sinnvolle Nutzung* dieser Medien und Technologien bei ihren Kindern eingehen.
- Lehrkräfte der Primarstufe sollten sich bewusst sein, dass die Schülerinnen und Schüler mit sehr großen Unterschieden an Vorwissen in die Schule kommen. Der pädagogische Auftrag lautet daher von Anfang an, neben der unabdingbaren Grundbildung z.B. im Rechnen, Lesen, Schreiben parallel *auch* den

Umgang mit den neuen KI-Anwendungen altersgemäß und situationsadäquat zu vermitteln.

- Gleichzeitig sollte die *Zusammenarbeit der Lehrkräfte mit den Eltern* diese „neuen Stakeholder der Bildung" in Form von Computerprogrammen und KI-Anwendungen einbeziehen. Kooperation, Kollaboration und wechselseitige Information sind hier die wesentlichen Schlagwörter.
- Der *Schulleitung* kommt hier eine koordinierende und *vermittelnde Funktion* zu. Dies zeigt sich konkret in Form von Fort- und Weiterbildungen für Lehrkräfte, in Angeboten für Elterninformationsabende sowie in der Initiation und Pflege von Gesprächskreisen zwischen Lehrkräften und Eltern.

1.3.7.3 Künftige proaktive Haltungen

- Die *Schulleitung* sollte die technische Ausstattung der Schule parallel zur technischen Entwicklung vorantreiben. Dazu bedarf es der finanziellen Unterstützung der Sachaufwandsträger.
- Die *Schulverwaltungsbehörden* sollten die Koordination der fachlichen Berater der Schulen forcieren, deren Kenntnisstand stets auf dem Laufenden halten und bei den Sachaufwandsträgern auf lokaler und regionaler Ebene auf der permanenten Aktualisierung der technischen Hard- und Software Einfluss nehmen.
- Der *Sachaufwandsträger* sollte den erhöhten finanziellen Aufwand für die laufende technische Aktualisierung ihrer Schulen als kommunalpolitischen Auftrag für die Bildung wahrnehmen und umsetzen.
- Das *Ministerium* als oberste Schulverwaltungsbehörde sollte möglichst bald neue Lehrpläne für die Fort- und Weiterbildung der Lehrkräfte herausgeben, die Lehramtsausbildung sowie die Zulassungs- und Ausbildungsordnung erweitern, um ihre Lehrkräfte auf die neuen Anforderungen vorzubereiten.

1.4 Lernen

Die zentrale Grundlage des hier vorgelegten Konzepts ist die Definition von Lernen sowie die damit zusammenhängenden theoretischen Hintergründe und Erkenntnisse. Diese werden im Folgenden kurz dargestellt.

1.4.1 Lernen als Konstruktion

Bei der Definition von „Lernen“ greift man *derzeit* auf einen *Begriff* zurück, der als *gemäßigt konstruktivistisch* zu bezeichnen ist. Zum Verständnis der Entwicklung zu dieser Auffassung sowie zur weiteren fachlichen Klärung des hier dargestellten LL-Projekts sind die folgenden, sehr komprimiert dargestellten Grundlagen erforderlich (vgl. Dinter 1998 oder Hoops 1998). Sie stellen eine plausible theoretische Basis des „Lernens“ und damit auch des „Lernenlernens“ und „Lernenlehrens“ dar.

Empirische Befunde der Gehirnforschung aus jüngerer Zeit weisen den Weg zu einem Verständnis von „Lernen“ zunächst aus *biologischer Sicht*. In Experimenten (vgl. z.B. Maturana/Varela 1987a), welche die Wahrnehmung von Farben untersuchten, konnte man keinen direkten Zusammenhang zwischen den Farben der Außenwelt und den Aktivitäten der entsprechenden menschlichen Nervenzellen feststellen. Im Gehirn des Menschen gibt es demnach keine Entsprechung für – von außen kommende – Reize, sondern es arbeitet eigenständig. Welche Sinnesreize nun faktisch wahrgenommen werden und einen „Eindruck“ hinterlassen, wird durch die Sinnesorgane und über Gehirnaktivitäten – das bedeutet also nicht von außen – gesteuert. Damit entsteht die Bedeutung eines Sinnesreizes nicht durch diesen selbst, sondern erst im Zusammenspiel von Sinnesorgan *und* Gehirnaktivität. So gesehen gibt es keine objektive Bedeutung eines Reizes und andererseits auch keine direkte Verbindung des Gehirns zur Außenwelt. Es besteht nur ein indirekter Zusammenhang über Sinnesreize, deren Wahrnehmung aber vor allem durch bereits bestehende Verknüpfungen im Gehirn beeinflusst wird. Letztlich bedeutet dies, dass eigentlich nichts Neues gedacht werden kann, sondern vorhandene Neuronenverknüpfungen lediglich neu kombiniert werden, was an die genannte sokratische „Wiederentdeckungslehre“ erinnert. Ebenso heißt das, das Gehirn kommuniziert nur mit sich selbst und nimmt Eindrücke von außen bedingt durch die eigene Struktur wahr. Die menschliche Wahrnehmung ist also nicht die exakte Abbildung einer ontologischen Wirklichkeit, sondern sie ist – ähnlich wie in Platons Höhlengleichnis – eine kognitive Konstruktion.

Aus dieser konstruktivistischen Perspektive gilt es also zwischen der Umwelt, die unabhängig vom Organismus vor aller Wahrnehmung als „umgebendes Milieu“ besteht, und der Umwelt zu unterscheiden, die als Lebens- und Erfahrungswelt durch den Organismus selbst konstruiert wird. Diese Konstruktion ist die einzige Möglichkeit des menschlichen Individuums, die Wirklichkeit zu erfahren. Das hat mit dem neurophysiologischen Mechanismus – wie er sich heute darstellt – zu tun. Für Humberto Maturana ist das Gehirn ein geschlossenes, autopoietisches (selbstregulierendes), selbstreferenzielles (auf sich rückwirkendes) System, in dem Wissen nicht durch Enkodierung und Repräsentation, sondern im Augenblick des Handelns „emergiert“, das heißt sich selbst organisiert. Das Gehirn ist demnach nicht weltoffen, sondern ein System, das nach selbst entwickelten Kriterien neuronale Signale deutet, wobei es über die Herkunft und Bedeutung dieser Signale nichts Verlässliches weiß (vgl. Roth 1987, 235). So werden eigentlich unzugängliche interne Relationen eines

Lebewesens vom Beobachter als „Verhalten" beschrieben. Als Lernen erscheint nun diesem Beobachter die gelingende „Autopoiese", die als erfolgreiche Selbstregulierung interner Strukturen auf „Perturbationen" (unerwartete, verwirrende Reize) zu verstehen ist (vgl. Maturana/Varela 1987b, 186 ff.).

Das bedeutet aus *informationstheoretischer Sicht*, dass unser Gehirn aus einer unstrukturierten Fülle unspezifischer Wahrnehmungen (via Sinnesrezeptoren) möglichst stabile, „sinnstiftende Wirklichkeiten errechnet", wie es bei Heinz von Foerster heißt. Diese je eigene individuelle Konstruktion ist demnach weder wertfrei noch objektiv, sondern von mentalen Wünschen und Erwartungen des menschlichen Individuums bestimmt. Es kommt zu einer Wechselwirkung zwischen Beobachter und Beobachtetem, sodass das, was wir zu erkennen glauben, nicht die Abbildung der realen Welt sein kann (vgl. v. Foerster 1997).

Für Ernst von Glasersfeld, einen der *psychologischen Richtung* zuzurechnenden Vertreter des Konstruktivismus, ergibt nun dieser Abschied von der absoluten Objektivität ein neues Verhältnis von Wirklichkeit und Wissen. Anstelle der Abbildung tritt die zweckorientierte Anpassung, bei der es um die Suche nach eventuell mehreren passenden Verhaltens- und Denkweisen, um die Suche nach diversen Schlüsseln geht. Kriterium dafür ist das, was mit dem Terminus „Viabilität" beschrieben wird. Glasersfeld (vgl. 1997a, b) erklärt dieses Merkmal als Gangbarkeit, Passung, sodass nicht die objektive Wahrheit, sondern letztlich das Überleben der menschlichen Gattung sowie die Verbesserung der Lebensbedingungen unsere Wahrnehmungen steuern.

Wir registrieren demnach vor allem das, was uns im Moment wichtig und nützlich ist. Letztlich ist Ziel dieses sich selbstregulierenden (autopoietischen) Systems „Gehirn" der Fortbestand seiner Organisation. Die so entstehenden Konstrukte sind nicht „wahr", sondern „viabel" (gangbar). Sie basieren auf früheren Erfahrungen. Diese Erkenntnisse bergen allerdings die Gefahr des Solipsismus in sich. Das ist die extreme Auffassung, dass die Welt lediglich in der Vorstellung des Menschen und nicht konkret fassbar besteht.

Hiermit kommt der *soziologische Aspekt* der konstruktivistischen Ansätze ins Spiel, der mit der „Theorie sozialer Systeme" von Niklas Luhmann verbunden ist (vgl. Luhmann 1990, 15 bzw. 31 ff.). Auch für Luhmann ist Erkenntnis stets auf den Beobachter bezogen. Allerdings hält er die konstruktivistische Sicht, Erkenntnis nur biologisch oder physikalisch zu beschreiben, für nicht ausreichend. Für ihn ist die zu betrachtende „Wirklichkeit" sinnhaft strukturiert und kommunikativ formiert (vgl. auch Rustemeyer 2000, 473). Damit ist „Kommunikation" der Grundbegriff autopoietischer Strukturbildung, und die Beziehung zwischen dem Du und dem Ich wird unter konstruktivistischer Sicht manifestiert. Der Mensch entgeht also dem genannten Solipsismus, indem er mit anderen kommuniziert und interagiert. Dazu ist er offensichtlich in der Lage, obwohl er nicht genau weiß, wie die „Konstruktionen" des anderen aussehen. Durch diese Kommunikation entstehen ständig sich verändernde, intersubjektive Welten, deren Kriterium nicht die Wahrheit an sich, sondern die Nützlichkeit ist.

Gemäß diesen Ansätzen sind Individuen durch *grundlegende Merkmale* gekennzeichnet: Sie sind strukturdeterminiert und selbstreferenziell. Alles, was von außen an eine Person gelangt, fällt auf eine dieser Person eigene Struktur, mit deren Hilfe sie z.B. Lerninhalte verarbeitet. Lernen ist – so gesehen – die Anregung und je eigene Aufnahme von komplexen affektiv-kognitiven Systemen, die nach ihrer eigenen Logik funktionieren. Das bedeutet, dass Schülerinnen und Schüler nicht nach einfachen Wenn-dann-Schemata funktionieren, sondern beispielsweise auf Lob – je nach Interpretation – mit erhöhter oder sinkender Anstrengungsbereitschaft reagieren. Lernende „konstruieren" die von außen an sie herangetragenen bzw. an sie herankommenden Inhalte derart, dass sie ihre vom Vorwissen, von Einstellungen, Haltungen und Emotionen abhängigen „Erfahrungen" und Wahrnehmungen „viabel" interpretieren.

Im Gegensatz dazu zeigt die Lebenspraxis unserer Gesellschaft und Kultur, so also auch der Schule, die Defizite der genannten konstruktivistischen Beobachtungsmodelle, die sich mit allgemeinen Konzepten von Umwelt und System, von Regelkreisen, von Selbstreferenz und Selbstorganisation, von funktionalistischen Systemtheorien befassen.

Für eine *pädagogische Sicht* sind die jeweiligen, vor allem biologischen, kybernetischen oder physikalischen Standpunkte zu beschränkt, da unter diesem Aspekt mehr beziehungsorientierte, konkret ereignisbezogene, psychisch widersprüchliche und ambivalente Probleme in den Fokus des Interesses rücken. Deshalb versucht beispielsweise Kersten Reich (1997) die konstruktivistische Diskussion aus der ersten, engen Phase herauszuführen und eine interaktionistisch-konstruktivistische Pädagogik zu etablieren. Kernstück dieser Pädagogik ist die Unterscheidung einer Inhalts- und einer Beziehungsebene. Dabei soll die pädagogische Arbeit vor allem auch auf der Beziehungsebene reflektiert werden, wodurch die Bereiche „Interaktion" und „Kommunikation" angesprochen werden. Reich will kein Wissen abbilden, keinen möglichst vollständigen Lehrplan erzeugen, kein wertfreies Modell darstellen und auch keine „Aufklärungspädagogik" proklamieren, die schon vor der Beteiligung der Teilnehmer weiß, was für diese gut und richtig sein wird. Er beabsichtigt ein *Angebot* und kein universelles Regelwerk. Als Grundlagen dienen die Begriffsinhalte von *Konstruktion, Rekonstruktion* und *Dekonstruktion.* Sie stellen gleichzeitig die drei Perspektiven dieses Ansatzes dar und sind Möglichkeiten einer Kommunikation im Lehr- und Lernprozess, die, wie erwähnt, stets nach Inhalts- und Beziehungsebene unterschieden werden müssen. Die Basis aller pädagogischen Handlungen ist die „Konstruktion", welche die je eigene Wirklichkeit „erfinden" lässt. Die „Rekonstruktion" meint die aktive Übernahme bereits vorhandener Konstruktionen und sieht den Menschen in seiner Rolle als „Entdecker der Wirklichkeit". Schließlich bietet die „Dekonstruktion" das Potenzial für Neuorientierungen, weist auf die mögliche Andersartigkeit der Wirklichkeit hin und sieht den Menschen in seiner Rolle als „Enttarner der Wirklichkeit" (vgl. Reich 1997, 119 ff.). In dem Spannungsfeld dieser drei

Perspektiven stellen die Rekonstruktionen, die in Form von vorhandenen Strukturen, Lebensformen oder als Denk- oder Verhaltensmuster existieren, eine „Macht" dar, welche die Konstruktionen (individuelle Denkweisen, Lernwege etc.) stark einschränken können. Aber zum einen müssen vorhandene Strukturen, so mächtig sie auch als Kultur oder Zivilisation erscheinen, durch Individuen konstruktiv angeeignet werden. Zum anderen sieht die systemisch-konstruktive Pädagogik die Funktion der Dekonstruktion unter anderem darin, sich kritisch gegen die rekonstruktiven, äußeren Muster sowie auch gegen die eigenen zu wenden, um damit die Konstruktionen ebenso zu stärken (vgl. Reich 1997, 225 ff.).

Als Ergebnis zeigt das oben Dargestellte, wie *uneinheitlich* die konstruktivistischen Denkweisen sind. So bezeichnet der Begriff *Konstruktivismus* weniger ein in sich geschlossenes und stimmiges Theoriegebäude als vielmehr *eine interdisziplinäre Diskussion*, in der neben den genannten Richtungen auch Strömungen der Physik oder der Chemie zusammenlaufen (vgl. Rustemeyer 2000, 467 ff.). Man spricht demnach treffender von der *Denkrichtung des Konstruktivismus.* Diese vielschichtige Gruppe von Theorievariationen lässt sich, auf erkenntnistheoretischer Basis, je nach Inhalt als „schwach" bzw. „gemäßigt" oder als „aufgeschlossen" bis „radikal" verorten (vgl. Hoops 1998, 233). Es scheint aber insgesamt das Verdienst des „Sammelbeckens Konstruktivismus" zu sein, die didaktische, psychologische, ja die gesamte sozialwissenschaftliche Diskussion in den letzten Jahren stimuliert zu haben und sowohl radikale schulreformerische Ideen als auch neue Unterrichtsverfahren sowie das neuere Instructional Design unter seinem „Dach" zu vereinen. Neben dieser Vielfältigkeit zeigen sich vor allem bei den radikalen Positionen auch inhaltliche Widersprüche, sodass man von einer *dichotomischen (widersprüchlichen) Grundstruktur* der konstruktivistischen Richtung sprechen muss. Beispielsweise ist das „situierte Lernen in authentischen Kontexten" ein methodisches Postulat vieler Konstruktivisten. Dabei wird jedoch übersehen, dass die – ebenfalls immer wieder als konstruktivistisch geforderten – interpretatorischen Freiheiten in solchen authentischen Lernarrangements meist eher gering sind, da die Authentizität oft wenig Veränderung und Flexibilität zulässt. Auch der Cognitive-Apprenticeship-Ansatz (vgl. Collins et al. 1986) wird zu den typischen konstruktivistischen Konzepten gezählt (vgl. Bednar et al. 1992). Dieser Zuordnung wiederum widerspricht, dass hierin klar definierte Lernziele notwendig sind. Sie laufen nahezu jeder konstruktivistischen Auffassung entgegen. Gemäß dieser muss man konkret und exakt gefasste Lernziele ablehnen, da sie den Lernprozess zu stark kanalisieren (vgl. Hoops 1998, 240 ff.). Durch diese Ablehnung wird aber auch konsequenterweise eine Evaluation des Lernprozesses unmöglich, weil zielfreie Evaluation ein Paradoxon ist. Andererseits weist Frank Dinter nach, dass Evaluationen von Konstruktionen, beispielsweise von Begriffen, sehr wohl möglich sind, da die Bedingungen ihrer Verwendung (nach der je eigenen Konstruktion des Lernenden) sozial ausgehandelt werden (vgl. Dinter 1998, 280 f.). Auch die Grundannahme der Konstruktivisten, jeder Mensch konstruiere sich seine eigene Wirklichkeit, hat – wie oben am Solipsismus-Problem aufgezeigt – eine solche dichotomische Struktur. Das hätte, konsequent weitergedacht, zur Folge, dass jegliche Kommunikation unmöglich wäre, da ein Individuum das andere ja aufgrund des je eigenen

Wirklichkeitsgebäudes gar nicht verstehen könnte. Infolgedessen würde jegliche Lehre unplanbar und unwirksam. Man kann aber unschwer feststellen, dass Lehren häufig sehr wohl zu geplanten Wirkungen führt, auch wenn die einzelnen Lernenden individuell Verschiedenes und unterschiedlich Vieles lernen.

Bereits diese wenigen Beispiele zeigen, dass sich konstruktivistische Ansätze immer wieder mit nichtkonstruktivistischen (objektiven bzw. realistischen) Konzepten vermischen. *Deshalb erscheint eine gemäßigte, aufgeschlossene Form des Konstruktivismus angebracht, um für die nachfolgenden Überlegungen als Reflexionsbasis dienen zu können.* Gegen diesen Standpunkt ließe sich theoretisch einwenden, dass eine moderate Form des Konstruktivismus keine Orientierungshilfe (z.B. für Erziehung und Unterricht) sei, da nicht klar würde, auf welche erkenntnistheoretischen Charakteristika man sich bezieht.

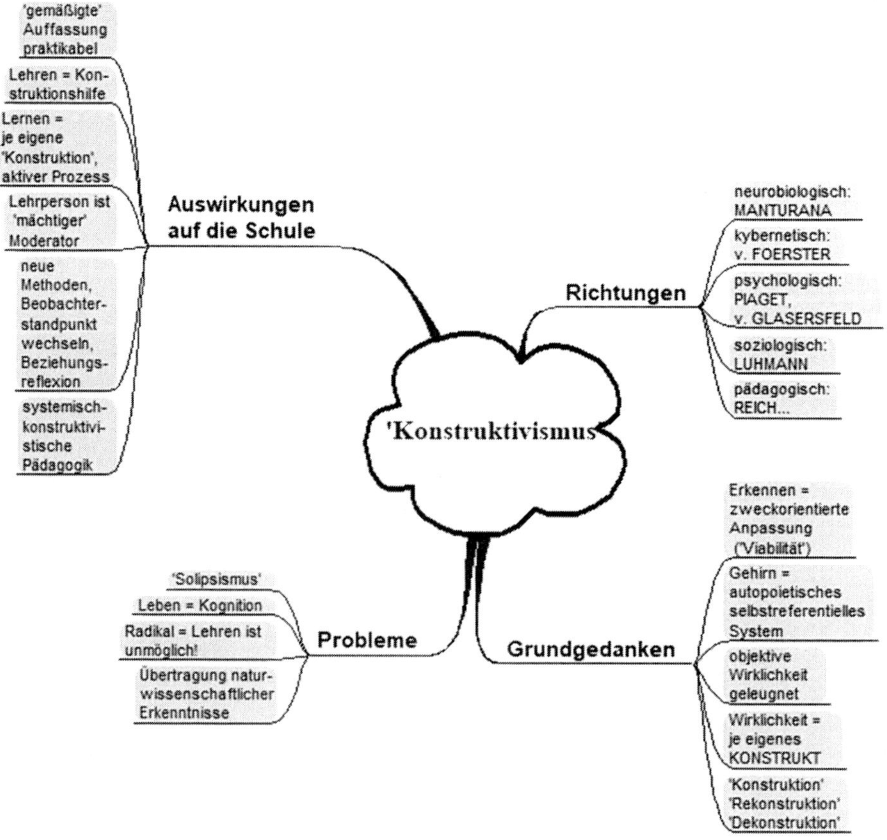

Abbildung 4: Konstruktivismus (eig. Darstell.)

Andererseits bezeichneten wir oben den Konstruktivismus als Sammelbecken, das – um im Bild zu bleiben – sicher aus diversen Quellen gespeist wird und damit gar nicht stringent sein kann.

Der von Kersten Reich vorgetragene Ansatz einer „interaktionistisch-konstruktivistischen Pädagogik und Didaktik“ zeigt zudem, dass konstruktivistisches Denken sehr wohl als Basis und Hilfe für Lehr- und Lernhandlungen dienen kann, wenn Lernen und Lehren im Sinne dieses Denkens verändert aufgefasst werden. Die obenstehende Abbildung zeigt die Zusammenhänge in einer als Mindmap dargestellten Skizze.

Zusammengefasst sind demnach Lernende *Konstrukteure ihres Wissens*. Sie sind strukturdeterminiert und selbstreferenziell. Alles, was von außen an eine Person gelangt, fällt auf eine dieser Person eigenen Struktur, mit deren Hilfe sie z.B. Lerninhalte verarbeitet.

Lernen ist die je eigene Aufnahme von komplexen affektiv-kognitiven Systemen, die nach ihrer eigenen Logik funktionieren. Dazu kommt, dass jede Handlung auf das System zurückwirkt und dass das System diese Rückwirkung umbauen oder ausbauen kann. Außerdem werden – gemäß dieser Sichtweise – Personen als „nichttriviale“ Organismen erkannt. Das bedeutet, dass Schülerinnen und Schüler nicht nach einfachen Wenn-dann-Schemata funktionieren, sondern beispielsweise auf Lob – je nach Interpretation – mit erhöhter oder sinkender Anstrengungsbereitschaft reagieren.

Lernende konstruieren die von außen an sie herangetragenen bzw. an sie herankommenden Inhalte derart, dass sie ihre vom Vorwissen, von Einstellungen, Haltungen und Emotionen abhängigen Erfahrungen und Wahrnehmungen viabel, d.h. für sie „gangbar“, interpretieren (vgl. Chott 2002, 6 ff.). Demnach ist ***„Lernen“ konkret***

- nicht das bloße Aneignen eines vorgegebenen, objektiven Zieles, sondern das Konstruieren der je eigenen Wirklichkeit des Lernenden bzw. die Selbstentwicklung eines je eigenen kognitiven Systems;
- kein Niederschlag eines passiven Empfangs, sondern ein aktiver, selbstgesteuerter Erwerbsprozess, der sich in mehrdimensionalen, situativen, sozialen und interaktiven Bezügen vollzieht;
- der ständige Abgleich der eigenen Wirklichkeit des Lernenden mit der Wirklichkeit anderer Menschen.

1.4.2 Lernen als vollständige Lernhandlung

Zur Analyse der Elemente und Phasen erfolgreichen Lernens lässt sich auf das „Modell der vollständigen Lernhandlung“ zurückgreifen. Es entstand in Analogie zum **„Modell der vollständigen Handlung“** aus der Handlungsregulationstheorie von Hacker und Volpert (1986), die auf die Tätigkeitstheorie des russischen Psychologen

Leontjew (1979) zurückgreift. Zur Optimierung von Arbeitstätigkeiten wurden Analysen zur Regulation von Arbeitstätigkeiten durchgeführt, die die Optimierung von Arbeitsabläufen vorantreiben sollten. Das daraus entstandene „Modell einer vollständigen Handlung“ fand in der Praxis bald große Verbreitung beispielsweise in Form der „**Leittextausbildung**“ in der Metall- und Elektroindustrie. Zu jeder der sechs Phasen einer vollständigen Handlung werden Leitfragen formuliert, die die Lernenden schrittweise bei der selbstständigen Erarbeitung beruflichen Wissens unterstützen. Fragen und Aufgabenstellungen sind stets auf die praktische Ausführung der Handlung bezogen (vgl. Oberth et al. 2006).

Ausbildungsziel ist hier die berufliche Handlungsfähigkeit durch die Förderung von Schlüsselqualifikationen, damit in einer sich wandelnden Welt immer wieder neue berufliche Anforderungen bewältigt werden können.

Selbstständiges Handeln zeigt sich dabei in sechs Phasen:

1. Informieren bzw. Analysieren: Die komplexe Aufgaben- bzw. Problemstellung wird, immer mit Blick auf das gewünschte Handlungsergebnis, analysiert und erfasst.

2. Planen: Das Vorgehen wird geplant mit der Beschaffung der Informationen für die Durchführung, für die Erstellung eines vorläufigen Arbeits- und Zeitplans, in angestrebter Art des Handlungsergebnisses, um möglichen Kontrollen und Beurteilungen des Ergebnisses zu erreichen.

3. Entscheiden: Ein oder mehrere Lösungswege werden festgelegt, ebenso Vorgehensweise, Zeitrahmen, Verantwortlichkeiten und Beurteilungskriterien des Handlungsergebnisses.

4. Ausführen: Bearbeitung der Aufgaben- bzw. Problemstellung, eventuell mit Beschaffung zusätzlicher Informationen.

5. Kontrollieren: Prüfung der Vollständigkeit und Plausibilität – gemäß festgelegter Beurteilungskriterien— sowie Überprüfung, ob das Handlungsergebnis die Lösung der Aufgaben- bzw. Problemstellung ist.

6. Bewerten bzw. Reflektieren: Rückschau der Bearbeitung, Identifizierung der Stärken und des Verbesserungspotenzials. (Vgl. Schulisches Curriculum für Berufsbildende Schulen 2019).

Zwischen einer Arbeitshandlung und einer Lernhandlung unterscheiden einschlägige Arbeiten folgendermaßen: „Während Arbeitshandlungen auf die Veränderung der objektiven, materiellen oder sozialen Umwelt gerichtet sind, zielen Lernhandlungen (Lerntätigkeiten) auf die Veränderung des handelnden Subjekts“ (vgl. Schaub 1993, 147).

Werden Lernvorgänge als Lernhandlungen begriffen, besteht der Vorteil dieser erweiterten begrifflichen Fassung darin, dass sie sich in Teilhandlungen, einzelne Phasen und diverse Steuerungsmöglichkeiten zerlegen lassen. Ebenso können deren

Voraussetzungen und Bedingungen einzeln und in ihrem Zusammenwirken analysiert werden.

Als ***„vollständige Lernhandlung"*** bildet dieses heuristische Raster daher auch für die schulische Bildung die Grundlage für eine Analyse und differenzierte Betrachtung des Lernens und der Förderung der Methodenkompetenz von Schülern. Anhand dieses unten stehenden Modells lassen sich auch Möglichkeiten finden, um die Selbstständigkeit der Schülerinnen und Schüler zu fördern (vgl. Sprick 1997).

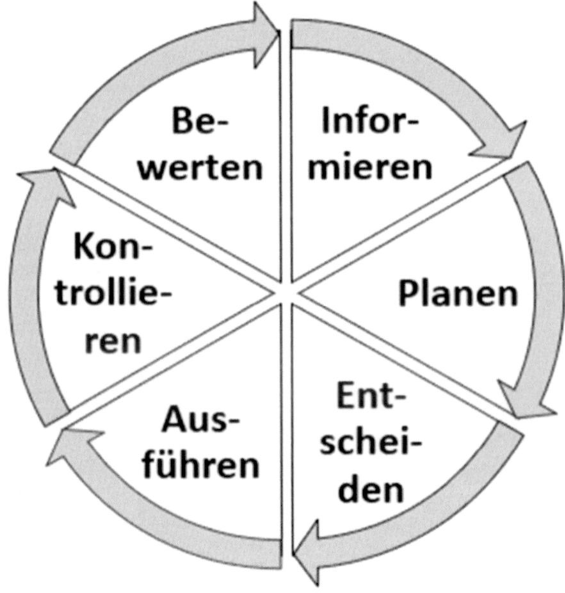

Abbildung 5: Vollständige Lernhandlung (eig. Darstell.)

1.4.2.1 Kognitive und metakognitive Strategien

Zu diesem Raster müssen noch weitere Elemente dazukommen. Das sind kognitive und metakognitive Strategien zur Steuerung des Lernens und zu dessen Unterstützung auch das innere und äußere Ressourcenmanagement.

Vor allem in der Phase des „Ausführens" werden **kognitive Strategien** wie Wiederhol- und Memoriertechniken eingesetzt, von denen sich Eltern, Lernende und auch Lehrkräfte am ehesten eine Verbesserung der Lernfähigkeit erwarten. Ein Bündel von Methoden und Techniken eignen sich sehr wahrscheinlich als ein wirksames Instrumentarium zur Optimierung vieler Lernprozesse. Zudem sollten Elaborationsstrategien wie Konstruktion, Integration und Übertragung sowie Transformationsstrategien eingesetzt werden (vgl. Baumert et al. 1992).

Zu diesen kognitiven Strategien braucht man die **metakognitive Steuerung** des eigenen Lernens. Das betrifft die Strategien Planung, Überwachung und Regulation kognitiver Techniken und Methoden. Sie bringen dem Lernenden laufend den eigenen Antrieb, die Motive und die Beobachtung der eigenen Anstrengungsbereitschaft ins Bewusstsein, was sich bildlich auch als der Papagei auf der Schulter des Piratenkapitäns veranschaulichen lässt.

Da die metakognitiven Strategien alle sechs Phasen der Handlungsebene kontrollieren und steuern können, erweitert sich das heuristische Grundraster zum Sammeln und Einordnen von Elementen für die Methodenkompetenz auf folgende Darstellung:

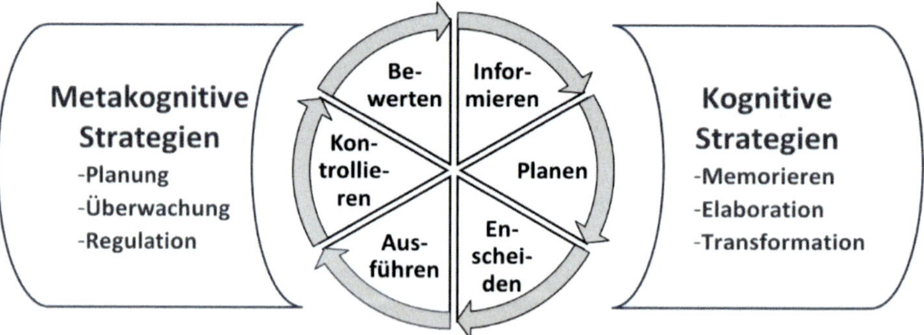

Abbildung 6: Heuristisches Grundraster für Methodenkompetenz (eig. Darstell.)

1.4.2.2 Emotion und Metakognition

Ein enger Zusammenhang zwischen den Emotionen und der Metakognition besteht nachweislich beim Lernen. Die empirische Forschung belegt den massiven und lang anhaltenden Einfluss von Emotionen auf die Metakognition der Lernenden, da sie ein selbstreguliertes Lernen (SRL) und die Nutzung von Strategien forcieren. Während positive Emotionen wie beispielsweise die Freude an der Nutzung von Tiefenstrategien (z.B. Aktivierung des Strategiewissens und Selbstbewertung) fördern, führen negative, deaktivierende Emotionen wie z.B. Langeweile zu einem schlecht angepassten selbstregulierten Lernen (Pekrun et al., 2002; Ben-Eliyahu und Linnenbrink-Garcia, 2015; Chatzistamatiou et al., 2015). Langzeitstudien belegen zudem einen positiven Zusammenhang zwischen Emotionen und erfolgreichen Lernprozessen, die zu besseren Lernergebnissen führen (Camacho-Morles et al., 2021). Schülerinnen und Schüler mit besserer Lernsteuerung berichteten seltener über Langeweile in der Schule, zeigten sich motivierter, nutzten mehr Lernstrategien und erreichten bessere Noten (Perry et al., 2001).

Wichtige Einflussfaktoren auf die Nutzung von Lernstrategien sind auch das Geschlecht, das Alter, die Schulbesuchsdauer und das Lernleistungsvermögen der Schülerinnen und Schüler. Mädchen haben ein besseres Strategiewissen als Jungen und sind deshalb beim selbstregulierten Lernen erfolgreicher (Händel et al., 2013; Maag Merki et al., 2013). Wenn man die Emotionen näher betrachtet, kann belegt werden, dass Jungen von weniger Lernfreude und mehr Langeweile beim Lernen berichten als Mädchen (Pekrun et al., 2017; King; de la Rosa, 2019). Mit höherem Alter und längerem Schulbesuch berichten Schüler auch von abnehmender Lernfreude und zunehmender Langeweile (Perry et al., 2001).

Andere Untersuchungsergebnisse zeigen auch, dass leistungsschwächere Schülerinnen und Schüler eine feste Einstellung zum selbstregulierten Lernen (SRL) haben und über geringere Strategiekenntnisse verfügen als ihre leistungsstärkeren Mitschülerinnen und Mitschüler. Interventionen, die sich auf die Denkweise konzentrieren, haben sich als besonders relevant für leistungsschwache und benachteiligte Lernende erwiesen und stellen einen wichtigen Beitrag zur Erhöhung der Gleichberechtigung und der Bildungschancen dieser Schülerinnen und Schüler dar (Binning et al., 2019). Daher könnten besonders leistungsschwache Lernende von einem kombinierten Training profitieren, das sich auf die Einstellung zum SRL und auf dieses selbst konzentriert.

Werden von den Lehrkräften negative Emotionen beim Lernen, wie z.B. Langeweile, möglichst vermieden und positive Emotionen wie Freude am Lernen unterstützt und forciert, ermöglicht und unterstützt erfolgreiches SRL anhaltendes Engagement dazu (Pekrun et al., 2002; Ben-Eliyahu und Linnenbrink-Garcia, 2015). Bei der Gestaltung und Durchführung von Unterrichtseinheiten zum SRL sollten **Lehrkräfte** daher eine wachstumsorientierte Einstellung zum selbstregulierten Lernen berücksichtigen und fördern (Hertel und Karlen, 2020).

Wenn **Lehrkräfte** den Schülerinnen und Schülern helfen, die Kontrolle und den Nutzen von SRL zu optimieren, kann das deren Lernen und schulischen Erfolgen zugutekommen. Beispielsweise könnten Lehrkräfte explizit Strategien trainieren, die den Lernenden helfen, Lernherausforderungen besser zu bewältigen und ihr Strategienrepertoire zu erweitern. Gleichzeitig sollten sich die Lehrkräfte um das Anwachsen des optimistischen **Glaubens** bei den Schülerinnen und Schüler bemühen. Das bedeutet, jeder kann solche Herausforderungen durch eigene Anstrengung und Strategien bewältigen. Durch diesen Glauben an sich selbst können auch Emotionen wie Lernfreude gefördert werden, die wiederum zur Nutzung von SRL ermutigen (vgl. Pekrun, 2006).

1.4.2.3 Ressourcenmanagement

Die Unterstützung durch das **interne Ressourcenmanagement** sollte das oben Genannte durch die eigene Aufmerksamkeit, durch intentionale Anstrengung und durch die Kontrolle des Zeitmanagements ergänzen. Zusätzlich sollte das **externe**

Ressourcenmanagement bewusst und aktiv genutzt werden können. Gemeint sind damit die Unterstützung durch andere Lernende und durch die der Lehrkräfte sowie sachliche Hilfen in Form von Lexika und zunehmend auch KI-Anwendungen wie beispielsweise Chatbots. Bevor allerdings die gefundenen und angebotenen Informationen in den Wissensbestand der Schülerinnen und Schülern aufgenommen werden, bedarf es einer vorauslaufenden Phase. In dieser sollen den Lernenden die Kontrolle der KI-Angebote sowie zur Überprüfung der anderen Informationen die allgemeinen Gütekriterien Objektivität, Reliabilität und Validität nahegebracht werden.

1.4.2.4 Motivation und Volition

Zwei weitere starke Einflussfaktoren, d.h. die „Motivation" und die „Volition", sind für das Lernen wichtig.

Motivation wird bei allen Lernprozessen benötigt. Die passende Motivierung der Schülerinnen und Schüler für das jeweilige Lernthema muss den Lehramtsstudierenden und Seminaristen im Studium und in der zweiten Lehramtsausbildung intensiv nahegebracht werden. Meist wird nur zwischen intrinsischer (sachbezogener) und extrinsischer (äußere Anreize, Belohnung) Motivation unterschieden.

Es gibt aber auch ein Grundbedürfnis nach Wirksamkeit und Autonomie (vgl. Selbstbestimmungstheorie von Deci/Ryan und Bedürfnispyramide von Maslow).

Vollständige Lernhandlungen tragen ein eigenes intrinsisches Motivationspotenzial in sich, wenn eigenständige Entscheidungen möglich sind und genügend Rückmeldungen erfolgen. Zudem führen sie durch erfolgreiches Lernen zur Kenntnis- und Kompetenzerweiterung, schaffen neue Denkansätze und neue Handlungsmöglichkeiten, die ihrerseits neue Motivation für neue (Lern-)Tätigkeiten schaffen, die sogenannte Competence Motivation. Erfolgreiches Lernen bewirkt damit einen selbstverstärkenden Kreislauf (Erfolg → Motivation → Wiederholung → weiterer Erfolg). Es entsteht eine Entwicklungsspirale.

Die **Volition** (auch Willensstärke oder Wille) ist ein oft übersehener Faktor beim Lernen. Er wird meist nur in Sprichwörtern oder Aphorismen erkennbar wie „Wo ein Wille, da ein Weg", „Des Menschen Wille ist sein Himmelsreich", „Zu einem vollkommenen Menschen gehört die Kraft des Denkens, die Kraft des Willens, die Kraft des Herzens" (Ludwig Feuerbach) oder „Den Menschen macht sein Wille groß und klein" (Friedrich von Schiller).

Was unterscheidet nun Motivation von Volition?

Motivation wird eher als Einstellung/Haltung/Bereitschaft gesehen, während Volition als Zündfunke zur Energetisierung der Lernhandlungen beschrieben wird. Heckhausen hat in seiner handlungspsychologischen Phasenabfolge des Rubikonmodells

(Heckhausen 1989) das Zusammenwirken von Motivation und Volition beschrieben. Es unterscheidet vier Phasen bei Handlungen, d.h. auch Lernhandlungen:

Prädezisionale Motivationsphase: Hier erfolgt ein Abwägen von möglichen Handlungsalternativen bis zur eigentlichen Intentionsbildung, die mit der Metapher „Rubikon" bezeichnet wird. Hier kommt es am deutlichsten zum Einsatz des Willens, um schwachen Absichten eine besondere Verstärkung zu geben. Viele kennen das unter „Neujahrsvorhaben".

Präaktionale Volitionsphase: Da häufig viele Absichten gleichzeitig vorliegen, hängt es von der Abwägung des Einzelnen und dem antizipierten Ergebnis einer vorausplanenden Handlungsinitiierung und -ausführung ab, wie es laufen könnte. Je vollständiger die Gründe und Gegengründe für einen Entschluss für eine Zielintention abgewogen werden, desto besser. Dabei hilft nach Heckhausen der OTIUM-Check: opportunity, time, importance, urgency, means (vgl. Schaub 1993, 37).
Entscheidend sind hier das freie, willentliche Handeln, die Auswahl aus mehreren Handlungsmöglichkeiten, sodass keine Determinierung auf eine einzige Möglichkeit vorgegeben ist und die freie Wahl möglich ist. Dies wird möglich, wenn Lehrkräfte den Schülerinnen und Schülern mehr und größere Handlungs- und Entscheidungsspielräume einräumen und ihnen den freien Willen lassen. Dann kommt es zur „Fiat-Tendenz", der Entscheidung, ob und wie es weitergeht.

Aktionale Volitionsphase: Hier erfolgt die eigentliche Lernhandlung. Die Intensität und Ausdauer der Handlung werden von der Volitionsstärke bzw. Anstrengungsbereitschaft bestimmt. Nach Schaub (1993, 37) setzt sich die Volitionsstärke gleichermaßen aus der Erwartung (Realisierbarkeit der Absicht) und dem Wert (Wünschbarkeit) zusammen. Hierbei hilft, dass nach Hacker (1986) die willentliche Anstrengung mit der subjektiven Schwierigkeit der Aufgabe steigt. Die Anstrengungsbereitschaft steigt vor allem in den Phasen der Ausführung und der Kontrolle, nämlich dann, wenn sich der Handelnde selbst Nah- und Zwischenziele steckt und dazu Rückmeldungen erhält. Der Wille als Drang zur Zielverwirklichung und als Steuer- und Kontrollinstrument der Selbstregulation wird hier besonders wichtig und deutlich.

Postaktionale Motivationsphase: Die größte Gefahr bei der rückblickenden Bewertung des eigenen Handelns besteht bei Misserfolgen in der Perseveration. Misserfolge werden negativ bewertet, eine misserfolgsorientierte Lageorientierung entsteht, die zum Grübeln führt, das erst dann endet, wenn neue Handlungen anstehen. Wichtig für Lehrkräfte von lernschwächeren Schülerinnen und Schülern ist daher vor allem die Ankündigung neuer Aufgaben mit neuen und bewältigbaren Herausforderungen (vgl. Heckhausen 1989, 216 f.).

Fazit: Die willentliche Entscheidung der Lernenden und die willentliche Ausführung jeder Lernphase brauchen Freiräume, damit sich die Lernenden zunehmend als frei und Herr ihrer selbst fühlen können. Dadurch können volitive Prozesse metakognitive Strategien in ihrer Funktion bestärken. Sie bilden damit nicht nur die Voraussetzungen für erfolgreiche Lernhandlungen, sondern auch die Verlaufsgaranten bei den kognitiven Lernprozessen.

Die bisher erwähnten Elemente werden in nachfolgendem Modell einer „Erweiterten vollständigen Lernhandlung" zusammengefasst:

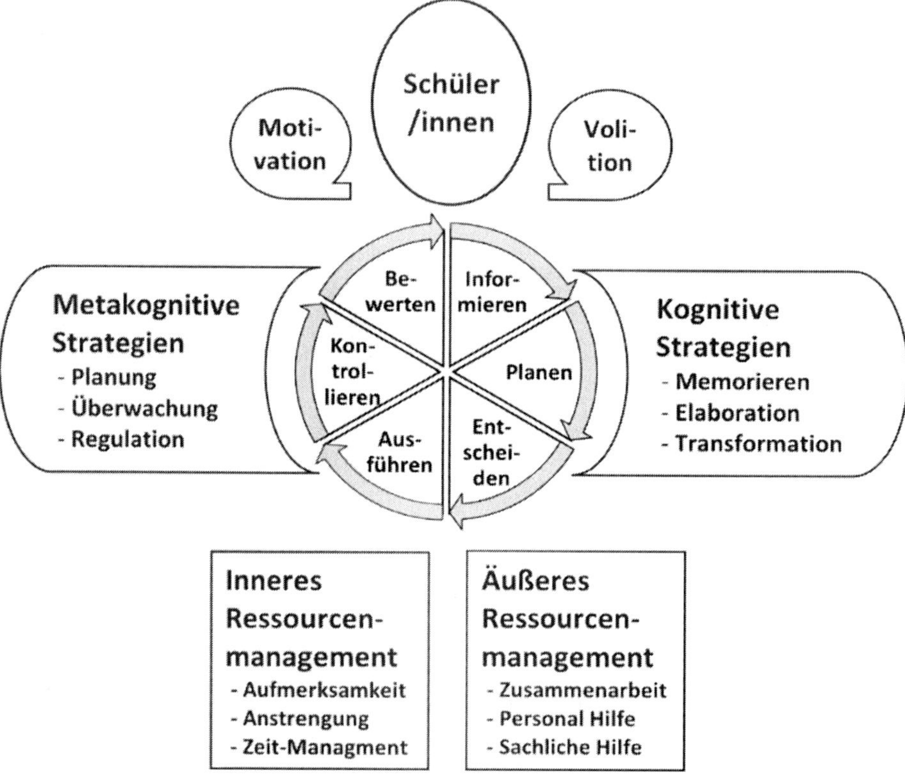

Abbildung 7: Erweiterte vollständige Lernhandlung (eig. Darstell.)

1.4.2.5 Vollständige Lernhandlung und selbstgesteuertes Lernen

Für Konferenzen der Lehrkräfte und für Elternabende lassen sich selbstgesteuertes Lernen mit allen dafür nötigen Strategien und Ressourcenmanagements sowie mit der nötigen Motivations- und Volitionssteuerung (vgl. Sprick 2014) folgendermaßen zusammenfassen:

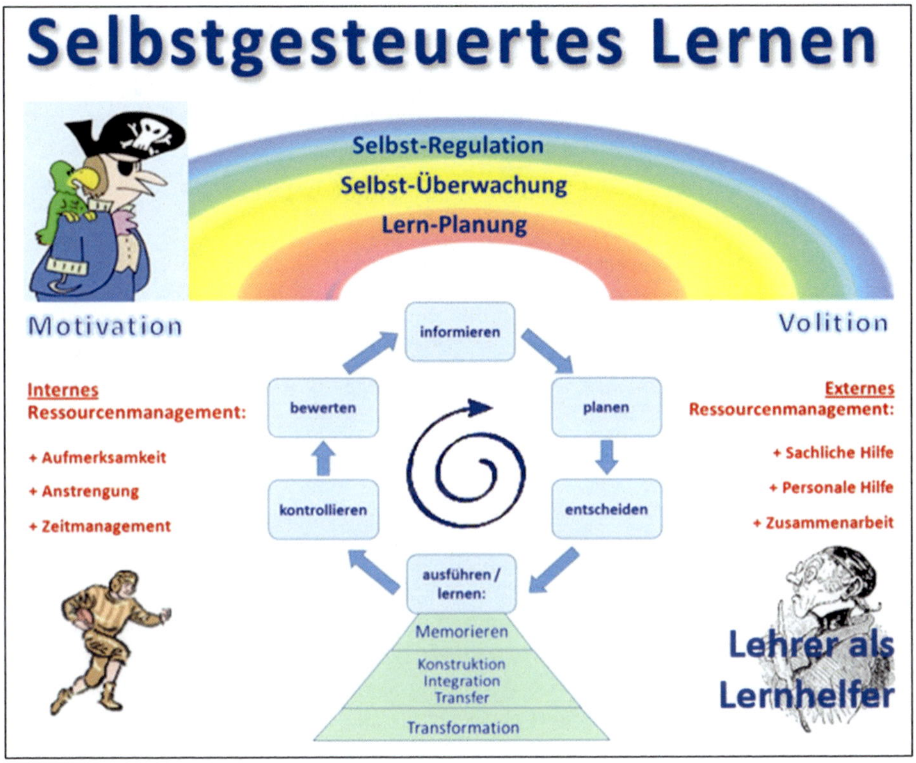

Abbildung 8: Selbstgesteuertes Lernen (eig. Darstell.)

1.4.2.6 Kombination mit den Bausteinen des LL-Modells

Abbildung 9: Selbstgesteuertes Lernen und LL-Bausteine (eig. Darstell.)

Versucht man das Modell des selbstgesteuerten Lernens mit den Bausteinthemen des Lernenlernens zusammenführen und ergänzt es um die neuen Bausteine Motivation und Organisation des Lernens, entsteht oben stehende integrierende Gesamtschau (vgl. Sprick 1997, Chott 2001, Chott/Barth 2008, Chott/Zierer 2022).

1.4.3 Lernen – Rückwärtsplanung vom idealen Ziel her

Wenn man sich als Ziel der schulischen Bildungsbemühungen in der Grund- und Mittelschule (Bayerns) eine(n) „perfekte(n)“ Abschlussschüler(in) vorstellt und von daher – rückwärts denkend – die Zwischenziele und Meilensteine der Entwicklung ableitet, werden weitere Bildungsschwerpunkte erkennbar.

1.4.3.1 Rückwärtsplanung zur Lernzielfindung

Ein nützliches Instrument dafür ist die „Rückwärtsplanung“: Ausgehend von dem übergeordneten Ziel wird der Weg zur Zielerreichung „von hinten nach vorne“ geplant bis zur Gegenwart. Der so entstandene Plan wird neuerdings amerikanisch-modisch „Back-Plan“ genannt. Diese Bezeichnung ist eigentlich überflüssig, denn das Ergebnis dieser Rückwärtsplanung ist ein ganz normaler, „ordentlicher“ Projektplan: Wie jeder gute Projektplan umfasst er eine Liste aller Aufgaben (mit einem Zeitplan und einer Ablaufliste), die abgearbeitet werden müssen. Nur sein Zustandekommen ist etwas unorthodox, weil dabei nicht vom Ausgangspunkt, sondern vom Ergebnis her, gedacht wird. Das ist keine Erfindung unserer Zeit, sondern ein altbewährtes militärisches Planungsprinzip.

Der Vorteil der Rückwärtsplanung ist eine höhere logische Stringenz und Vollständigkeit: Bei dieser Vorgehensweise übersieht man nicht so leicht, welche Voraussetzungen in früheren Phasen geschaffen werden müssen, damit die späteren Schritte planmäßig realisiert werden können (d.h. beispielsweise, das Kabelkanäle eingebaut werden müssen, wenn später Leitungen verlegt werden sollen). Umgekehrt hilft sie auch, überflüssige Arbeiten zu ersparen, die man bei der üblichen schrittweisen (inkrementellen) Planung vielleicht aus Unsicherheit ausgeführt hätte. Der größte Nutzen der Rückwärtsplanung aber liegt darin, dass dabei in aller Regel erschreckend deutlich wird, wie viel noch zu tun ist und welche Zwischenergebnisse unbedingt in allernächster Zeit erreicht werden müssen, um das große Ziel zu schaffen. Auf diese Weise sorgt die Rückwärtsplanung nicht nur für konkrete, handfeste Arbeitspläne, sondern vermittelt auch den gerade am Anfang oft fehlenden „Sense of Urgency“.

Der Unterschied zwischen der inkrementellen Vorwärtsplanung und der Rückwärtsplanung wird gut in der nachfolgenden Grafik veranschaulicht (in Anlehnung an Bolko von Oetinger, ehemaliger Leiter des BCG Strategy Institute).

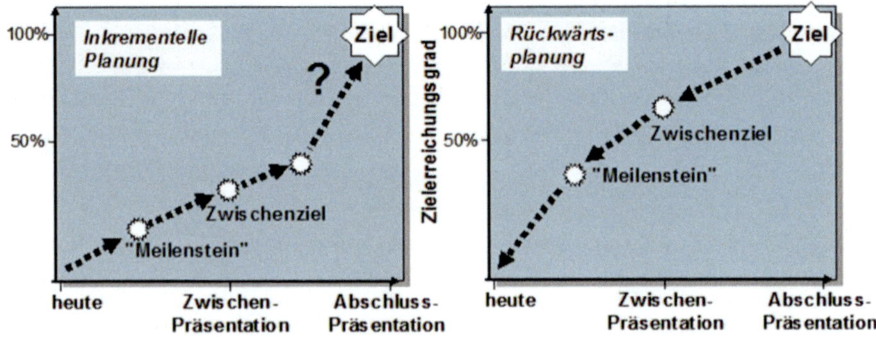

Abbildung 10: Vergleich inkrementelle Planung und Rückwärtsplanung[34]

Die *inkrementelle Planung* „hangelt sich", wie die linke Abbildung zeigt, von Zwischenziel zu Zwischenziel voran. Dabei ist sie zwar in aller Regel auf dem richtigen Weg, dennoch hat sie ein hohes Risiko, den gesetzten Termin zu verfehlen, weil vor allem am Anfang zu kleine, zu zögernde und zu langsame Schritte gemacht werden. Die *Rückwärtsplanung* hingegen beginnt bei dem übergeordneten Ziel und arbeitet sich von dort zurück zu der Ausgangssituation. Das ist zwar mühsam, weil es anscheinend gegen die menschliche Natur oder zumindest gegen unsere Denkgewohnheiten ist. Es bewirkt aber, dass man sich, wenn man sich dieser Anstrengung erst einmal unterzogen hat, keine Illusionen mehr macht, wie viel Arbeit noch vor einem liegt und welches Tempo von Anfang an vorgelegt werden muss, um das Ziel termingerecht zu erreichen.

1.4.3.2 Der perfekte Abschlussschüler im Jahr 2030

Will man diese „Rückwärtsplanung" notwendiger Lernprozesse auf die Schule übersetzen, hilft vielleicht eine *Konkretisierung als Beispiel*. Dazu versetzen wir uns in den Juli 2030 und in Franz, einen Abschlussschüler der Mittelschule in Bayern. Er hatte 2023 noch den Beginn von ChatGPT erlebt, als er in die 3. Jahrgangsstufe kam. Man könnte fragen: Welche Lernprozesse könnte er erlebt haben? Welche Veränderungen im Vergleich zu heute könnten stattgefunden haben? Wie hätte er anders gelernt?

Hier die Fiktion:

KI-gestützte Lernsoftware hatte für Franz in jedem Schuljahr auf ihn zugeschnittene Lehrpläne erstellt. Individuelles Feedback durch die KI hatte ihm sehr geholfen. Seine Mitschüler und Mitschülerinnen nahmen andere Lernwege. Alle hatten aber am

[34] Berner, Winfried: Projektplanung: Rückwärts zum großen Ziel. In: www.Umsetzungsberatung.de. Quelle: https://www.umsetzungsberatung.de/projektmanagement/projektplanung.php?layout=druck [Abruf am 17.09.2023].

Ende ihrer Schullaufbahn optimale Wege gefunden, um sich möglichst viel Grundwissen anzueignen. Sie hatten ebenso individuell gelernt, die technischen Möglichkeiten der Wissensunterstützung und der vielfältigen Vorschläge zu ihren eigenen Lernwegen zu nutzen. KI-Tools hatten zudem Franzens Lernfortschritte überwacht und seinen Lehrkräften die für ihn passenden Lehr- und Lernmethoden empfohlen.

Die **Lehrkräfte** waren aus ihrer „Wissensgeber"-Rolle herausgekommen. Sie hatten zu einer neuen Mix-Rolle zwischen Wissensvermittler, Ratgeber und Begleiter gefunden und warenüberwachende Kontrolleure bei übermäßiger Nutzung der Computerhilfen geworden.

Franz lernte viel mit seiner **VR-Brille** in der virtuellen Realität (VR), in der er sich bewegen und mit virtuellen Objekten und Personen interagieren konnte.

In der **erweiterten Realität** (Augmented Reality, AR) wurden virtuelle Objekte in einer realen Umgebung platziert. Es wurde also eine künstlich entworfene zusätzliche Ebene geschaffen, welche die reale Welt überlagerte und für ihn zum Üben und Lernen präsent war.

In der **Mixed Reality** (MR) verschmolz die physische Welt mit digitalen Objekten, sodass Franz in Echtzeit mit ihnen interagieren konnte. Mit Video 360° kam Franz erst in den letzten Monaten seiner Schullaufbahn in Berührung; das Tool ermöglichte es ihm, sich in sphärischen Videos an einen bestimmten Ort zu versetzen, wo ein realer Besuch zu gefährlich oder einfach unmöglich gewesen wäre. Historische Ereignisse hatte er damit erlebt, hatte persönlich mit Napoleon, Bismarck und Darwin gesprochen. Physikalische Zusammenhänge und chemische Strukturen waren für ihn visualisiert worden. Biologie, Geografie und Geschichte waren deshalb seine Lieblingsfächer geworden.

Mit der **immersiven Lernumgebung** (Immersive Learning Environment, ILE) wurden reale Szenarien und Umgebungen in einem virtuellen Raum simuliert, damit Franz neues Wissen erwerben und mit anderen Menschen interagieren konnte. So konnte er durch eigene Erfahrung und durch Fehler lernen.

Dieses schulische Training war auch für die Ausbildungsplatzsuche hilfreich gewesen. Denn bei manchen Firmen, in denen Franz sich für eine Ausbildung bewarb, wurde die KI bereits schon in Recruiting-Prozessen und in Onboarding- oder On-the-job-Schulungen eingesetzt, um den Bewerbern ihren künftigen Arbeitsplatz und dessen Herausforderungen zu zeigen und ihr Reaktionspotenzial zu prüfen.

Seinen ersten Schulabschluss sicherte sich Franz mit der **Blockchain-Technologie**, die ihm die Authentizität seiner Bildungsabschlüsse, seiner künftigen Fortbildungszertifikate und weiterer Qualifikationsbeweise gewährleisteten. Damit wurde eine Anerkennung seiner Qualifikationen bei Arbeitgebern weltweit möglich.

E-Learning und Online-Kurse: Mit Massive Open Online Courses (MOOCs) und anderen Online-Lernplattformen hatte Franz bisher wenig Kontakt. Sie waren ihm aber bekannt als Zugang zu Kursen von Experten aus aller Welt. In der Berufsschule und in der Ausbildungsstelle würden diese neuen Möglichkeiten bald intensiver auf ihn zukommen.

Die **Lehrkräfte** hatten wegen der Markenvielfalt der privaten Geräte der Schülerinnen und Schüler zwar immer schon viel Mehrarbeit durch die Vorgabe „Bring your own device“, aber es gelang ihnen mithilfe der lokalen Fortbildungen und den Angeboten der zentralen Lehrerfortbildung erstaunlicherweise immer wieder, mit dem Tempo der anwachsenden technischen Neuerungen Schritt zu halten. Die Lehrerfortbildung hatte angesichts der rasant angewachsenen Angebotsfülle neuer Medien, neuer virtueller Welten und neuer Technologien in den letzten Jahren ihren Fokus auf neue Vermittlungsmethoden und –techniken legen müssen. Die Vermittlung fachlicher Kenntnisse für die Lehrkräfte war aufgrund des Bedarfs an didaktischen Fähigkeiten im Umgang mit den neuen Medien in den Hintergrund getreten.

Wandlung des Wissenskanons: In allen Schulfächern waren Kenntnisse, Fähigkeiten und Fertigkeiten über KI-Software in die Lehrpläne eingedrungen. Daher musste überall abgewogen werden zwischen dem traditionellen Aufbau der Grundkenntnisse (z.B. beim Rechnen, Lesen und Schreiben), dem Erwerb grundlegender Kenntnisse und Strukturen in allen Fächern und dem zunehmenden Einsatz der KI-Software zum Erwerb des eigenen, persönlichen Wissens. Die neue Balance zwischen eigenem Wissen und der Fähigkeit, fremdes Wissen blitzartig zur Verfügung gestellt zu bekommen, wurde – vorausschauend auf die Situation um 2030 – zu einer neuen Herausforderung für alle Fachdidaktiken und für die Wissenschaftler. Diese hatten sich früher noch um die Anzahl der Unterrichtsstunden für ihr Spezialfach gestritten.

Der reine Wissenserwerb, eine Spezialität von Schule und deren Daseinsrechtfertigung, war – so unsere spekulative Vorausschau – in seinem Wert gesunken. Der Umgang mit ubiquitärem Wissen, jederzeit verfügbar über ChatGPT, Internet oder weiterer KI-Software, war zu einer neuen Herausforderung der Schule geworden. Die Auswahl, die Bewertung der Informationsquellen und der ethisch verantwortete Einsatz des Wissens und der zur Verfügung gestellten Schlussfolgerungen mussten in den Schulen neu gewichtet und gewertet werden.

Informatik war – unserer Vorausschau gemäß – zu einem Kernfach in der Schule aufgestiegen. Grundlegende Computerkenntnisse, Datenspeicherung und Internetnutzung hatte Franz bereits in der Grundschule frühzeitig erworben. Später traten effektive Tippkenntnisse mit dem 10-Finger-System, die gezielte Spracheingabe per Mikrofon und das Handeln mit der VR-Brille dazu.

Das neue Hauptfach **Arbeit-Wirtschaft-Technik** war mit seinen Lerninhalten zu einem Transmitterfach aufgestiegen, die direkt mit den Berufsschulfächern und den Lehrplänen der Betriebe korrespondierten.

Die Recherchekompetenz im Fach **Deutsch** zum Formulieren exakter Arbeitsaufträge und die Fähigkeit, das jederzeit verfügbare Wissen und die scheinbar perfekten Antworten der Chatbots richtig abfragen, steuern und bewerten zu können, waren in den letzten Schuljahren von Franz immer wichtiger geworden.

Im Fach **Ethik** waren sein Verständnis für die ethischen Fragen im Zusammenhang mit der Nutzung von KI und die Fähigkeit, verantwortungsvoll mit der Technologie umzugehen, sensibilisiert und geprägt worden.

In den **naturwissenschaftlichen Fächern** wie Physik, Chemie und Biologie war KI-Software ein weiteres Instrument zum Verständnis und zur Bewältigung von Problemen geworden.

Die **gesellschaftswissenschaftlichen Fächer** wie Geschichte, Sozialkunde, Erziehungskunde und Erdkunde setzten die KI-Software überwiegend zur Darstellung der Unterrichtsinhalte ein.

Im Fach **Technik** hatte Franz gelernt, die KI-Software mit Daten zu „füttern", die für die Überwachung einer mechanischen Maschine notwendig waren. Sie war von der Schule von einer Partnerfirma kostenlos zur Verfügung gestellt worden. Die KI lernte daran die Überwachung im Normalbetrieb, konnte aber bei Problemen schneller bei der Fehlersuche helfen. Die Nutzung von ChatGPT hatte Franz in den Fächern Deutsch und Informatik lernen können, um später als Anwaltsgehilfe, Steuerfachangestellter oder Programmierer schneller einsteigen zu können.

Auch die Mitschülerinnen und Mitschüler von Franz hatten in den Fächern **Wirtschaft und Soziales** durch den Einsatz von KI-Software nicht nur die Zusammenarbeit mit Lernenden (auch anderer Schulen) gelernt, sondern auch diese Software in den Abschlussprüfungen intra- und interschulisch einsetzen dürfen.

In allen **Prüfungsfächern der Abschlussprüfung** war der Einsatz von KI und ChatGPT erlaubt, sofern immer die Informationsquellen angegeben wurden. Wer noch ohne jeden Einsatz der neuen Software seine Abschlussprüfungen ablegte, galt als „Freischwimmer" und unterlag anderen Bewertungskriterien. Die Firmen bevorzugten bei den Abschlussschülern allerdings inzwischen diejenigen Schülerinnen und Schüler, die sowohl mit dem Einsatz der neuen Technik als auch mit den neuen Formen der Zusammenarbeit in Kleingruppen vertraut waren. Dadurch war der Übergang in die Berufswelt weitaus schneller zu bewältigen und gelang erfolgreicher.

Effizientes Ressourcenmanagement: Die Stundenpläne der Lehrkräfte an den Schulen waren durch die Vorschläge der KI besser an die Klassen und Lehrkräfte angepasst worden. Die Lehrkräftezuweisung von der Regierung war – gemäß unserer Vorausschau – optimiert worden, um nur diejenigen Lehrkräfte den Schulen zuzuweisen, die am besten zum Schulprofil passten und um allzu rasche Rückversetzungsanträge zu vermeiden. Quereinsteigerinnen und -einsteiger wurden den Schulen mit dem größten Bedarf an Fachkompetenz zugewiesen. Sie wurden durch personalisierte Fortbildung bestmöglich für den Bedarf der Schule präpariert.

Personalisiertes Lernen: Auch den Schülern und Schülerinnen mit Lernbehinderung, LRS, Dyskalkulie o.Ä. war inzwischen deutlich mehr als früher geholfen worden. KI-Tools hatten die jeweiligen Schwächen der einzelnen Lernenden früh erkannt und personalisierte Lernansätze für sie entwickelt und sie einzeln in ihrem individuellen Lerntempo gefördert. Die Lehrkräfte waren entlastet worden, da sie wussten, dass parallel und ergänzend zu ihrem Klassenunterricht die Schülerinnen und Schüler mit Lernbehinderungen individuelle Hilfen und Trainings von passenden KI-Tools erhielten. Das selbstgesteuerte Lernen von Franz wurde durch digitale Lernplattformen unterstützt. Er konnte in seinem eigenen Tempo lernen, zusätzliche Ressourcen nutzen und seine Kenntnisse vertiefen. Das waren für seine spätere berufliche Fort- und Weiterbildung die richtigen Grundlagen.

Die Lehrkräfte wurden über die **Lernfortschritte** der Schülerinnen und Schüler durch die Klassensoftware informiert.

Für Franz war es ein Schwerpunktthema in seiner Abschlussklasse gewesen, wie man sich beliebig neues Wissen kontinuierlich aneignen kann, wie er aus der schier unendlichen Wissenstiefe das Richtige herausfischen, die Quellen überprüfen und die Echtheit beurteilen kann. Seine Lernfortschritte wurden durch automatisierte **Bewertungssysteme mit sofortigem Feedback** versehen. Seine Lehrkräfte hatten mehr Zeit für die individuelle Unterstützung seiner sozialen Probleme (Mobbing!).

Kollaboratives Lernen: Digitale Tools wie Google Docs und Online-Diskussionsforen erleichterten die Zusammenarbeit zwischen den Schülerinnen und Schülern. Kommunikation und Kollaboration wurden im Klassenzimmer und auch über geografische Grenzen hinweg ermöglicht. Franz war seit seinem Eintritt in die Mittelschule zudem in Gruppenprojekten geschult worden, um auch hier mit anderen Lernenden konkret zusammenzuarbeiten. Dabei war er besonders fasziniert gewesen, wie seine japanischen und indischen Mitschülerinnen und Mitschülern die Aufgaben angingen. Die Chatbots hatten durch Simultan-Übersetzungen von Text und Sprache dabei sehr geholfen.

Auch für seine Bewerbungen hatte Franz **ChatGPT** genutzt. Als er mehrere, für ihn geeignete Ausbildungsstellen im Internet gefunden hatte, hatte ChatGPT für ihn ein Bewerbungsschreiben verfasst, in dem auf die Besonderheiten der Firma eingegangen wurde, die auf der Firmenwebsite zu finden waren. Seine schulischen Qualifikationen hatte ChatGPT in seine individuell verfasste Bewerbung mit eingebunden, in seinem Lebenslauf die Besonderheiten betont, auf die in der Firma Wert gelegt wurde und ihn auf das Vorstellungsgespräch in mehreren Dialogen vorbereitet. Franz hatte ChatGPT gebeten, ihm wahrscheinliche Fragen der Personaler der jeweiligen Firma zu stellen und die bestmöglichen Antworten im Dialog zu trainieren. ChatGPT hatte er dafür die Rollen eines Branchenkenners, eines Personalers und eines Meisters für die jeweilige Ausbildungsstelle einnehmen lassen und hatte damit eine Lehrstelle gefunden, in der er auch bleiben würde. Die Zusammenarbeit zwischen Schulen und Betrieben hatte geklappt, da die schulische Ausbildung und der Fortgang in der betrieblichen Berufsausbildung perfekt harmonisierten.

Für die hier versuchte **Fiktion** für das Jahr **2030** stellen sich folgende Fragen:

Welche erweiterten Fähigkeiten könnte Franz in seiner Schulzeit erworben haben?

Kenntnisse über den eigenen Wissenserwerb und die nötigen Metakognitionen:

- Wie kann ich beim Wissenserwerb effizient vorgehen?
- Wie kann ich das Wissen erhalten, bewahren und transferieren?
- Woher kommt das Wissen? Aus welchen Quellen kommt es?
- Zur Kontrolle: Wer war „Vorbesitzer des Wissens"? Von wem stammt es?

Welche Lernziele lassen sich daraus – rückwärts gedacht — ableiten?

- Grundlegende Computerkenntnisse (ab 3. Jgst.)
- Effektive Tippfähigkeiten (ab 3. Jgst.)
- Recherchekompetenz: Vorgehensweise, um genaue und zuverlässige Infos zu finden
- Eigene Schreibfähigkeiten: Fähigkeit, klare und zusammenhängende Sätze und Absätze zu verfassen, erkannte Zusammenhänge zu schlussfolgern und zu formulieren
- Kritisches Denken: Fähigkeit, Infos zu analysieren, zu bewerten und kritisch zu hinterfragen, um Fehlinfos zu erkennen
- Problemlösungsfähigkeit: Fähigkeit, ChatGPT als Werkzeug zur Lösung von Problemen einzusetzen
- Kommunikationsfähigkeit: Fähigkeit, klare und präzise Fragen zu stellen und Anweisungen zu geben, um die gewünschten Antworten von ChatGPT zu erhalten
- Selbstregulation: Fähigkeit, die Zeit mit ChatGPT zu kontrollieren, um sicherzustellen, dass Zeit produktiv genutzt wird und man nicht von anderen Aufgaben abgelenkt wird
- Ethik und soziale Verantwortung: Verständnis für ethische Fragen bei Nutzung von KI und die Fähigkeit, verantwortungsvoll mit Technologie umzugehen

1.5 Lehren im Sinne der Mathetik

1.5.1 Ursprung der Mathetik

Die Ursprünge und auch das Wort finden sich bereits bei Johann Amos Comenius, der von 1592 bis 1670 lebte. Zehn Jahre nach seinem Tod gab sein Verleger Christian Nigrinus ein „Spicilegium didacticum", eine „Didaktische Ährenlese" heraus (vgl.

Comenius 1680/1907), die Nigrinus als „Mathetica" präsentierte und auch heute noch – neben der „Didactica magna" – eine für unseren Problemzusammenhang aktuelle Lektüre darstellt (vgl. Winkel 1996, 153 ff.). Das Wort „Mathetik" geht auf das griechische Verb „mathein" bzw. „manthanein" zurück (vgl. Winkel 1997, 79). Beide Verbformen bedeuten "lernen". Der zuerst genannte Begriff meint eine linear abfolgende Tätigkeit, während der zweite ein punktuelles, plötzliches Tun bezeichnet. „Mathein" weist also auf einen Prozess hin, während „manthanein" auf ein plötzliches Erkennen deutet. Beide Verben bedeuten lernen um der Bildung willen (vgl. Punkt 1.5).

Mit „Mathetik" meinte Comenius die „ars discendi", eine Kunst, die ein wirksames, also – für unseren Zusammenhang – auch ein störungsfreies Lernen ermöglicht. Im Unterschied dazu beschreibt er z.B. in seiner „Didactica magna" (vgl. 1657/1892, 5) die ‚Didaktik" – kommend von „didaskein", lehren – als die „Kunst", ein wirksames Lehren zu ermöglichen. Es geht also um das im Unterricht arrangierte Lernen und Lehren: bei „Mathetik" aus der Sicht des Schülers und der Schülerin, bei der „Didaktik" aus Sicht der Lehrperson. Mit der „ars docendi", der Didaktik, versucht der bzw. die Lehrende, die historisch-systematische Fundierung des geplanten institutionalisierten Unterrichts zu klären und zu begründen. Die „ars discendi", die „Mathetik", stellt insgesamt einen Leitfaden für das „richtige" Lernen des Schülers bzw. der Schülerin dar. „Mathetik" ist demnach die Klärung des im Unterricht stattfindenden Lerngeschehens und zwar *aus der Sicht des Schülers bzw. der Schülerin.*

In der 43 Abschnitte umfassenden „Mathetica" heißt es beispielsweise im Abschnitt 24: „Methodisch wird alles gelernt, wenn nichts unklar gelernt wird, sowohl die Benennung der Dinge, als was die Dinge selbst anbelangt." Hier hebt Comenius den Ordnungsaspekt hervor, der immer wieder angesprochen wird. Beim Lernen geht es für ihn darum, Wissen zu suchen. Abschnitt 2 und 3 zeigen die drei Stufen des Vorgehens auf: Es gilt, geistig zu erfassen, was etwas sei, dann zu ergründen, wodurch etwas sei, und schließlich zu erkennen, wozu etwas verwendbar sei. Dazu werden ab Abschnitt 38 – heute würde man sagen – „Lerntipps" gegeben. So rät Comenius beispielsweise zu sorgfältiger Übung, zur Beschränkung auf das Wesentliche oder zu vernetztem Lernen (vgl. Golz u.a. 1996, 130–148).

1.5.2 Was bedeutet Mathetik heute?

In Punkt 1.4.1 wurden die diversen Diskussionslinien zum Konstruktivismus in der Psychologie, in der Soziologie, in der empirischen Pädagogik etc. (vgl. Gerstenmeier/Mandl 1995) zum Konstruktivismus bereits erörtert. *Grundlegend* für das Lehren im Sinne der Mathetik sind – das sei im Zusammenhang mit dem (Er)Lernen des Lernens nochmals kurz wiederholt – folgende, komprimiert dargestellte, konstruktivistische Erkenntnisse:

Die menschliche Wahrnehmung ist nicht die exakte Abbildung einer ontologischen Wirklichkeit, sondern – ähnlich wie in Platons Höhlengleichnis – eine kognitive Konstruktion. Das hat mit dem neurophysiologischen Mechanismus zu tun. Für Humberto Maturana (1987a) das Gehirn ein geschlossenes, autopoietisches, selbstreferenzielles System, in dem Wissen nicht durch Enkodierung und Repräsentation, sondern im Augenblick des Handelns „emergiert", d.h. sich selbst organisiert. Insofern kann man von einer Systemtheorie sprechen.

Aus einer unstrukturierten Fülle unspezifischer Wahrnehmungen über unsere Sinnesrezeptoren „errechnet" – wie es bei Heinz von Foerster (1997a, b) heißt – unser Gehirn möglichst stabile, sinnstiftende „Wirklichkeiten". Das bedeutet, dass diese je eigene individuelle Konstruktion weder wertfrei noch objektiv ist, sondern von mentalen Wünschen und Erwartungen des menschlichen Individuums bestimmt wird. Es kommt zu einer Wechselwirkung zwischen Beobachter und Beobachtetem, sodass das, was wir zu erkennen glauben, nicht die Abbildung der realen Welt sein muss.

Wie ebenfalls oben schon beschrieben, ergibt für Ernst von Glasersfeld dieser Abschied von der absoluten Objektivität ein neues Verhältnis von Wirklichkeit und Wissen. Anstelle der Abbildung tritt die zweckorientierte Anpassung, bei der es um die Suche nach eventuell mehreren passenden Verhaltens- und Denkweisen, um die Suche nach diversen Schlüsseln geht. Kriterium dafür ist das, was mit dem Terminus „Viabilität" beschrieben wird. Von Glasersfeld (vgl. 1997a, b) beschreibt dieses Merkmal als Gangbarkeit bzw. Passung, sodass nicht die objektive Wahrheit, sondern das Überleben der menschlichen Gattung sowie die Verbesserung der Lebensbedingungen unsere Wahrnehmungen steuern. Wir registrieren vor allem das, was uns im Moment wichtig und nützlich ist. Die so entstehenden Konstrukte sind nicht „wahr", sondern „viabel". Sie basieren auf früheren Erfahrungen.

Angesichts der oben wiederholt angestellten Überlegungen zum „Lernen" lässt sich – *aus heutiger Sicht* – für den für das „Lehren" relevanten Begriff „Mathetik" festhalten:

- *Mathetik* betrachtet schulisches Lernen aus dem Blickwinkel der Schülerin bzw. des Schülers und charakterisiert das Verhältnis zwischen Lehrperson und Lernenden als „symmetrisch" und „herrschaftsfrei". Das bedeutet, Lernende und Lehrpersonen stehen auf einer Ebene. Die Lehrperson bestimmt nicht diktatorisch über die Lernenden, sondern ist beratende, helfende und erziehende Person.

- *Mathetik* – verstanden als Gegenpol zur (lehrerorientierten) Didaktik – schließt das unterrichtliche Voranschreiten vom „konkreten" hin zum „formalen Operieren" ein. Sie relativiert die in der „lernziel-orientierten Didaktik" betonte, dezidierte Evaluation dahingehend, dass eine punktgenaue Lernzielkontrolle häufig nicht möglich und sinnvoll ist.

- *Mathetik* impliziert ein Verständnis von Lernen, das dieses als aktiven, selbstorganisierenden Prozess versteht, bei dem die je eigenen „Wirklichkeiten" des Individuums von diesem „konstruiert" werden.
- *Mathetik* bezieht darüber hinaus die „ganzheitliche" Sichtweise des Schülers bzw. der Schülerin mit ein. Dabei greift der im vorliegenden Zusammenhang unterschiedlich belastete Begriff der „Ganzheitlichkeit" auf die Ganzheitstheorie zurück, die im Sinne einer humanistischen Persönlichkeitstheorie zu verstehen ist. Sie sieht jede einzelne Handlung des Menschen im Zusammenhang mit seiner Gesamtpersönlichkeit. Man erkennt alle Erfahrungen, die man mit sich und seiner Umwelt macht, als umfassendes Erleben und integratives Zusammenwirken.

Zusammengefasst stellt der Mathetik-Begriff demnach in Verbindung mit dem oben genannten konstruktivistischen Lernbegriff die begriffliche Basis für die Förderung von „Methodenkompetenz" dar. *Mathetik als „Haltung"* (vgl. Punkt 1.2.2.2) wendet sich beispielsweise gegen eine technisierte Unterrichtsvorbereitung und gegen ein lehrerzentriertes „Durchziehen" des Unterrichts, welches an den aktuellen Lernständen der Schülerinnen und Schülern vorbeigeht. Die mathetische Haltung postuliert, als Lehrkraft immer wieder einen *Wechsel der Perspektive* vorzunehmen und das bewusste, strukturierte Lehren im Unterricht stets neu, „ganzheitlich" vom Lernen der Schülerin/des Schülers aus zu betrachten.

Daraus folgt für die Lehrperson, sich einem relativistischen Standpunkt zu verpflichten und zu einer „Haltung" aufgefordert zu sein, welche die eigenen Beurteilungen stets infrage stellt. In der Konsequenz heißt das, Lehren ist vor allem als strukturiertes, umfassendes *Angebot an die Lernenden* zu sehen, das nicht nur auf der Inhalts-, sondern auch auf der Beziehungsebene abläuft. Damit spricht es nicht nur die Kognition, sondern auch die Emotion, Motivation und Volition der Lernenden an.

1.5.3 KI als weiterer Lernhelfer aus mathetischer Sicht

Johann Amos Comenius hätte an den KI-Programmen seine helle Freude, da damit die Ma-thetik als „Lernkunst" besonders unterstützt werden kann. Seinem Anspruch, dass alle alles möglichst leicht lernen können, kann die KI mit ihren vielfältigen Anwendungen zunehmend besser entsprechen. Insbesondere der ihm so wichtige Anschauungsunterricht könnte in seinem „Orbis pictus" (Welt in Bildern) durch VR- und AR-Brillen erstaunlich gut unterstützt werden (vgl. Comenius 1657).

Mathetik schließt heutzutage jede Art des Lernens ein, verstanden als Technologie bis hin zur Betonung einer „menschengerechten" Orientierung des Lernens an den Bedürfnissen des Lernenden (Quelle: Wikipedia: Mathetik).

Mit ähnlicher Intention hat Rainer Winkel wiederholt auf das Konzept der Mathetik hingewiesen. Er übernimmt dieses Konzept ausdrücklich von Comenius, den er als einen wichtigen Gründungsvater der Didaktik außerordentlich schätzt. Er stellt Mathetik in seinen Überlegungen in Zusammenhang mit einer „Kommunikativen Didaktik“, in der es darum geht, die Schülerinnen und Schüler mit ihren Interessen und Bedürfnissen in die Planung und Gestaltung von Lernprozessen ausdrücklich und intensiv miteinzubeziehen (vgl. Winkel 1993, 1997).

Im Zusammenhang mit Diskussionen über multimedialen Lernbedingungen hat Papert vorgeschlagen, die Begriffe Didaktik und Pädagogik um den Begriff der Mathetik zu ergänzen, womit er die „Kunst des Lernens des Lernens“ bezeichnen möchte (vgl. Papert 1994).

Auf die praktische Bedeutung der mathetischen Perspektive – insbesondere angesichts vielfältiger (Verhaltens-)Probleme der Schülerinnen und Schüler – muss auch bei der Vorbereitung auf die konkrete Unterrichtspraxis hingewiesen werden (vgl. Chott 1998, 2001).

Wenn beim schulischen Lernen die Lehrperson mehr als Lernberater und helfender Erzieher verstanden wird, dann können auch KI-Programme als Berater und Unterstützer zur Seite stehen. Je häufiger die Interaktion zwischen dem Lernenden und den Chatbots stattfindet, desto umfangreicher werden die Stärken und Schwächen des Lernenden erfasst. Bei allen Korrekturen von Texten oder mathematischen Aufgaben werden die Lücken erfasst und können gezielt durch Nacharbeit und Nachlernen des versäumten Stoffes geschlossen werden. Häufiges sofortiges Feedback, Empfehlungen zur Verbesserung und Lernanreize durch Gamification (Spielelemente) fördern das Lernen. Aus der Begleitung der Lernprozesse resultieren KI-erstellte Lernstandsanalysen, die einerseits dem Lernenden durch Generierung passender Lernschritte und individueller Übungen helfen und andererseits der Lehrkraft zur Übersicht und Kontrolle der Lernfortschritte dienen.

Zur Erfassung der das Lernen begleitenden Motivation, Emotion und Volition sind Menschen als Lehrende derzeit noch besser geeignet und erfahrener. Aber in diesen Bereichen werden KI-Programme weiterentwickelt. Sie können zunehmend besser auf die Stimmung, Lernausdauer und Konzentration und auf den Lernwillen der Lernenden eingehen.

1.6 Lernen lernen (LL)

Nach den oben beschriebenen wissenschaftlichen Grundlagen zur begrifflichen „Umgebung“ des Hauptthemas widmen sich die folgenden Texte der evidenzbasierten Begründung des Lernenlernens bzw. des Lernenlehrens.

1.6.1 Pisa-Studie 2022 und ältere Studien begründen das Lernenlehren

Die internationale Schulleistungsstudie PISA (Programme for International Student Assessment) erfasst die Kompetenzen von 15-jährigen Jugendlichen *im Lesen, in Mathematik und in den Naturwissenschaften*. Seit dem Jahr 2000 wird diese Studie alle drei Jahre durchgeführt. Die jüngste PISA-Erhebung[35] fand im Jahr 2022 statt. Rund 690 000 Schülerinnen und Schüler aus 81 Ländern und Volkswirtschaften hatten – stellvertretend für 29 Millionen Schülerinnen und Schüler in aller Welt – an der letzten Erhebung teilgenommen. Wie die Befunde zeigten, schnitten die Jugendlichen in Deutschland in Mathematik, im Lesen und in den Naturwissenschaften deutlich schlechter ab als noch 2018. Durch diese schockierenden Ergebnisse wurden die v.a. durch *die Schule vermittelten Kompetenzen* und die Bildung wieder einmal *in den Fokus* des Interesses gerückt. Die Defizite sind gravierend und weisen auf eine Reihe von notwendigen Lernverbesserungen hin.

Andere, ältere Studien zeigen bei Schülerinnen und Schülern Defizite *allgemein im Bereich Lernen* auf. Sie begründen somit dezidiert, dass das richtige, effiziente Lernen in der Schule gelehrt werden muss:

- Bei einer als repräsentativ einzuschätzenden Befragung von 765 Absolventen Züricher Gymnasien durch *Regula Schräder-Naef* (vgl. 1987, 13 ff.) wurden als größte Probleme des begonnenen Studiums die „Anonymität im Massenbetrieb" und das „Wissen, wie man ökonomisch und effektiv studiert", herausgestellt. Diesen Problemen folgten Angaben über Schwierigkeiten mit der Prüfungsvorbereitung und mit dem Gewinnen eines Überblicks über große Stoffgebiete. Zudem verweist Schräder-Naef auf frühere Befragungsergebnisse von Lehrern aller Schulstufen, die gezeigt hätten, dass diese Personen der Meinung sind, die meisten Schülerinnen und Schüler würden beim Eintritt in eine andere Schule nicht über die dort erforderlichen „Arbeitstechniken" verfügen und die abgebende Schule müsste die Lernenden in dieser Hinsicht besser vorbereiten.

- In der Unternehmens- und *Expertenbefragung „Hauptschule 2000"*, die im Auftrag der Bundesvereinigung der Deutschen Arbeitsgeberverbände durchgeführt wurde, bewerteten die bundesweit ausgewählten Experten bei der Prozessqualifikation die „Fähigkeit zum selbstständigen Lernen" bei Hauptschülern am schlechtesten. Ein Verbesserungsbedarf von 94,4 % wurde konstatiert, während – zum Vergleich – bei der „Konzentrationsfähigkeit", bei der „Merkfähigkeit" (80,6 %), bei der Planungsfähigkeit" (77,8 %) und bei der „Sorgfalt" (75,5 %) Verbesserungsbedarf erkannt wurde (vgl. Bitz 1993, 39 ff.).

---

35 Vgl. https:// www.oecd.org/berlin/themen/pisa-studie/ [Abruf am 16.02.2024]

- Ähnliches stellte *Heinz Klippert* (vgl. 2000) in seiner 1996 an rund 800 Schülerinnen und Schülern in Rheinland-Pfalz durchgeführten Untersuchung fest. Die Mehrheit der befragten Haupt- und Realschüler bzw. der Großteil der untersuchten Gymnasiasten gab an, Schwierigkeiten zu haben,
  - den Lernstoff längerfristig zu behalten,
  - etwaige Probleme beim Lernen zu überwinden,
  - umfangreiche Lernmaterialien und -texte durchzuarbeiten und das Wesentliche zu entnehmen,
  - wichtige Lerninhalte zusammenzufassen,
  - Klassenarbeiten frühzeitig vorzubereiten und den Lernstoff gezielt zu üben, zu wiederholen etc.

  Die ebenso befragten, für die einzelnen Klassen zuständigen Lehrpersonen beklagten unter anderem die geringe Ausdauer und Konzentration, die Unselbstständigkeit bei komplexen Aufgaben, die mangelnde Eigeninitiative, die geringe Problemlösungsfähigkeit, die geringe Teamfähigkeit, das rasche Vergessen der Lerninhalte der Schülerinnen und Schüler.

1.6.2 „Visible Learning" – Ansatz als zentrale empirische Begründung

Eine wesentlich breitere, evidenzbasierte, d.h. zentrale wissenschaftliche Begründung für das Lernenlernen bzw. Lernenlehren in der Schule zeigen die Arbeiten von John Hattie zum Thema „Visible Learning" (vgl. auch Chott/Zierer 2022, 39–58). Den Anfang machte das Buch „Visible Learning", das 2009 veröffentlicht wurde. Mit über 800 Metaanalysen, die selbst über 50.000 Einzelstudien umfassten, an denen geschätzt 200 Millionen Lernende teilgenommen haben, war es bereits damals der größten Datensatz der empirischen Bildungsforschung, der jemals in einer Studie ausgewertet wurde. Es folgten im Jahr 2013 „Visible Learning for Teachers" mit über 900 Metaanalysen, basierend auf über 60 000 Einzelstudien, und schließlich 2019 die Veröffentlichung von „Visible Learning Insights". Basierend auf über 1400 Metaanalysen, die über 80 000 Einzelstudien und die Leistungsergebnisse von geschätzt 300 Millionen Lernenden in sich vereinen, erschien 2022 schließlich die letzte Fassung von „Visible Learning" als Informationsquelle.

Im Folgenden wird eine Liste von Faktoren aus dem aktuellen Datensatz des Projekts „Visible Learning" gezeigt, die der *Domäne Lernstrategien* zugeordnet sind. Diese Faktoren sind aus der unten stehenden Tabelle ersichtlich. In der anschließenden kurzen Beschreibung erscheinen die Faktoren geordnet nach ihrer Effektstärke. Sie wurden bei Schülerinnen und Schülern sowie bei Studierenden festgestellt.

Abbildung 11: Wirksamkeit von Lernstrategien[36]

36 Hattie – Rangliste auf deutsch – 138 Faktoren: Quelle: https://visible-learning.org/de/hattie-rangliste-einflussgroessen-effekte-lernerfolg/ [Abruf am 26.06.2024]

Diejenigen Faktoren der Lernstrategien, die einen evidenzbasierten Wirksamkeitsfaktor unter 0,40 zeigten, tauchen in der obigen Tabelle und anschließenden Beschreibungen nicht auf.

Zu den hier genannten Strategien zum Erwerb von selbstständiger Lernkompetenz werden in baldiger Zukunft *adaptive* Lernprogramme aus der Künstlichen Intelligenz (KI) dazukommen. Diese Programme könnten aber die Motivation des Lernenden zum außengesteuerten Erwerb der o.a. Lernstrategien eher mindern. Die Lernstrategien werden nämlich – so eventuell die Sicht der Lernenden – nicht mehr benötigt, weil sie die KI-Programme ersetzen.

Deshalb müssen *zuerst Grundkenntnisse zum Lernenlernen* erworben werden, bevor die KI mit all ihren Unterstützungsprogrammen dazutreten darf.

Aus diesem Grund werden für Lehrkräfte aktuell folgende Punkte wichtig:

- der Zeitpunkt zum Einsatz weiterer KI-Programme;
- die Begrenzung des Einsatzes in der Schule;
- die neu entstehenden Fragen zum hilfreichen, kreativen Einsatz als Unterstützung;
- aktuell z.B. folgende Hilfsprogramme: Suchmaschinen, maschinelle Übersetzung, Texterkennung und -generierung, optische Zeichenerkennung, Handschriften-, Sprach- und Bilderkennung.

Nicht hilfreich bei diesen weltumspannenden Neuerungen ist ein Verbot der Nutzung von ChatGPT in öffentlichen Schulen, wie es die Stadt New York noch 2023 erließ. Es wird von Schülerinnen und Schülern zu Hause unterlaufen und kann der Bewältigung der Probleme des künftigen Einsatzes für Schule, im Berufsleben und in der Gesellschaft nicht mehr gerecht werden.[37] Erfolgreicher erscheinen dagegen der Einbezug von KI in die Ausbildungscurricula von Lehrkräften, in die Seminarausbildung sowie in die Lehrkräfte-Fort- und Weiterbildung, um daraus für den zukünftigen Unterricht gewappnet zu sein.

Im Folgenden werden – wo aktuell für möglich gehalten – **zu den diversen Lernstrategien** jeweils **KI-gestützte Möglichkeiten** angeführt. Diese können den Erwerb der Strategien *behindern*, aber auch *erleichtern*.

- **Strategie zur Berücksichtigung des Vorwissens (0,93)**

Das Argument ist, dass Leserinnen und Leser, die mehr Verbindungen zwischen einem Text und ihrem Vorwissen herstellen, stärkere Situationsmodelle oder

[37] Der Standard (österr. Tageszeitung). Quelle: https://www.derstandard.de/story/2000142346024/chat-gpt-schulen-in-new-york-city-verbieten-die-nutzung [Abruf am 31.10.2023]

„kognitive Karten“ eines bestimmten Sachverhalts erstellen. Dieses Situationsmodell wiederum zielt darauf ab, das Verständnis und das Erinnern zu verbessern.

Intelligente Tutorensysteme sind adaptive Lernprogramme, die sich den Schülerinnen und Schülern anpassen, also den jeweiligen Lernstand, das Lerntempo und die präferierte Lernweise berücksichtigen. Sie sollten von den Lehrkräften *gezielt* zur Bewältigung der künftigen Lehr- und Lernherausforderungen *eingesetzt werden* können.[38]

- **Strategien des Zusammenfassens des Lernstoffs (0,90)**

Die Fähigkeit, einen Text zusammenzufassen, wird oft als Marker des Leseverstehens angesehen. Aus diesem Grund haben sich viele Wissenschaftlerinnen und Wissenschaftler für ein explizites Zusammenfassungstraining für Studierende ausgesprochen, die mit dem Verstehen Schwierigkeiten haben. Dies kann das Löschen von überflüssigem Material, das Ersetzen einer Liste von Elementen oder Aktionen durch einen untergeordneten Begriff, das Auswählen eines Themensatzes und das Konstruieren eines Themas umfassen, wenn es im Text nur implizit vorgeschlagen wird.

Chatbots können auch längere und komplexe Texte äußerst schnell in multiplen Versionen zusammenfassen. Schülerinnen und Schüler sollten daher ohne Nutzung von Chatbots diese äußerst wichtige Lernstrategie erlernen, um ihr Leseverständnis zu trainieren. *Erst in späteren Lernjahren sollten Lernende Chatbots als Werkzeug einsetzen*, um deren Ergebnisse kritisch zu hinterfragen und als weitere Lerntechnik bewusst einsetzen zu können. Das aber ist wohl ein „frommer Wunsch“!

- **Mnemotechniken (0,78)**

Gemeint sind damit praktische Techniken, bei der die Schülerinnen und Schüler eine beträchtliche Menge an Informationen für das Langzeitgedächtnis lernen (z.B.: „**M**ein **V**ater **e**rklärt **m**ir **j**eden **S**onntag **u**nseren **N**achthimmel.“ Als Merkhilfe für die Reihung der Planeten in unserem Sonnensystem: Merkur, Venus, Erde, Mars, Jupiter, Saturn, Uranus und Neptun). Es gibt fünf Klassen von Mnemotechniken: linguistische, räumliche, visuelle, physische und verbale Mnemotechniken.

Chatbots können neuerdings den Schülerinnen und Schülern für bestimmte Lerninhalte geeignete Mnemotechniken empfehlen.

- **Kontrolle der Lernanstrengung (0,77)**

Das bezeichnet den Prozess, bei dem Lernende Taktiken wie Stimmungsmanage-

[38] Deutsches Schulportal. Quelle: https://deutsches-schulportal.de/bildungswesen/adaptive-lernprogramme-kuenstliche-intelligenz-in-der-schule-nutzen-und-huerden/ [Abruf am 19.10.2023]

ment, Selbstgespräche, Beharrlichkeit, Selbstverstärkung oder die Zuschreibung des Erfolgs an die Anstrengung) anwenden, um ein bestimmtes Ziel zu erreichen.

Bisher sind *Chatbots* hierfür noch wenig hilfreich.

- **Strategien des Transfers (0,75)**

Damit Lernen effektiv sein kann, müssen Lernende in der Lage sein, eine Lern- oder Problemlösungsstrategie spontan, unaufgefordert und angemessen von einem Kontext auf einen anderen zu übertragen. Dabei kann es sich um einen nahen Transfer auf neue, dem Unterricht ähnliche Probleme oder um einen fernen Transfer auf neue Situationen und Bereiche handeln.

Je nach Lernbereich *können Chatbots* den Schülerinnen und Schülern geeignete Lern- oder Problemlösungsstrategien vorschlagen. Die Nutzung der Chatbots kann daher Lernenden in späteren Jahren eine weitere Stützung und Erweiterung ihrer Coping-Strategien bieten.

- **Strategien des Skizzierens und Übertragens (0,75)**

Das Lernen von Inhalten wird durch das Festhalten des Lernstoffs in Skizzen und Übersichten sowie durch das eigenhändige, schriftliche Übertragen auf Papier gefördert.

Eine geeignete *Kombination* von Chatbots, Mindmapping-Tools, Sprach- und Bilderkennungsprogrammen sollten auch den Lehrkräften bekannt sein, um nicht durch die Nutzung durch Schüler und Eltern im häuslichen Bereich überrascht und überrumpelt zu werden.

- **Strategien der Evaluation und Reflexion (0,75)**

Um das eigene Lernen effektiv zu gestalten, gilt es, das Gelernte anhand zur Verfügung stehender Quellen und Unterlagen zu überprüfen. Ebenso hilft es, das Gelernte in seinem Gesamtzusammenhang und in der eigenen Lernstruktur zu reflektieren. Diese Fähigkeiten steigen rapide in der Bedeutung für das eigen- und selbstständige Lernen. *Chatbots* haben hier unterstützende Funktion.

- **Strategien der Elaboration und Organisation (0,75)**

Diese Strategien ermöglichen es den Lernenden, Informationen und Fähigkeiten im Gedächtnis zu verankern. In Kombination werden oft Praktiken der Ausarbeitung (wie das Erstellen von Notizen oder das Bilden von Fragen zum Kursmaterial) mit Praktiken der Organisation (wie das Skizzieren oder das Informationsmapping) kombiniert.

Auch hier bieten KI-Programme bereits viele Optionen an, die aber die Entwicklung der Lernfähigkeit von Schülerinnen und Schülern *behindern* könnten. Daher werden verantwortungsbewusste Lehrkräfte verstärkt Stufenpläne entwickeln müssen, in denen der Nutzung zuerst die eigene Entwicklung von Lernstrategien vorausgehen muss.

- **Strategien des Hilfesuchens (0,66)**

Dies bezeichnet einen adaptiven Prozess, bei dem eine Person externe Unterstützung für ein akademisches oder psychisches Gesundheitsproblem sucht. Im schulischen Kontext wird die Hilfesuche als eine selbstregulierende und proaktive Strategie betrachtet. Sie ermöglicht es den Lernenden, sich auf andere zu verlassen, die dabei helfen, die Unklarheit und Schwierigkeit des Lernprozesses zu bewältigen. Eine wirksame Hilfesuche setzt voraus, dass die Schülerinnen und Schüler metakognitive Fähigkeiten (zum Nachdenken über ihren Lernprozess) und ein positives Selbstkonzept entwickeln.

Die Künstliche Intelligenz mit ihren vielfältigen Algorithmen und Programmen wird die Entwicklung der eigenständigen Suche *behindern,* wenn sie den Schülerinnen und Schülern zu früh zugänglich ist. Eine Änderung und Integration in die bestehenden Fachlehrpläne und in das Konzept des Lernenlernens scheint dringend geboten.

- **Lautes Denken (0,62)**

Lautes Denken (d.h. mit sich selbst über eine schwierige intellektuelle Aufgabe zu sprechen) und Selbstbefragung sind beides kognitive Werkzeuge. Beide werden mit höheren Verständnisebenen in Verbindung gebracht. In zahlreichen Studien wurden die Schülerinnen und Schüler angewiesen, sich beim Lesen verschiedene Arten von Fragen zu stellen. Das sind z.B. Fragen höherer Ordnung über die Bedeutung oder selbstüberwachende Fragen über den Leseprozess oder auch Fragen nach relevantem Vorwissen.

Wenn Schülerinnen und Schüler zu früh die Möglichkeiten des interaktiven Dialogs mit Chatbots erlernen, in denen sie die KI für sich denken lassen, dann werden die Chancen auf den Erwerb derartiger Selbstbefragungen geringer. Auf der Metaebene wird es zwar wichtig, nach der Entwicklung des eigenen „lauten Denkens" auch den Dialog mit der KI zu nutzen. Es sollte aber späteren Schülerjahrgängen vorbehalten bleiben.

- **Strategien des Wiederholens und Einprägens (0,57)**

Wiederholung sei, so ein römisches Sprichwort, „die Mutter des Lernens". Neuere psychologische Forschungen zeigen, dass mindestens sieben Wiederholungen notwendig sind, um ein Wissen vom Kurzzeitgedächtnis ins Langzeitgedächtnis zu bringen. Dazu gibt es eine Reihe von Möglichkeiten und Hilfsmittel, unter anderem die bereits angesprochenen Mnemotechniken.

Adaptive Lernprogramme werden mit wachsender Datenbasis über den Lernenden diesem schnell individuell angepasste Lernmöglichkeiten anbieten, um sich Neues einzuprägen und Erlerntes zu sichern.

- **Strategie der Selbstkontrolle (0,54)**

Diese Strategie ist eine metakognitive Praxis, bei der ein Schüler oder eine Schülerin seine oder ihre eigenen Strategien zur Erledigung einer Aufgabe überwacht. Dabei werden die Lernenden oft sowohl in Problemlösungstechniken als auch in Überwachungstechniken geschult. Durch diese können sie beobachten, wie und ob sie Problemlösungsprotokolle befolgen.

Bei diesen metakognitiven Strategien sind adaptive Lernprogramme bereits sehr erfolgreich. Auch hier sollte die Einübung dieser Strategien *vor der intensiven Nutzung der KI-Angebote* stattfinden.

- **Metakognitive Strategien (0,52)**

Metakognition ist das Denken über das Denken; dazu gehören Methoden, die den Lernenden helfen sollen, die Art und Weise, wie sie lernen, zu verstehen.

Angebote von KI-Techniken dazu sind bald zu erwarten.

- **Lerntagebuch (0,51)**

Über sein Gelerntes nicht nur zu reflektieren, sonders dies auch chronologisch schriftlich festzuhalten, hilft dabei, eine Struktur in das Lernen zu bringen, aber auch eine Selbstbestätigung dafür zu bekommen. Diese adaptive Reflexion müssen die Lernenden unter der Anleitung der Lehrkräfte selbst durchführen und festhalten.

- **Übungstests (0,51)**

Praxistests sind eine gut etablierte Strategie zur Verbesserung des Lernens bei Schülerinnen und Schülern. Das Ziel von Praxistests ist es, die langfristige Aufbewahrung zu unterstützen und den Zugang zum Abrufen der „erinnerungswürdigen“ Informationen zu verbessern. Manchmal auch als Abrufpraxis, Praxistest oder testunterstütztes Lernen bezeichnet.

Adaptive Lernprogramme wie z.B. „Georg“ beginnen bereits aktuell, im Berufsleben Fuß zu fassen (vgl. Westermann 2023).

- **Strategien des Unterstreichens und Hervorhebens (0,50)**

Dies beinhaltet das Unterstreichen oder Hervorheben der Hauptideen bzw. der Art und Weise, wie die Ideen miteinander in Beziehung stehen, und soll dem Leser helfen, sich an die Teile des Textes zu erinnern und die Verbindungen zwischen ihnen zu erkennen.

KI-Programme werden hier sicher helfen können. Aber auch hier ist die Selbsttätigkeit der Lernenden unabdingbar.

- **Aktive Lernzeit (0,50)**

Die für eine Aufgabe aufgewendete, verstrichene, zugewiesene oder gesamte Zeit. Sie könnte sich auch auf die Anzahl der Tage einer Lektion oder die Teilnahme an diesen Lektionen beziehen.

Auch hier liefern *adaptive Lernprogramme* schon übersichtliche Statistiken und empfehlen Timing, Pausen und Lernzeiten je nach Lern- und Leistungsfähigkeit der Lernenden.

- **Bewusstes Üben (0,49)**

Das ist eine Lerntechnik, die eine umfassende Beteiligung an relevanten Praxisaktivitäten beinhaltet, um bestimmte Aspekte der Leistung zu verbessern. Bewusstes Üben bezieht sich oft auf herausfordernde, anstrengende Wiederholungen, die zumeist durch Feedback angepasst werden. Während regelmäßiges Üben viele Wiederholungen beinhalten kann, erfordert absichtliches Üben konzentrierte Aufmerksamkeit und wird mit dem spezifischen Ziel der Leistungsverbesserung durchgeführt.

Auch in diesem Bereich passen sich *adaptive Lernprogramme* dem Lernfortschritt und dem Übungserfolg der Schülerinnen und Schüler an. Gezielte Feedbacks und laufende Aufmunterungen sind für solche Programme selbstverständlich.

- **Rhythmisiertes vs. geballtes Üben (0,48)**

Dabei geht um eine Übungsform, Informationen effizienter im Gedächtnis zu speichern. Man soll große Mengen von Informationen in Abständen (oder verteilten) Intervallen studieren, statt diese alle auf einmal in einem „gehäuften" Intervall aufzunehmen. Bei den „Spaced Practices" handelt es sich um Übungen, die in eine Anzahl kürzerer Sitzungen über einen längeren Zeitraum aufgeteilt sind. Das massenhafte Üben besteht aus weniger, dafür aber längeren Trainingssitzungen.

- **Subjektiver Aufgabenwert (0,47)**

Die Wahrnehmung der Lernenden, dass eine bestimmte Aufgabe einen persönlichen Wert hat, prägt seine Bereitschaft, Hilfe zu suchen, sich anzustrengen und mit seinen eigenen Ängsten umzugehen. Der subjektive Wert lässt sich an vier Komponenten festmachen:

+ Interesse (die Freude, die man aus der Beschäftigung mit einer Aufgabe zieht),
+ Nutzwert (der instrumentelle Wert einer Aufgabe oder Aktivität, der dazu beiträgt, ein anderes kurz- oder langfristiges Ziel zu erreichen),
+ Erreichungswert (die Verbindung zwischen einer Aufgabe und dem eigenen Selbstverständnis),
+ Kosten (die durch eine bestimmte Wahl oder durch negative Erfahrungen, die mit je der möglichen Wahl verbunden sind, entstehen).

- **Lerntechniken (0,47)**

Es gibt diverse Möglichkeiten, z.B. Vokabeln oder andere Sinnzusammenhänge zu erlernen. Indem den Lernenden unterschiedliche Techniken angeboten werden, soll die jeweils passende Technik für die Person gefunden werden, um das Lernen effizient(er) zu gestalten.

Besonders hierbei entfaltet sich das Potenzial *adaptiver Lernprogramme*. Diese funktionieren, je nach Lernstoff, mit den für die Schülerinnen und den Schüler am besten passenden Lerntechniken. Zusätzlich wird die Diagnose der Lehrkraft durch die analytischen Erfahrungen des KI-Programms beim Lernen der Schülerinnen und Schüler ergänzt.

- **Selbstregulationsstrategien (0,45)**

Die Selbsteinschätzung ist eine entscheidende Komponente des unabhängigen, selbstgesteuerten Lernens. Oft über- oder unterschätzen die Schülerinnen und Schüler ihre eigenen Fähigkeiten. Bildungsforscher plädieren deshalb seit Langem dafür, dass Lehrkräfte versuchen sollten, in den Schülerinnen und Schülern die Fähigkeit zu kultivieren, etablierte Standards ohne Emotionen auf ihre eigene Arbeit anzuwenden. Eine solche Fähigkeit ist in der akademischen Wissenschaft unter verschiedenen Namen bekannt: „evaluatives Wissen“, „evaluative Expertise“, „nachhaltige Beurteilung“, „informierte Beurteilung“ oder „Selbstbeurteilung“. Forschungen zeigen nämlich, wie wichtig die Fähigkeit zur Selbstregulierung für Lernende ist. Das bedeutet, dass die Schülerinnen und Schüler ihre Arbeit reflektieren, ihre Beziehung etablieren, Standards erkennen und Selbsturteile fällen.

- **Strategien des Visualisierens (0,45)**

Diese Verfahren sind sensorische Erfahrungen, bei denen Bilder entstehen, die oft unabhängig von äußerer Stimulation sind. Solche Bilder werden normalerweise als visuell verstanden. Bildungsforscher haben jedoch auch die Verwendung anderer sensorischer „Bilder" erforscht nämlich: Klang, Geschmack, Geruch und Berührung. Bilder sind seit Langem ein Hilfsmittel in der Erziehung, denn Bilder verdeutlichen komplexe Sachverhalte und erklären, was sonst unaussprechlich ist.

Das *Programm „Image Creator"* erlaubt beispielsweise die Visualisierung von Bildern, wenn der Prompt (das ist die Anfrage an den Chatbot) sie nur ausführlich genug beschreibt. Auch hier entstehen neue didaktische Herausforderungen, den Schülern beizubringen, wie derartige Visualisierungen durch genaue Angaben zu Thema, Format, Bildstil usw. zu produzieren sind.

- **Elaborative Lernfragen (0,42)**

Das sind Fragen, bei der Lernende aufgefordert werden, eine Erklärung für eine explizit genannte Tatsache zu generieren, indem sie z.B. fragen, Warum ist das wahr? Warum macht das einen Sinn? oder auch einfach nur, Warum? Im Gegensatz zu typischeren Schulbuchfragen – bei denen „was" statt „warum" gefragt wird – hat sich gezeigt, dass diese Fragetechnik das Lernen aus Texten fördert.

Chatbots wie z.B. ChatGPT 3.5 liefern bereits jetzt auf einer Basis von 175 Milliarden Daten vielzählige Antworten auf derartige Fragen. Bei der Nutzung derartiger KI-Programme in der Schule stehen Lehrkräfte vor einer neuen Herausforderung. Diese Chatbots helfen nicht nur die Antworten der Schülerinnen und Schüler zu analysieren, sondern auch, die Antworten der Chatbots gemeinsam zu überprüfen und zu verifizieren. „Kann man den Antworten der Chatbots vertrauen?" wird eine zentrale Frage in der Unterrichtsarbeit werden.

- **Strategien des Protokollierens (0,41)**

Dazu gehört, dass sich die Lernenden systematisch Notizen machen. Diese Art des Mitschreibens ist mit mehr Engagement, generativerem Lernen und größerer Selbstwirksamkeit verbunden. Bemerkenswert ist, dass es nicht darum geht, den Lernenden Notizen zur Verfügung zu stellen oder sie mit ihnen zu teilen, sondern dass sie tatsächlich die Fertigkeiten des Notierens für sich selbst erlernen.

Die anderen, in der obigen Tabelle aufgeführten Faktoren sind (nach Hattie) eher unwirksam. D.h. sie liegen alle unter einem Wert von 0,40 und werden deshalb, wie bereits oben angekündigt, im Folgenden vernachlässigt.

Nachdem oben dargelegt wurde, dass Bildung die Leitkategorie für das Lernenlernen ist (vgl. 1.2.1) und man Bildung als Erwerb von Kompetenz und Haltung (vgl. 1.2.2) verdeutlichen kann, erfolgt der nächste, *themenbezogene* Schritt. Es geht darum, zu erkunden, um welche Kompetenz(en) es sich beim (Er)Lernen des Lernens handelt und welche spezifischen Haltungen dabei eine Rolle spielen.

1.6.3 Lernen lernen als Erwerb von Methodenkompetenz

Konkreter, aber auch weniger umfassend, kann das übergeordnete Ziel *Bildung im Sinne des Erwerbs von Handlungsfähigkeit* verstanden werden. Basierend auf dem (berufsorientierten) Handlungsbegriff von Winfried Hacker (1986) gliedert sich Handlungsfähigkeit in vier integrierende Kompetenzen: die Sach-, Sozial-, Moral- und Methodenkompetenz (vgl. auch Peterßen 2003, 45 ff.).

Abbildung 12: Vier Kompetenzen der Handlungsfähigkeit (eig. Darstell.)

- Als *Sachkompetenz* bezeichnet man die Fähigkeit, über alle, für die Bewältigung einer Situation notwendigen Sach-Kenntnisse, Sach-Fertigkeiten sowie Sach-Einstellungen selbstständig verfügen zu können.
- Die *Sozialkompetenz* meint die umfassende Fähigkeit, soziale Handlungen selbstständig zu vollziehen.

- Mit *Moralkompetenz* wird die Fähigkeit zu eigenständigen moralischen Urteilen und zu selbstverantwortetem moralischen Handeln bezeichnet.
- Schließlich umfasst die *Methodenkompetenz* die Fähigkeit und Fertigkeit, sich diejenigen Informationen, die man braucht, aber über die man noch nicht verfügt, selbstständig zu beschaffen. Diese Informationen gilt es, eigenständig zu verarbeiten und zu speichern sowie darüber hinaus diese Wissensdaten selbstständig anwenden zu können. Damit zeigt sich die Methodenkompetenz als ein Bündel von Fähigkeiten und Fertigkeiten, die es zu erwerben gilt, um effizient lernen zu können.

Aus den genannten vier Kompetenzen, aber auch aus dem übergeordneten Konstrukt Bildung, lassen sich einzelne Ziele, sogenannte Bildungsziele, beschreiben, die für den Unterricht konkret in Feinzielen fassbar werden. Diese Bildungsziele sind in frühen Empfehlungen der OECD, in Standards der Bundesrepublik Deutschland oder in länder- und schularteigenen Lehrplänen festgeschrieben.

Für das im vorliegenden Text *im Fokus stehende Ziel der Methodenkompetenz,* d.h. für *das Lernenlernen*, sieht das folgendermaßen aus:

> Eine der wichtigsten Aussagen der bereits 2003 in einem *Bericht der OECD* dargelegten Untersuchungsergebnisse lautet, dass es sich für Bildungssysteme lohnt, *die Fähigkeit der Schülerinnen und Schüler zu effektivem und somit selbstreguliertem Lernen zu fördern* (vgl. 2003, 82 f.). Die Lernansätze der Schülerinnen und Schüler, namentlich ihre Anwendung von Lernstrategien, ihr Selbstvertrauen und ihre Motivation stellen zentrale Aspekte der Bildung dar. Sie sind nicht nur maßgebend für schulischen Erfolg, sondern können auch als Bildungsertrag allgemein betrachtet werden. Ein wichtiger Grund, beispielsweise bei den Schülerinnen und Schülern auf die *Aneignung* eines breit gefächerten Spektrums *von Lernstrategien* hinzuarbeiten, ergibt sich bereits aus den PISA-Resultaten des Jahres 2000. Sie zeigen, dass Schülerinnen und Schüler, die ihr Lernen zumindest bis zu einem gewissen Grad kontrollieren, in der Regel wesentlich mit besseren Leistungen abschneiden als jene, die dies kaum oder gar nicht tun.

Bereits aufgrund dieser älteren empirischen PISA-Untersuchung ist zu folgern: Die Schülerinnen und Schüler müssen *lernen, das Lernen zu (er)lernen.* (Unter Punkt 1.6.2 werden die genaueren Begründungsansätze von John Hattie beschrieben.) Aus der schulischen Unterrichtsperspektive heißt das, dass effektive Lernmethoden, mit Zielsetzung, Strategieauswahl sowie Kontrolle und Evaluierung des Lernprozesses durch die bildungspolitischen Rahmenbedingungen und die Lehrerschaft gefördert werden sollten.

Ebenso werden die Bildungsziele in den *bundesdeutschen Bildungsstandards* konkret und fassbar. In den Kompetenzbereichen *im Fach Deutsch (Klasse 4)* der Grundschule werden die Zusammenhänge mit dem (hier fokussierten) Bereich der Methodenkompetenz deutlich sichtbar. Diese findet im weiter unten dargestellten

„Lernen-lernen-Bausteinen“ (LL-Bausteinen) ihre konkrete Umsetzung und den Weg zum Erfüllen der Standards im Unterricht. In der Originaldiktion der Bildungsstandards liest sich das beispielsweise für das Fach Deutsch in der Grundschule folgendermaßen:

„In der Grundschule erweitern die Kinder ihre Sprachhandlungskompetenz in den Bereichen des Sprechens und Zuhörens, des Schreibens, des Lesens und Umgehens mit Texten und Medien sowie des Untersuchens von Sprache und Sprachgebrauch [...]. Methoden und Arbeitstechniken werden jeweils in Zusammenhang mit den Inhalten jedes einzelnen Kompetenzbereichs erworben.“ (Bildungsstandards 2004, 7)

Die Kompetenzbereiche sind – wie es weiter heißt – im Sinne eines integrativen Deutschunterrichts aufeinander bezogen. Das sinnvolle sprachliche Handeln der Schülerinnen und Schüler sowie der sorgfältige und angemessene Umgang mit Sprache stehen im Mittelpunkt. Sachbezogenes, methodenbezogenes und soziales Lernen sind im Deutschunterricht der Grundschule untrennbar miteinander verbunden.

Im aktuellen Bildungs- und Erziehungsauftrag für die bayerischen Gymnasien heißt es beispielsweise:

„Unerlässlich für die Schülerinnen und Schüler des Gymnasiums ist der Erwerb überfachlicher Kompetenzen. Zu diesen zählen vor allem Selbstkompetenz (z.B. Leistungsbereitschaft, Ausdauer, Konzentrationsfähigkeit, Selbstbeherrschung), Sozialkompetenz (z.B. Kommunikationsfähigkeit, Konfliktfähigkeit, Toleranz, Verantwortungsfreudigkeit), und ***Methodenkompetenz (z.B. Informationsbeschaffung, Präsentationstechniken, Lernstrategien)*** *[Hervorhebung durch die Verfasser]. Die Förderung des nachhaltigen Erwerbs dieser Kompetenzen ist Aufgabe aller Fächer. Sie unterstützen erfolgreiches Lernen und tragen wesentlich zur Persönlichkeitsentwicklung bei.“*[39]

Allerdings haben sich die Ziele bezüglich der Förderung von Methodenkompetenz in den letzten 20 Jahren weniger auf ein grundlegendes, allgemeines Lernenlernen hin entwickelt. Der Passus aus dem bayerischen Grundschullehrplan 2000 in Kapitel II/A/AB15 (*„Das eigene Lernen der Schüler soll immer wieder zum Gegenstand des Unterrichts gemacht werden. [...] So sollen die Grundschüler bei der Entwicklung und Verbesserung ihrer eigenen, individuellen Lernstrategien unterstützt werden ...“)* findet sich im aktuellen LehrplanPlus (2020)[40] nicht mehr. Methodenkompetenz als Ziel wird zwar häufig in den neuen Fachlehrplänen der bayerischen Förderzentren (mit Schwerpunkt „Lernen“) konkret genannt.[41] Ansonsten aber findet man in den Lehrplänen der anderen bayerischen Schularten eher weniger dezidierte, übergeordnete Hinweise zum Thema Methodenkompetenz. Sie sind meist fachbezogen, das heißt

---

39 Zit. n. https://www.lehrplanplus.bayern.de/bildungs-und-erziehungsauftrag/textabsatz/44372 [Abruf am 18.04.2020]

40 Vgl. https://www.lehrplanplus.bayern.de/suche/lehrplan/filter/add/kapitel/Fachlehrpl%25C3%25A4ne [Abruf am 19.04.2020]

41 Vgl. https://www.lehrplanplus.bayern.de/suche/lehrplan/filter/add/kapitel/Fachlehrpl%25C3%25A4ne [Abruf am 28.04.2020]

Methodenkompetenz taucht z.B. in den Fächern Deutsch und Englisch als spezielle Kompetenzen zum selbstständigen Erlernen von Fachinhalten auf.

Für das Fach Englisch in der (dreistufigen) Wirtschaftsschule beispielsweise heißt es bei den grundlegenden Kompetenzen, die am Ende der Jahrgangsstufe 10 von den Schülerinnen und Schülern erworben werden sollen:

„Sie [die Schülerinnen und Schüler, d. Verf.] wenden selbstständig Lernstrategien und Arbeitstechniken an. Sie planen und reflektieren, welche Lern-, und Arbeitsbedingungen ihrem individuellen Lernfortschritt förderlich sind, um den Erwerb einer Fremdsprache zu unterstützen."[42]

Um weiter konkret und schulisch handlungsfähig zu werden, rücken Differenzierung und Ordnung der Inhalte der Methodenkompetenz in den Fokus.

1.6.4 Methodenkompetenz als Erwerb von Lernstrategien und Haltungen

Die Anschlussfrage an die genannte Forderung lautet demnach: Was genau muss eine Person beherrschen, damit sie *methodenkompetent* ist? Oder: Was muss eine Person können, damit sie selbstständig lernen kann?

Es ist dies, so die Antwort, das Beherrschen von *Strategien*, Techniken und Methoden, die es der Person ermöglichen, *selbstständig zu lernen.* Man muss demnach eine Reihe von Lernstrategien beherrschen, deren Einsatz zudem bestimmte Haltungen (siehe 1.6.3) unterstützen.

Zum Begriff „Lernstrategien" gibt es allerdings differenzierte Auffassungen. Das bedeutet, dass verschiedene Beschreibungen und Klassifizierungen vorliegen, deren Diskussion bereits in den 1990er-Jahren begann. Die mittlerweile gängigen Einteilungen (vgl. Lipowski 2012/2013) sind die Differenzierung nach *Primär- und Sekundärstrategien* (nach Friedrich/Mandl 1992[43]) oder die Unterscheidung nach *Oberflächen- und Tiefenstrukturen* (nach Morton/Säljö[44]). Beide Ansätze werden im Folgenden kurz dargestellt, um anschließend für das Lernenlernen konkrete Lehr- und Lerninhalte zuordnen zu können.

---

[42] Zit. n. https://www.lehrplanplus.bayern.de/jahrgangsstufenprofil/kompetenz/31442 [Abruf am 18.04.2020]

[43] Sie erweitern die Primärstrategien um „Metakognitive Strategien".

[44] Vgl. https://onlinelibrary.wiley.com/doi/abs/10.1111/j.2044-8279.1976.tb02980.x [Abruf am 19.04.2020]

1.6.4.1 Lernstrategien als Primär- und Sekundärstrategien

Ausgangspunkt der Konkretisierung ist der Informationsbegriff. *Daten* bilden die kleinsten Einheiten von *Informationen*, die beim Lernen die je eigene menschliche Gehirnstruktur auf je eigene Art und Weise verändern (können). Werden diese Daten bzw. Informationen zu zusammenhängenden Inhalten vernetzt, kann man von Wisseneinheiten sprechen, die sich wiederum zu ganzen Systemen, zu *Wissensinhalten,* generieren können. Beim *Lernen* geht es – wie unter 1.4 beschrieben – darum, mit Informationen bzw. Wissen sinnvoll „umzugehen". Dieser Umgang ist ein Konstruieren auf der kognitiven sowie der metakognitiven Ebene. Er gliedert sich grob in Aufnahme, Verarbeitung und Anwendung dieser Inhalte, wobei im umfassenden Sinn nicht nur technisch-kognitive, sondern auch emotionale, motivationale, volitionale und psychosoziale Aspekte sowie auch Haltungen eine zuträgliche Rolle spielen. Die für den Erwerb von Methodenkompetenz bzw. für das Lernen des Lernens notwendigen Lernstrategien lassen sich in *Primär- und Sekundärstrategien*[45] einteilen. Primärstrategien sind demnach solche Strategien, die direkt auf die zu erwerbenden bzw. zu verarbeitenden Informations- bzw. Wissensinhalte einwirken (learning activities), während Stütz- oder Sekundärstrategien (supporting activities) diesen Erwerbsprozess emotional unterstützen, motivational aufrechterhalten und intentional steuern.

Die **Primärstrategien** beinhalten demnach Lernstrategien, -methoden und -techniken zur

- Beschaffung und Aufnahme von Informations- und Wissensinhalten,
- Verarbeitung und Speicherung von Informations- und Wissensinhalten,
- Wiedergabe und Anwendung von Informations- und Wissensinhalten.

Sekundär- oder Stützstrategien sind solche Methoden, Techniken und Strategien, die das Lernen durch

- Organisationshilfen,
- Konzentrations- und Entspannungsangebote,
- Kontrollmöglichkeiten
- und (Selbst-)Motivationsmethoden unterstützen.

[45] Die wissenschaftliche Auseinandersetzung mit den Lernstrategien findet sich bereits in diversen, früheren Veröffentlichungen, z.B. bei Friedrich/Mandl (1992), Friedrich (1995), Schreiber (1998), Konrad/Wagner (1999) und Artelt (2000).

Erweiterungen der Primärstrategien durch die Künstliche Intelligenz

Insbesondere bei den Primärstrategien werden die Beschaffung und Aufnahme von Wissens- und Informationsinhalten, deren Verarbeitung, Speicherung, Wiedergabe und Anwendung durch die Chatbots und weitere KI-Programme deutlich verändert. Seit Jahren ist die Wissensbeschaffung durch Google und weitere Suchmaschinen ubiquitär. Das geschieht nicht nur durch Anfragen über den PC, sondern auch per direkte mündliche Anfrage mit dem Smartphone. Bei Internetsuchmaschinen erfolgen die Antworten entweder direkt mit Informationen oder auch mit Verweisen auf viele weitere Links und Fundstellen im Internet.

Mit der 2023 veröffentlichten Version des frei verfügbaren Chatbots ChatGPT erhalten anfragende Erwachsene, aber auch Schülerinnen und Schüler komplexe Antworten auf jegliche Anfragen. Während das menschliche Gehirn Wörter mit Emotionen und Gedanken verbindet, analysieren Sprachmodelle nur die Beziehungen und Muster zwischen Wörtern. Sie kombinieren die Wörter mit der höchsten Wahrscheinlichkeit zu ganzen Sätzen und Absätzen. Da Sprachmodelle mit Textdaten trainiert werden, werden sie zur Erzeugung von Textausgaben verwendet. So hängen beispielsweise die Effektivität und Effizienz von Chatbots und Schreibassistenten stark von der Verwendung leistungsstarker und gut trainierter Sprachmodelle ab. Je besser ein Sprachmodell trainiert ist und über je mehr Parameter es verfügt, desto genauer und hochwertiger ist die Ausgabe, die es erzeugen kann.

Der rasante Anstieg im Angebot von frei verfügbaren Chatbots und Suchmaschinen mithilfe der Künstlichen Intelligenz *fordert entsprechende Reaktionen* der Bildungsinstitutionen. Ignorieren oder *verbieten lassen sich derartige KI-Programme nicht*, aber die Auswahl und den Einsatz können und müssen Lehrkräfte rasch in ihre Bildungsbemühungen aufnehmen und steuern lernen.

Die Primärstrategien der Wissensbeschaffung, -verarbeitung, -wiedergabe und -anwendung werden durch diese Sprachmodelle in einem noch nicht absehbaren Ausmaß beeinflusst. Die Versuchung für die Schülerinnen und Schüler wächst, sich der mühsamen Arbeit der Wissensbeschaffung zu entziehen, wenn derartige Programme blitzschnell fertige Lösungen bieten.

Die Aufgabe der Schule und der Lehrkräfte wird dagegen sein, die Konzentration mehr auf den ***Prozess* des Lernens** und die Schüler-Erklärungen dazu zu richten. Relevante Fragen sind:

- Welche Quellen habe ich genutzt?
- Wie habe ich mir den Wissensgegenstand angeeignet?
- Wo habe ich neu kombiniert?
- Welcher kreative Anteil kommt von mir?
- Warum wähle ich welche Präsentationsform zur Darstellung?
- Lassen sich meine neuen Kenntnisse und Erkenntnisse auf andere Bereiche übertragen?

Wichtiger werdende Fragewörter sind:
Wie? Warum/Wieso/Weshalb? Welche Schlussfolgerung ziehst du? (Das sind also Fragen nach Ursachen, Folgen, Konsequenzen, Schlussfolgerungen, Transfer und Transformation.)

Das ***Produkt* des Lernens** wird vergleichsweise an Bedeutung verlieren, da es ja auch von KI-Instrumenten erstellt oder halluziniert sein könnte. Daten, Fakten, Informationen, Zahlen werden dabei weniger wichtig.

Unwichtiger werdende Fragewörter sind: Was? Wie viel? Wie groß? Wann? Wo? (Das sind Fragen nach Menge, Ort, Zeit, Namen, Einzelfakten, lexikalischem Wissen.

1.6.4.2 Oberflächen- und Tiefenstrukturen von Lernstrategien

Alle zuvor genannten Lernstrategien beinhalten eine Oberflächen- und eine Tiefenstruktur. Grob lassen sich die beiden Kategorien folgendermaßen unterscheiden (vgl. Hueber 2020).

Oberflächenorientierte Strategien beziehen sich auf ein *faktenorientiertes Lernen,* das häufig mit dem Auswendiglernen zusammenhängt. Methoden hierzu sind z.B. das Anwenden von Lernkarteien und einige Mnemotechniken.

Tiefenorientierte Lernstrategien betreffen eine detailliertere, eben *vertiefte Auseinandersetzung mit den Lerninhalten.* Ziel ist das Verstehen der Thematik. Tiefenorientierte Lernmethoden sind z.B. Mindmaps, das Zusammenfassen von komplexeren Inhalten oder das Erstellen von Übersichten zu einer Thematik.

Unter diesem Strukturaspekt betrachtet zeigen die **Primärstrategien** folgende *Oberflächen- und Tiefenstrukturen*:

- Die *Beschaffung* von Informations- und Wissensinhalten verlangt mehr ein Oberflächenverständnis, während die *Aufnahme* dieser Inhalte mehr ein Tiefenverständnis fordert.
- Bei der *Verarbeitung* von Informations- und Wissensinhalten geht es um das Tiefenverständnis, während die Speicherung mehr ein Oberflächenverständnis braucht.
- Bei der *Wiedergabe* von Informations- und Wissensinhalten zeigt sich mehr ein Oberflächenverständnis, während bei der *Anwendung* dieser Inhalte vor allem das Tiefenverständnis verlangt wird.

Die **Sekundär- oder Stützstrategien** (Organisationshilfen, Konzentrations- und Entspannungsangebote, Kontrollmöglichkeiten und (Selbst-)Motivationsmethoden verlangen vorwiegend ein *Oberflächenverständnis.*

1.6.4.3 Lernunterstützende Haltungen

Die eher technischen Inhalte der Lernstrategien unterstützen diverse Haltungen. Auch diese müssen bei dem *Lehren des Lernens* mitbedacht und gefördert werden.

Wie bei Punkt 1.2.2.2 bereits dargelegt wurde, beinhalten **Haltungen** stets

- subjektive Überzeugungen,
- objektive Einstellungen,
- intersubjektive Wertungen
- sowie interobjektiven Selbst- und Weltbezug.

1.6.4.4 Lerneinstellung als „Glaubenssystem"

Wer die Selbstüberzeugung der Schülerinnen und Schüler beim Lernen, ihre Lernhaltung beeinflussen will, der muss sich mit dem „Glaubenssystem" der Lernenden als der Gesamtheit ihrer Überzeugungen in ihrer subjektiven Theorie beschäftigen. Ihr selbstgesteuertes Lernen *(SGL)* wird hier *synonym* auch als selbstreguliertes Lernen *(SRL)* bezeichnet.

Als schulisches Fernziel gelten selbstregulierte Lernende als Steuerleute ihres Lernens. Sie wissen, wann und wie sie Strategien effektiv einsetzen können, um Herausforderungen zu meistern. Sie sind reflektierend, motiviert und strategisch und sie „glauben", d.h. sie sind überzeugt, dass Fähigkeiten im selbstregulierten Lernen ihnen helfen werden, in der Schule und darüber hinaus erfolgreich zu sein (Pressley et al., 1987).

Nach der Forschungsliteratur gibt es zwei Gruppen von Schülerinnen und Schülern, die keine Lernstrategien nutzen wollen. Manche in der Schule Lernenden „glauben" nicht, dass Strategien zum Lernen notwendig sind oder dass sie ein wirksames Mittel zur Bewältigung von Lernherausforderungen sein könnten. Stattdessen sind sie überzeugt, dass eine Person, die über hohe Fähigkeiten verfügt, keine bewussten Strategien braucht, um Hindernisse zu meistern (vgl. Hertel und Karlen, 2020). Andere Schülerinnen und Schüler wiederum glauben, dass sie nicht über ausreichende Fähigkeiten im Bereich SRL verfügen und wenden daher keine Strategien an.

Die Selbsttheorien der Lernenden über ihre Fähigkeiten spielen daher eine wesentliche Rolle im Kontext des schulischen Lernens und können unterschiedliche Muster von Emotionen, Motivation, Strategieeinsatz, Beharrlichkeit im SRL, Reaktion auf Herausforderungen und Rückschläge sowie schulische Erfolge erklären (vgl. Dweck; Leggett, 1988; Efklides, 2011; Karlen et al., 2019; Lawson et al., 2019).

Vosniadou et al. (2020) argumentieren, dass es von Vorteil sein könnte, derartige Überzeugungen nicht als isolierte Einheiten zu untersuchen, sondern in Verbindung mit anderen Überzeugungen und anderen kognitiven und emotionalen Strukturen.

Daher ist es wichtig, das jeweils subjektive „Glaubenssystem" herauszufinden, das für die Wahrnehmung der Lernenden, die Interpretation des Lernkontexts und die Vorhersage ihres Lernverhaltens von entscheidender Bedeutung ist. (Für einen Überblick über Überzeugungen über SRL siehe Lawson et al., 2019.)

Wichtig dafür ist sicher die Beachtung von zwei zentralen Selbsttheorien über die eigenen Fähigkeiten. Zum einen sind das die impliziten Theorien der Lernenden über die Natur von Fähigkeiten (Denkweisen). Das bedeutet, es fragt sich, ob sie eine feste Denkweise haben (merkmalsartig) oder formbar (Wachstumsmentalität) sind. Diese Selbsttheorien geben über das Niveau der eigenen Fähigkeiten Auskunft. (Dweck; Leggett, 1988; Bong; Skaalvik, 2003).

Diese Überzeugungen stellen unabhängige, aber verwandte Komponenten der selbstbezogenen impliziten Überzeugungen des Einzelnen dar, die mit verschiedenen motivierenden und kognitiven Effekten wie einer besseren emotionalen, motivierenden und metakognitiven Selbstregulierung oder einem adaptiven Umgang mit Herausforderungen zusammenhängen (Ommundsen et al., 2005; Pekrun, 2006; King et al., 2012; Van der Beek et al., 2017; Yeager; Dweck, 2020).

Es ist daher notwendig, die selbstbezogenen impliziten Überzeugungen des Einzelnen im Zusammenhang mit einer verbesserten emotionalen, motivierenden und metakognitiven Selbstregulierung beim Umgang mit Lernherausforderungen zu betrachten. Dies würde einen Einblick in das „Glaubenssystem" des Einzelnen (seine impliziten Theorien zu seinen Lernfähigkeiten sowie zur Nutzung seiner Lernstrategien) geben.

Die *zentrale Aufgabe der Lehrkräfte* wird dabei sein, diese impliziten Überzeugungen ins Bewusstsein der Lernenden zu heben und damit besprech- und bearbeitbar zu machen (Möglichkeiten dazu siehe Guldimann, 1996).

Auf ein weiteres mögliches Problem soll hier nur kurz hingewiesen werden: Beim Umlernen von Lernstrategien treten gelegentlich Irritationen auf, die als mathemathantische Effekte[46] bezeichnet werden. Sie verschwinden nach der Automatisierung der neu gelernten Strategien.

---

46 Anm.: Mathemathantische (lernhemmende) Effekte treten auf, wenn Lernende versuchen, suboptimale Lernstrategien durch neue, noch unvertraute Techniken zu ersetzen (vgl. Clark 1990, Friedrich 1992). Dieser Konflikt zwischen neuen und alten Strategien kann den Prozess der Informationsverarbeitung nachteilig beeinflussen und kurzfristig sogar zur Verschlechterung von Behaltensleistungen führen.

1.6.5 Grundraster für das Lernen des Lernens

Zusammengefasst geht es beim Lernenlernen um drei ***LL-Kategorien***, nämlich den *Erwerb von Primär- und Sekundär- bzw. Stützstrategien sowie um das Aneignen von Lernhaltungen* mit deren Oberflächen- und Tiefenstrukturen.

Diese grobe Einteilung in die genannten drei *LL-Kategorien*bedarf jedoch einer Differenzierung und Konkretisierung. Es ist für ein Lehren (in der Schule) zunächst notwendig, die drei Kategorien durch sogenannte ***LL-Bereiche*** genauer zu fassen.

Das bedeutet:

Die ***Kategorie Primärstrategien*** *beinhaltet als* ***LL-Bereiche*** Lernstrategien, -methoden und -techniken zur

- Beschaffung und Aufnahme von Informations- und Wissensinhalten,
- Verarbeitung und Speicherung von Informations- und Wissensinhalten,
- Wiedergabe und Anwendung von Informations- und Wissensinhalten.

Weiter heißt das:

Die ***Kategorie Sekundär- oder Stützstrategien*** *enthält als* ***LL-Bereiche*** Methoden, Techniken und Strategien, die das Lernen unterstützen durch

- Organisationshilfen,
- Konzentrations- und Entspannungsangebote,
- Kontrollmöglichkeiten und
- (Selbst-)Motivationsmethoden.

Schließlich geht es in der ***Kategorie Haltungen*** um den Erwerb von lernunterstützenden

- subjektiven Überzeugungen,
- objektiven Einstellungen,
- intersubjektiven Wertungen

und interobjektiven Selbst- und Weltbezügen.

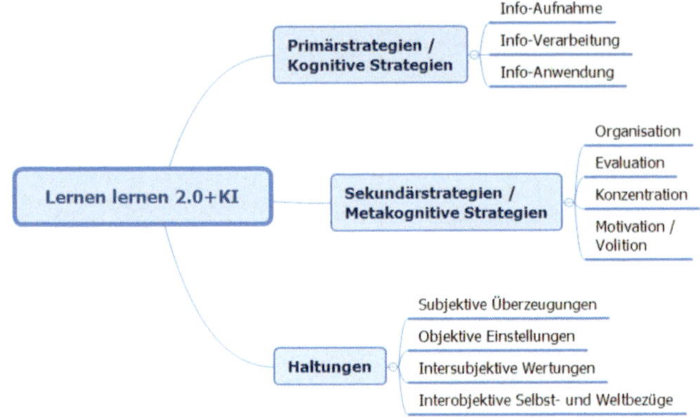

Abbildung 13: Lernen lernen 2.0 + KI, (eig. Darstellung, erstellt mit XMind8)

2. Ansätze zur Umsetzung des Lernenlehrens in der Schulpraxis

Als fächer-, jahrgangs- und klassenübergreifende *Organisationsformen* kommen verschiedene Umsetzungsmöglichkeiten infrage. So kann in der Schule versucht werden, den Schülerinnen und Schülern Inhalte, die das Lernen selbst thematisieren, organisatorisch folgendermaßen anzubieten:

- in einem eigenen Schulfach,
- in Projekten,
- in Lernkursen,
- im Rahmen eines schulhausübergreifenden LL-Projekts,
- via Künstlicher Intelligenz (KI).

Die anschließenden Ausführungen skizzieren die Organisationsformen, verweisen auf konkrete Umsetzungen an Schulen und reflektieren diese Ansätze anschließend kritisch.

2.1 Lernenlehren im Rahmen eines Schulfaches

Es ist denkbar, dass man Lernen-lehr-Konzepte in einem eigenen *Fach „Lernmethodik"* organisiert und implementiert. Regula Schräder-Naef berichtet schon früh von schweizerischen Mittelschulen und Gymnasien, die für die Schülerinnen und Schüler der Unterstufe solche Fächer eingerichtet haben.[47] Aktuell befassen sich beispielsweise seit dem Schuljahr 2019/2020 Schüler und Schülerinnen der Jahrgangsstufen 5 und 6 am ***Freien Christlichen Gymnasium Düsseldorf*** in einem eigenen Schulfach mit dem „Lernen an sich". Auf der Website der Schule heißt es: „Das Schulfach „Lernen lernen" wird derzeit in der Jahrgangsstufe fünf zweistündig, in der Jahrgangsstufe sechs einstündig und in den 7. Klassen im Rahmen der Klassenleitungsstunde unterrichtet und umfasst u.a. folgende Themen:

- Organisation und Arbeitsplatzgestaltung,
- Heft- und Mappenführung,
- Vorbereitung auf Klassenarbeiten,
- Lerntypen,
- Techniken zum Merken von Lernstoff,
- Markieren und Strukturieren,
- Lesetechniken und -strategien."[48]

---

47 Vgl. SCHRÄDER-NAEF 1987, 24 ff.

48 Vgl. https://fcg-duesseldorf.de/schulfach-lernen-lernen [Abruf am 23.05.2020]

2.2 Lernenlehren im Rahmen von Projekten

Eine weitere Möglichkeit der Implementierung von Lernenlernen/Lernenlehren bietet sich im Rahmen von Projekten an, die sich als Teil eines Schulentwicklungsprozesses darstellen. Für Schülerinnen und Schüler werden so einzelne *Projekttage* gestaltet, in denen ausschließlich LL-Inhalte vermittelt werden. So führt beispielsweise die ***Grundschule Kreyenbrück*** dreimal (für die Lernenden in der 1. Klasse zweimal) im Schuljahr einen „Methodentag" durch. An diesen Tagen sollen die Schülerinnen und Schüler Lern- und Arbeitstechniken erlernen, die für alle Schulfächer wichtig sind.[49]

Lehrinhalte sind folgende Themen:

- *1. Schuljahr*: Ordnung am Arbeitsplatz halten, handwerkliche Grundtechniken, freies Erzählen und Berichten üben, das kleine Einmaleins des Kreisgesprächs, aktives Zuhören und Nacherzählen trainieren, Regeln für die Gruppenarbeit entwickeln.
- *2. Schuljahr*: Heftseiten übersichtlich gestalten, Unterstreichen und Markieren üben, Informationsbeschaffung, das kleine Einmaleins des Kreisgesprächs, aktives Zuhören und Nacherzählen trainieren, das kleine Einmaleins der Arbeitsplanung.
- *3. Schuljahr*: Lernkärtchen herstellen und damit üben, einfache Strukturmuster (Spickzettel), aktives Zuhören, überzeugend argumentieren.
- *4. Schuljahr*: Plakate und Folien gestalten, Piktogramme/Bilder/Tabellen/Schaubilder, Wochenplan und Referat anfertigen.

2.3 Lernenlehren durch Kurse

Lernhilfe-Kurse mit isolierten Strategietrainings sind organisatorisch relativ leicht zu realisieren und deshalb häufig ein Einstieg in die Förderung von Methodenkompetenz in der Schule. Sie lassen sich für verschiedene klasseninterne oder klassenübergreifende Schülergruppen konzipieren. In einer gesonderten Fördergruppe, die für verschiedenartige Problemschülerinnen und -schüler eingerichtet wird, kann z.B. eine Hausaufgabenhilfe angeboten werden. Dadurch kann man versuchen, den Lernenden nicht nur inhaltlich bei den Hausaufgaben zu helfen, sondern ihnen auch Möglichkeiten aufzeigen, durch welches methodische Vorgehen schulische Arbeiten selbstständig zu Hause erledigt werden können. Andere mögliche Gruppen sind beispielsweise zukünftige Gymnasiasten, Prüflinge oder zukünftige Real- bzw. 9plus2-Schülerinnen und -Schüler.

---

[49] Vgl. http://www.gs-kreyenbrueck.de/unsere-ideen/konzept/lernen-lernen [Abruf am 23.05.2020]

Ein Beispiel zeigt die ***Realisierung an einer bayerischen Grundschule*** (d.h. an der Elsbethenschule Memmingen). Der freiwillig zu besuchende Lernkurs begann jeweils im Mai, das heißt zu dem Zeitpunkt, an dem die zukünftigen Gymnasiasten und Realschülerinnen und -schüler per Übertrittszeugnis feststanden. Es nahmen demnach Schülerinnen und Schüler aus den 4. Grundschulklassen teil, die im nächsten Schuljahr ein Gymnasium oder eine Realschule besuchten. Sie sollten auf das veränderte Lernen und Lehren in ihrer neuen Schule vorbereitet werden. Der Kurs fand einmal wöchentlich mit jeweils zwei Schulstunden (90 Minuten) am Nachmittag statt; insgesamt waren es 16 bis 18 Schulstunden, verteilt auf die letzten 8 bis 9 Wochen des Schuljahres.

Als *Inhalte* wurden folgende Themen gewählt:

- Arbeitsplatzgestaltung zu Hause
- Konzentration
- Gedächtnis Teil 1 (Funktion, Lernhilfen: Ordnung, „Prinzip" erfassen, sinnhaftes lernen)
- Gedächtnis Teil 2 (Lernhilfen: Merkhilfen, Mnemotechniken)
- Lernplanung Teil 1 (Wochenplanung, Hausaufgabenplanung)
- Lernplanung Teil 2 (Pausen)
- Mündliche Hausaufgabe: Durchlesen
- Mündliche Hausaufgabe: aus einem Text Wichtiges herausfiltern
- Zusammenfassende Lerntipps – Reflexion des Kurses

Das Konzept müsste inzwischen mit KI-Inhalten (wie der Umgang mit dem Handy, mit Fake News, mit Chatbots) aktualisiert werden.

2.4 Lernenlehren durch ein schulhausübergreifendes LL-Projekt

Bei dieser didaktischen Organisationsform zur Förderung von Methodenkompetenz handelt es sich um eine Kombination von LL-Projekttagen und dem täglichen Unterricht. Man geht folgendermaßen vor: Die entsprechenden LL-Inhalte werden – z.B. an eigens dafür festgelegten Schwerpunkttagen oder in Schwerpunktwochen – den Schülerinnen und Schülern vorgestellt und anschließend immer wieder *passend und nach Bedarf* im Unterricht wiederholt und eingeübt.

Konkrete Beispiele für die Umsetzung von Lernenlehren bieten beispielsweise die *Realschule Enger*[50] und das *Pirckheimer Gymnasium Nürnberg*[51]. Vor allem aber dient das *LL-Projekt der Elsbethenschule Memmingen* als Grundlage für das im Punkt 4 dieser Arbeit neue LL-Konzept. Diese oben genannten ***Projekte bedürfen*** ebenfalls ***einer Aktualisierung*** durch Themeninhalte aus dem Bereich Digitalisierung und Künstliche Intelligenz (KI), wie sie im folgenden Punkt angedeutet werden.

2.5 Lernenlehren mit KI-Programmen

2.5.1 Didaktisches Dreieck muss erweitert werden

Für das Verständnis von Unterrichtsprozessen und von Lernen und Lehren ist das „Didaktische Dreieck“ bis heute sehr wichtig. Im überwiegend lehrerzentrierten Unterricht der letzten 200 Jahre überwog meist die Rolle der Lehrkraft, weshalb sie oft an die Spitze des Dreiecks positioniert wurde:

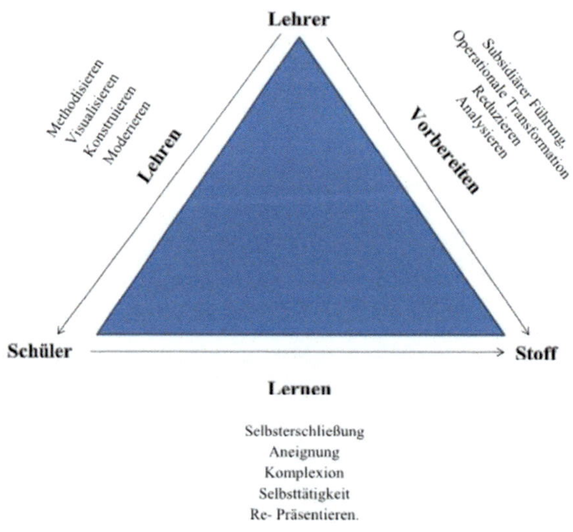

Abbildung 14: Didaktisches Dreieck[52]

50 Vgl. http://update.rsenger.de/index.php?option=com_content&task=view&id=61&Itemid=346 [Abruf am 27.05.2020] oder Bücher: Realschule Enger: Lernkompetenz I, II, III – Berlin: Cornelsen z.B. Aufl. 2015.

51 Vgl. https://pirckheimer-gymnasium.de/seite/projekt-lernen-lernen [Abruf am 23.05.2020]

52 Quelle: https://de.wikipedia.org/wiki/Didaktisches_Dreieck#/media/Datei:Didaktisches_Dreieck_Bild.jpg [Abruf am 02.05.2024]

Die Künstliche Intelligenz (KI) ergänzt und verändert die Einflüsse und Aktionen zwischen Lehrkraft, Schüler und Stoff mit vielfältiger Unterstützung. Das ermöglicht den Lehrkräften eine stärkere Betonung der Beziehungsebene.

Neben die lerngestaltende Lehrkraft können inzwischen in den Unterricht nicht nur kybernetisch beeinflusste Lernsteuerungsmodelle, sondern auch die Künstliche Intelligenz (KI) mit rasant wachsenden Lernhilfe-Angeboten dazukommen. Die KI bietet mit immer vielfältigeren Programmen und Apps den Schülerinnen und Schülern Unterstützung in vielen Lernbereichen an und hilft zudem bei der Erschließung und Portionierung des Lernstoffs je nach individuellem Bedarf und persönlichem Zuschnitt. Die folgende Abbildung gibt einen kleinen Einblick.

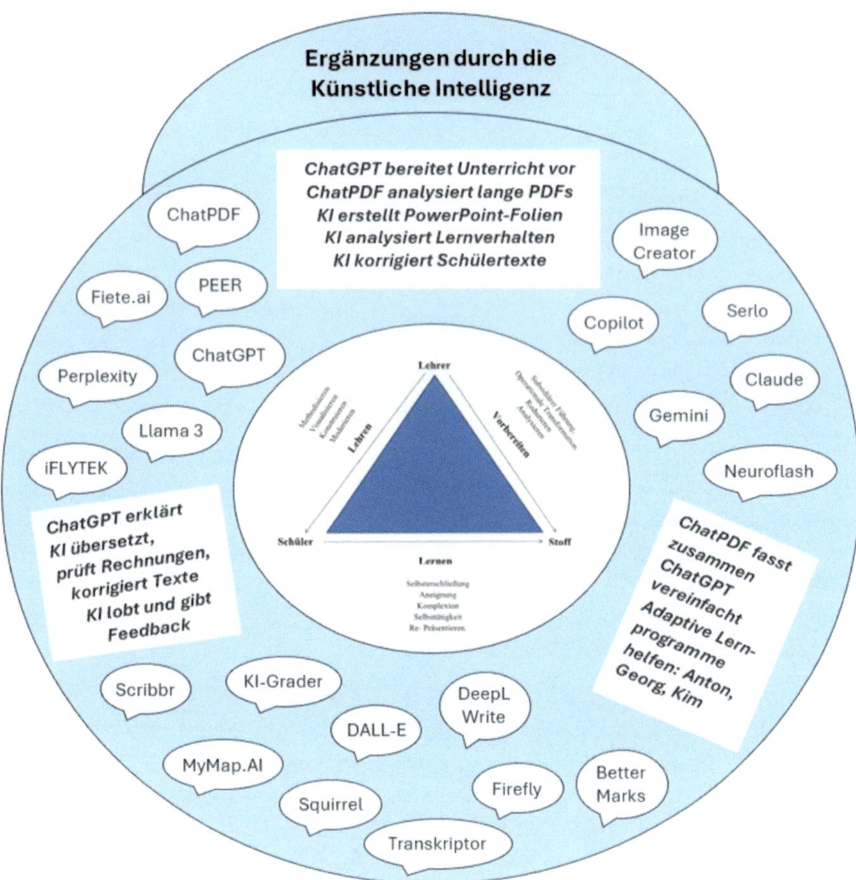

Abbildung 15: KI erweitert Lehr- und Lernmöglichkeiten (eig. Darstell.)

Inzwischen kann die KI – wie schon ausgeführt – nicht nur den Stoff multimedial, vielfältig und variationsreich (als Lernprogramm oder als Unterstützung des Lehrens) aufbereiten, sondern auch sehr flexibel auf die unterschiedlichen Lernenden eingehen. Entsprechende KI-Formate können den jeweiligen Lernstand der Schülerinnen und Schüler sowie die Fortschritte vermutlich genauer analysieren und schneller ein passendes Feedback geben als die Lehrkraft.

Mit *Blick in die Zukunft* stellen sich folgende provokante Fragen: Wandelt sich ein solcher KI-Lernhelfer, der flexibler und individueller auf die Schülerinnen und Schüler eingehen kann, als es den Lehrkräften angesichts der Heterogenität und Zeitnot möglich ist, vom perfekten Helfer für die Lehrkraft sogar bis hin zur Arbeitsplatzbedrohung?

Oder braucht es – frei nach Goethes „Zauberlehrling“ – immer noch den „alten Meister“, der die neuen Geister wieder unter Kontrolle bringt und hält?

In jedem Fall ist – wie hier schon mehrfach betont – eine Neuorientierung in der Lehreraus- und -weiterbildung *dringend* gefragt.

2.5.2 Programmierter Unterricht als Vorstufe

Beim programmierten Unterricht steht im „Didaktischen Dreieck“ die Stoff-Komponente an der Spitze. Beim entdeckenden Lernen kippt das Modell sogar vollends, indem die Achse Schüler – Stoff die obere Position einnimmt, während der Lehrkraft nur noch die lediglich impulsgebende, begleitende und beratende Rolle zukommt. Für diese Lehr-/Lernform schienen Fremdsprachen, naturwissenschaftliche Fächer oder die berufsfachliche Ausbildung besonders geeignet.

Programmierter Unterricht wurde mit Lehrbüchern und Lernkarteikästen angeboten, die Lernkontrollen, Verzweigungen und Vor- und Rückwärtssprünge erlaubten. Die Kernidee war die Feststellung des Wissensstands über ein bestimmtes Gebiet, das gezielte Training von neuen Fähigkeiten oder Kenntnissen und die erneute Überprüfung. Bei Erfolg wurde dem Lernenden die nächste Lernaufgabe gestellt, bei Misserfolg erfolgte ein Rücksprung zur fehlenden Wissenseinheit. Heute würde man von einem Aufbau von „Gap Skills“ sprechen.

Die grundsätzliche Einschränkung derartiger Lernprogramme bestand in der Begrenzung auf Wissensbereiche, deren Elemente sukzessive und additiv erworben werden konnten. Die berufliche Bildung versprach sich davon die größten Lerneffekte, da Fachwissen am einfachsten in Wissenseinheiten erworben werden kann. Dazu wurden für jeden Wissensbereich Lernkästen erstellt mit einzelnen Lernkärtchen, die neben der neuen Information auch Kontrollfragen und auf der Rückseite die passende Lösung enthielten. Bei Erfolg wird der Lernende zur nächsten Karte oder zu einem Vorwärts-Sprung zum nächsten Wissensbereich weiterverwiesen, bei Misserfolg zur Wiederholung oder zum Rücksprung zu einer nötigen Wissensgrundlage.

Auf diese kybernetische Lernsteuerung nach dem T-O-T-E-Modell nach Miller/Galanter/Pribram (1960) und den VVR-Einheiten nach Hacker (1973) setzen bis heute Lernprogramme wie beispielsweise „Georg“, eine Lernplattform des Westermann-

Verlags für Berufsschulen und Ausbildungsbetriebe. Das Fachwissen für Elektronik-, Metall-, Mechatronik-, IT- und kaufmännische Berufe soll damit digital erworben werden können. Verbunden wird der Kauf derartiger Lernprogramme mit dem vollmundigen Hinweis auf den Erwerb von „Learnability", der Fähigkeit zum selbstgesteuerten und selbstorganisierten Lernen.[53]

2.5.3 Künstliche Intelligenz als „Gamechanger"

Aktuell ergänzt ein weiterer Akteur das „Didaktische Dreieck": die Künstliche Intelligenz (KI). Mit der täglich wachsenden Vielzahl ihrer Programme in allen Bereichen der generativen Text-, Bild- und Videogenerierung nimmt sie Einfluss auf viele frühere Aktivitäten der Lehrkraft und könnte sie ergänzen, verbessern oder sogar substituieren.

Die Large Language Models (LLM) wie GPT von OpenAI sind nicht nur auf die Kombination von sprachlichen Begriffen beschränkt, sondern können mit ihrer Datenbasis neben Texten auch Bilder, Töne, Videos, 3D-Modelle, Proteine, Programmcodes u.a. generieren. ChatGPT nutzte dieses LLM als erstes KI-Programm für alle öffentlich zugänglich. Es gewann innerhalb von zwei Monaten über 100 Millionen Nutzer, weil die Generierung neuer Texte plötzlich ganz einfach und ohne jegliche Programmierkenntnisse jedem Nutzer möglich wurde. In einem höchst intensiven Wettbewerb kommen nun täglich neue Programme hinzu. Die KI wird für jeden greifbar und fasziniert mit immer neuen Erweiterungen.

2.5.3.1 KI verändert die Rolle der Lehrkräfte

Die neuen KI-Programme bringen – wie auch schon mehrfach erwähnt – die bisherigen Selbstverständlichkeiten im Bildungssystem zunehmend ins Wanken und auf den Prüfstand. Im Folgenden wird diese Entwicklung etwas verkürzt und vereinfacht dargestellt.

Der Staat entwickelte seit etwa 200 Jahren ein legitimes und genuines Interesse daran, seinen Bürgern eine breite Allgemeinbildung als Grundlage für eine später ansetzende fachliche berufliche oder wissenschaftliche Bildung zu ermöglichen. Wilhelm von Humboldt als bekanntester Vertreter dieser Entwicklung von Schulen organisierte in Preußen die Elementarschule als ersten Baustein für die schulische Laufbahn, die entweder in Volks- oder Mittelschulen oder in Gymnasien fortgeführt werden konnte. Die allgemeine Schulpflicht begann, 1837 entstand der erste verpflichtende Lehrplan. Der zu erwerbende Wissenskanon wurde vom Staat festgelegt und ist in diverse Schulfächer durch Curricula unterteilt. Sie wurden durch staatlich

---

53 Quelle: https://georg.westermann.de

besoldete, oftmals verbeamtete Lehrkräfte vermittelt. Das Lehren und Lernen war straff organisiert. Den Lehrkräften kam die Rolle des Dozenten und Kontrolleurs zu, die Schülerinnen und Schüler hatten im Sinne des Nürnberger Trichters mit Wissen „aufgefüllt" zu werden. Je nach den drei Schularten unterschied sich der Wissenskanon mit eher grundlegendem Allgemeinwissen in den Volksschulen, pragmatischem Wissen in den Realschulen zur Vorbereitung auf die mittlere Beamtenlaufbahn und höher qualifizierte Berufe. Eher abstrakteres Wissen vermittelt man im Gymnasium mit wissenschaftspropädeutischer Ausrichtung auf spätere Studienfächer.

Der unterschiedliche Auftrag der Lehrkraft in den drei Schularten spiegelte sich auch in einer bis heute unterschiedlichen Ausbildung, Besoldung und auch im Rollenselbstverständnis. Im Lauf der Zeit und vor allem in den letzten 50 Jahren wandelte sich die Rolle der Lehrkraft in den heutigen Grund- und Mittelschulen deutlich: vom Dozenten über den Vermittler, Lernbegleiter und Konstrukteur des schülereigenen Wissens bis hin zum Helfer beim programmierten Unterricht und Organisator von Lernkästen.

Die aufblühenden *KI-Programme* eröffnen eine *neue Sicht auf erfolgreiches Lernen* für die Schülerinnen und Schüler. Das bedeutet, die *Rolle der Lehrkraft* wird dadurch ebenfalls *neu* festgelegt werden müssen.

Vor allem für die Fächer mit viel detailliertem Einzelwissen wie Fremdsprachen, Mathematik, Sachfächer wie Heimat- und Sachunterricht bieten die KI-Lernprogramme große Vorteile: Sie können den Lernstand der Schülerinnen und Schüler umfassender feststellen und ihnen ab diesem Stand gezielter Lernwissen anbieten. Sie können – wie schon mehrfach erwähnt – rascher und individueller das wichtige Feedback geben. Selbst auf der metakognitiven Ebene der Selbstüberwachung könnten entsprechende KI-Programme hilfreich sein. Sie sind nämlich in der Lage, die Aufmerksamkeitsspanne bei der Bearbeitung von Lernaufgaben zu beobachten.

KI-Programme können also sowohl im Unterricht als auch bei den Lernenden zu Hause den Lernfortschritt begleiten, unterstützen und überwachen.

Es fragt sich deshalb: Sind diese KI-Programme daher nur willkommene neue Helfer und Unterstützer oder werden sie zur Bedrohung der beruflichen Existenz von Lehrkräften?

2.5.3.2 KI als Lerninhalt

Die Nutzung der KI-Programme als Werkzeuge zur Wissensbeschaffung muss künftig zwangsläufig zum Thema für Schulen werden. Mit inzwischen „kinderleicht" gewordenen Prompts lassen sich von Schülerinnen und Schülern alle KI-Anwendungen benutzen. Dabei ist die Herkunft der Prompts zu bedenken, je nachdem, ob Lehrkräfte fertige Prompt-Beispiele für die diversen KI-Programme vorgeben, ob sich die Mitschüler und Mitschülerinnen nachmittags daheim etwas zuschicken oder ob Eltern derartige Anfragen an ihre Kinder weiterreichen. Fakt ist, dass es derzeit im Internet frei verfügbare KI-Programme gibt, die von Kindern ohne Beaufsichtigung im Kinderzimmer abgerufen, gespeichert und genutzt werden können. Deren Bedienung und Nutzung ist inzwischen selbst Grundschulkindern zugänglich und möglich.

Seitdem selbst auf dem Smartphone KI-Apps angeboten werden, die auch auf Sprachbefehle reagieren, muss die Schule pädagogisch sinnvolle Antworten finden.

Einerseits sollten die Schülerinnen und Schüler die neuen KI-Werkzeuge, die ihnen jedwedes Wissen finden und strukturieren, auch richtig bedienen können. Dazu gehört die Kenntnis derartiger Anwendungen, die bereits Lernenden der Grundschule zur Verfügung stehen, nämlich das Ausprobieren und der gezielte und angeleitete Einsatz für Unterrichtszwecke. Andererseits lauern dabei ähnliche Gefahren wie im Umgang mit dem Internet, das vielen Kindern auch in ihrem Kinderzimmer daheim ohne Beaufsichtigung zur Verfügung steht. Zusätzlich treten bei der KI mit den möglichen „Halluzinationen" und erfundenen Informationen noch weitere Irritationen auf, denen die Kinder schutzlos ausgesetzt sind.

Ein Verbot der KI-Anwendungen im schulischen Einsatz hilft dabei nicht viel, da dieselben Programme daheim den Kindern auch zur Verfügung stehen. Daher erwächst den Schulen der neue Auftrag, die Schülerinnen und Schüler für den Umgang mit der KI zu wappnen, den laufend wachsenden Möglichkeiten auch die Risiken und Gefahren gegenüberzustellen und eine kritische und zurückhaltende Haltung bei den Schülerinnen und Schülern wachzurufen.

Eine große Gefahr beim Kennenlernen derart mächtiger Instrumente zur Informationsbeschaffung, -strukturierung und -darstellung liegt darin, dass die Schülerinnen und Schüler dem „law of the instrument" verfallen. Maslow beschrieb diese Faszination eines neuen Werkzeugs ganz gut mit dem Satz: „Wer nur einen Hammer hat, sieht alles als Nagel." Die KI-Programme als multifunktionale Werkzeugkiste zu sehen und zu nutzen, bildet aktuell eine große Gefahr für ältere Lernende, die sich damit viel Informationsrecherche und eigene Schreibarbeit ersparen wollen.

Bei dem aktuellen Innovationstempo wird das ewige Problem des Schulsystems deutlich: Die Lehrpläne und Ausbildungspläne der Lehrkräfte hinken der Realität immer hinterher. „Schools change slower than churches"! Mit diesem Zitat brachte es Hans Haenisch schon 1991 auf den Punkt. Das bedeutet, eine Anpassung der Strukturen, der Prozesse und Inhalte im Schulsystem brauchen immer recht lange. Lehrkräfte, Schulleitungen und Schule sollten daher aus eigenem Antrieb aktueller informiert bleiben, als es die Lehrpläne immer mit einem etwa zehnjährigen Innovationszyklus nachbilden können.

ChatGPT war nur der erste Schritt in einer expandierenden Entwicklung von KI-Programmen, die digital repräsentierbare Objekte wie unter anderem Texte, Bilder, Töne, Videos, 3D-Modell oder Programmcodes generieren, aber auch von einer Datenform in die andere überführen können. Diese Programme nutzen eine sich ständig erweiternde Datenbasis und Rechenleistung von Weltfirmen wie OpenAI, Microsoft, Alphabet, Amazon oder Apple. Ähnlich wie Suchmaschinen bauen sie ihre

Antworten hauptsächlich auf statistische Wahrscheinlichkeiten und Nutzerinteraktionen auf, wobei derzeit auch gelegentliche Halluzinationen und Falschbehauptungen auftreten können. Um die Verlässlichkeit der Antworten zu vergrößern, setzen die Firmen daher zunehmend auf die Eingrenzung der verwendeten Daten. Sie greifen auf die Datenbanken seriöser internationaler Zeitschriften wie z.B. der *New York Times*, *Le Monde* und *El País* zu oder auf das Hilfsprogramm Retrieval Augmented Generation (RAG). Mit diesen lässt sich der bisherige Datenbestand mit weiteren Informationen aus geprüften Quellen gezielt ergänzen. Die Kombination von großen Sprachmodellen (LLM) wie GPT4 und die Verbindung mit sicheren großen Datenquellen wie beispielsweise Universitätsbibliotheken, Bundesgesetzen, Rechtsverordnungen usw. würde die Sicherheit der Antworten nicht nur im Schulbereich, sondern auch in der Finanzverwaltung, im Rechtswesen oder im Börsenhandel verbessern.

2.5.3.3 KI-Anwendungen in den Dagstuhl-Perspektiven

Die Gesellschaft für Informatik veröffentlichte schon 2016 die sogenannte Dagstuhl-Erklärung. Diese wurde von Experten aus der Informatik, Medienpädagogik, Wirtschaft und der Schulpraxis verfasst. Ihre zentralen Forderungen sind vor allem seit ChatGPT und der Expansion weiterer KI-Programme aktueller denn je:

1. Die digitale Bildung muss aus technologischer, gesellschaftlich-kultureller und anwendungsbezogener Perspektive in den Blick genommen werden.
2. Es muss ein eigenständiger Lernbereich eingerichtet werden, in dem die Aneignung der grundlegenden Konzepte und Kompetenzen für die Orientierung in einer digital vernetzten Welt ermöglicht wird.
3. Daneben ist es Aufgabe aller schulischen Fächer, fachliche Bezüge zur digitalen Bildung zu integrieren.
4. Digitale Bildung muss kontinuierlich über alle Schulstufen für alle Schüler und Schülerinnen im Sinne eines Spiralcurriculums erfolgen.

Eine entsprechend fundierte Ausbildung der Lehrkräfte in den Fächern Informatik und Medienbildung sei – so die Erklärung – dafür unerlässlich. Zusätzlich sollten sich die Fachdidaktiken aller Fächer und die Bildungswissenschaften den neuen Herausforderungen stellen und die Forschung und Konzepte für eine Digitale Bildung weiterentwickeln. Für die aktiven Lehrkräfte sollten ebenso umfassende Fort- und Weiterbildungsangebote aus technologischer, gesellschaftlich-kultureller und anwendungsbezogener Perspektive eingerichtet werden (vgl. Gesellschaft für Informatik 2016).

2.5.3.4 KI-Anwendungen als Thema, Werkzeug und Veränderer in der Schule

Für die Schulen könnten damit bei den aktuellen KI-Programmen aus diesen drei Perspektiven heraus auch konkretere Schlussfolgerungen gezogen werden.

- *Technische Perspektive*
  Diese Sichtweise betrachtet die technischen Aspekte der KI-Programme, wie sie funktionieren, welche Algorithmen verwendet werden und wie sie trainiert werden. Im Unterricht könnten Schülerinnen und Schüler altersgerecht die Grundlagen des maschinellen Lernens und der Funktionsweise von generativen Modellen kennenlernen.
- *Pädagogische Perspektive*
  Diese Perspektive konzentriert sich darauf, wie KI-Anwendungen im Bildungskontext eingesetzt werden können, um den Lernprozess zu verbessern, personalisierte Lernmaterialien zu erstellen und individuelles Feedback zu geben. Die Möglichkeiten der Unterstützung durch diese Systeme sollten möglichst zeitnah mit Lehrkräften diskutiert und umgesetzt werden.
- *Gesellschaftliche Perspektive*
  Diese Perspektive betrachtet die Auswirkungen von KI-Anwendungen auf die Gesellschaft, konkret auf die Ethik, auf den Datenschutz und die Gerechtigkeit. Im Unterricht könnte darüber gesprochen werden, wie der Einsatz solcher Technologien ethisch verantwortungsbewusst gestaltet werden kann und welche gesellschaftlichen Herausforderungen damit verbunden sind.

Lehrkräfte sollten demnach KI-Programme zu Themen im Unterricht machen und dabei eine kritische Haltung der Schülerinnen und Schüler fördern. Als Werkzeuge oder Medien sollten sie von den Lehrkräften beherrscht werden, auch mit Blick auf die Beratung und Information von Eltern. Dabei ist der Schutz sensibler Daten der Kinder zu beachten.

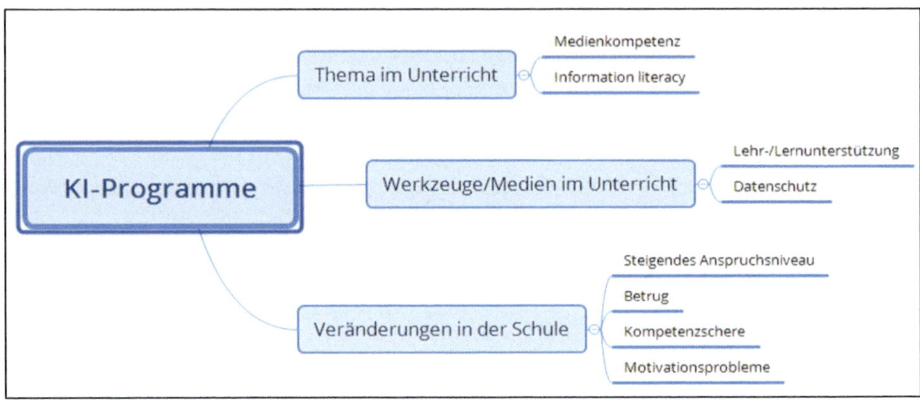

Abbildung 16: KI-Programme in drei Dagstuhl-Perspektiven (eig. Darstell.)

Die Veränderungen für die Schule betreffen vor allem die Schülerinnen und Schüler: Mit der Verfügbarkeit von KI-Programmen steigt auch das kognitive

Anspruchsniveau für das berufliche und gesellschaftliche Leben weiter an. Geistige Routinearbeiten werden zunehmend automatisiert, und die kognitiven Anforderungen für die Mitarbeiter werden steigen zur Bewältigung der komplexeren Herausforderungen. Für manche Lernende könnte das später problematisch werden. Andere Schülerinnen und Schüler könnten die KI-Programme auch einsetzen, um in Hausarbeiten oder bei Prüfungen Vorteile zu erlangen.

Die Leistungsheterogenität der Lernenden wird durch KI-Programme vermutlich auch weiter auseinandergehen. Wenn KI-Anwendungen automatisch Texte generieren, aber auch vorgegebene Texte verbessern oder übersetzen können, könnten sich Motivationsprobleme bei den Lernenden ergeben (vgl. Döbeli Honegger, 2023). Demnach muss die Anwendung und Nutzung der KI-Programme durch die Schülerinnen und Schüler auch in der Schule breit diskutiert werden, da diese Programme vermutlich auch zu Hause zur Nachhilfe, als Feedbackgeber, zur Verbesserung von Texten oder zur Zusammenfassung von Schulbuchtexten benutzt werden. Was beispielsweise in China bereits einen Riesenmarkt mit KI-Programmen für die Kinderzimmer und Schulen darstellt, kann in anderen Ländern in den Schulen nicht einfach verboten werden. Wenn personalisierte Lernmaterialien durch die KI-Programme zur Verfügung gestellt und mit individuellen Rückmeldungen versehen werden, müssen Eltern und Lehrkräfte sehr bald einen neuen Umgang mit diesen neuen Lernhelfern finden.

Vorschläge zu einer altersgerechten Einführung und Nutzung im Unterricht sollen daher im Folgenden aufgezeigt werden.

2.5.3.5 Vergleichbare frühere Erfahrungen

Die KI-Programme rückten sehr rasch in den Fokus der Aufmerksamkeit vor allem im privaten Bereich. Mit ChatGPT war die KI plötzlich nicht nur den Firmen im Geschäftsalltag ins Bewusstsein gekommen, sondern auch im Alltag von Familien und im Privatbereich bis hin ins Kinderzimmer angekommen. Ähnliche technische Innovationen gab es in ähnlicher Weise schon mit dem **Taschenrechner**. In Schulen kam er erst ab der 7. Jahrgangsstufe zum Einsatz, daheim und im Kinderzimmer schon weitaus früher. Mit dieser Diskrepanz und der damit verbundenen absinkenden Fähigkeit zum Kopfrechnen mussten die Schulen schon in den 1980er-Jahren zurechtkommen und sie kompensieren. Meist stellte sich erst im Präsenzunterricht oder in Leistungserhebungen heraus, dass sich das Niveau erbrachter Hausaufgaben und das Leistungsvermögen in der Schule unterschieden.

Ähnliche Probleme gab es auch bei der **Familien- und Sexualerziehung**. Sie soll ein Teil der gemeinsamen Erziehungsaufgabe von Erziehungsberechtigten und Schule sein. Mit einer engen und vertrauensvollen Bildungs- und Erziehungspartnerschaft zwischen Elternhaus und Schule soll der körperliche, geistige und seelische

Reifungsprozess der Kinder und Jugendlichen begleitet werden[54]. Wenn man von den Schwierigkeiten der Absprache und der Bereitschaft der Eltern zur Kooperation absieht, entstanden und entstehen dennoch weitere Probleme der fürsorglichen Begleitung. Während der Lehrplan für Familien- und Sexualerziehung in den Jahrgangsstufen 1 bis 8 stufenweise und pädagogisch auf das jeweilige Alter eine Vertiefung des Wissens anstrebt, überfällt die Wirklichkeit die Schülerinnen und Schüler auf ihrem Kinderzimmer-Laptop viel abrupter. Manchmal unbeabsichtigt, manchmal durch Mitschüler empfohlen, landen schon Grundschulkinder gelegentlich auf pornografischen Seiten. Der ehrenwerte Ansatz einer pädagogisch begleiteten Familien- und Sexualerziehung wird in der Realität oft genug durch die Neugier der Kinder oder durch aufdringliche und leicht zugängliche Internetseiten unterlaufen. Das größte Problem ist der richtige Zeitpunkt für die Aufklärung: Immer wieder werden die Sorgen geäußert, dass die Schule bei den Kindern viel zu früh das Interesse an diesem Thema weckt, obwohl diese noch nicht dazu bereit sind. Andererseits darf Schule diese Aufklärung nicht zu spät beginnen, wenn die Kinder schon längst von ihren Mitschülern oder vom Internet aufgeklärt worden sind oder sexueller Missbrauch schon längst stattgefunden hat. Hier sind bis heute die Widerstände eher konservativer Eltern mühevoll zu überwinden.

Vor einem ähnlichen Spagat steht die Schule derzeit auch bei den KI-Anwendungen. Die KI-Programme im Internet, auf dem PC oder Tablet und auch auf den Smartphones der Schülerinnen und Schüler sind mittlerweile leicht bedienbar und stehen bereits jetzt omnipräsent zur Verfügung. Auf die Schule kommt zwangsweise ein neuer pädagogischer Auftrag mit neuen Problemen zu. Es stellen sich Fragen wie:

- Ab welchem Alter oder welcher Jahrgangsstufe darf bzw. soll der Einsatz beginnen?
- Wie kann die nötige Medienkompetenz zum Umgang erworben werden, ohne die Anwendung und Nutzung zu früh beizubringen?
- Wie gelingt eine pädagogisch sinnvolle Erziehung zum Umgang in der Schule, wenn den Kindern daheim bereits die ganze Technik samt Internet ohne elterliche Kontrolle zur Verfügung steht?
- Wie gelingt eine passende Abstimmung v.a. mit denjenigen Eltern, die ihre Kinder frühzeitig mit den KI-Programmen in Verbindung bringen, weil sie sich Entlastung durch diese Lernhelfer erhoffen?

Diese im vorigen Punkt kurz dargestellten Ansätze zur Organisation des Lernenlehrens fordern dazu auf, einen kritischen Blick darauf zu werfen.

---

54 Quelle: https://www.km.bayern.de/lernen/inhalte/familien-und-sexualerziehung [Abruf am 18.06.2024]

2.6 Kritik der Organisationsformen zur Vermittlung des Lernenlernens

Das Problem eines ***Lernkurses*** – eine von Schulen häufig angebotene Lernunterstützung —ist, dass er relativ losgelöst vom natürlichen Lernkontext des Klassenunterrichts realisiert wird. Das bedeutet nicht nur, dass die Lehrinhalte ziemlich separiert wirken, sondern auch, dass man große Probleme mit der Evaluation hat. Es bedarf demnach diverser zusätzlicher Maßnahmen, um den Transfer der erworbenen Lernmethoden oder Strategien auf die jeweilige Praxissituation zu sichern. Es besteht also bei einem Lernkurs die Gefahr, „träges Wissen" (inert knowledge) zu schaffen, das von den Schülerinnen und Schülern in entsprechenden Lernsituationen nicht passend eingesetzt wird. Diese Vorwürfe treffen auch zu, wenn die Implementierung eines Lernen-lehren-Konzepts ***im Rahmen eines Unterrichtsfaches*** oder durch ***Einzelprojekte*** in der Schule stattfindet. In all diesen Organisationsformen besteht die Gefahr, dass die Anwendung der Erkenntnisse nicht oder nicht passend erfolgt. Es kommt demnach darauf an, der Wiederholung, der „Mutter des Lernens", wie es in einer römischen Weisheit heißt, zu folgen.

Diese drei genannten schulischen LL-Organisationsformen ***genügen*** demnach für einen wirksamen Transfer in die persönlichen Lernkonzepte der Schülerinnen und Schüler ***nicht***.

Beim ***digitalen Fernunterricht*** zeigten sich in der Coronakrise Probleme anderer Art und führte uns schmerzlich vor Augen, welcher Nachholbedarf hier bei den Schulen besteht. Nicht nur, dass zu Hause für die Schülerinnen und Schülern „Endgeräte", d.h. ein Computer und ein Drucker zur Verfügung stehen müssen, sondern auch anderes wird benötigt, um (LL-)Inhalte effizient vermitteln zu können. Es müssen z.B. für ein „Homeschooling" entsprechend aufbereitete, interaktive Lernen-lernen-Programme zur Verfügung stehen und den Lernenden die richtige Anwendung der Computertechnik vermittelt werden. Angesichts der rasanten Verbreitung und Weiterentwicklung von KI-Programmen wächst die Notwendigkeit, die Schule und das Bildungswesen zukunftsfähig zu gestalten.

Somit liegt nahe, dass sich Lernende und Lehrende ***im Rahmen eines schulhausübergreifenden Projekts,*** das heißt ***auch im KI-unterstützten, schulischen Unterricht*** *wohl am wirksamsten* auf die Metaebene des Lernenlehrens begeben. Dabei sollte sich die Vermittlung von LL-Inhalten nicht auf einzelne Unterrichtsstunden beschränken, sondern sich durch Wiederholung zudem als Unterrichtsprinzip etablieren. Dazu konkrete Ausführung zeigt der nächste Punkt.

3. Zeitgemäße Bausteine zum Lehren des Lernens

Der oben unter Punkt 1.6.5 entwickelte theoretische Grundraster, d.h. die Einteilung der Inhalte des Lernenlernens in Primär-, Sekundärstrategien und Haltungen sowie die differenzierten LL-Bereiche bilden sozusagen die „Gefäße" für die anschließend unten dargestellten LL-Bausteine. Daraus wiederum leiten sich *für die Grundschule* die konkreten LL-Unterrichtsthemen ab.

3.1 Überblick über die Lehr-/Lernfelder

Um nicht irgendwelche konkreten Inhalte für die schulische Vermittlung auszuwählen, bedarf es zunächst eines Zugriffs auf wissenschaftliche Studienergebnisse, wie sie aus den Metastudien von John Hattie (vgl. „Visible Learning" bei Punkt 1.6.2) vorliegen. Es müssen demnach grundlegend gesicherte, evidenzbasierte Lehr- und Lerninhalte gefunden werden, um das Lernen konkret und sinnvoll lehren zu können. Diese hier unten stehend vorgeschlagenen möglichen LL-Bausteine und Lehrinhalte rekrutieren sich aber nicht nur aus den genannten, für alle Schularten geltenden evidenzbasierten lernunterstützenden Faktoren. Sie stammen auch aus konkreten Erfahrungen der Unterrichtspraxis sowie aus relevant erscheinenden neuen KI-Inhalten (vgl. 2.5.3).

Begleitend sollen bei den Schülerinnen und Schülern im Rahmen des Lehrens von Lernen – wie bei 1.6.4.3 vorgestellt – entsprechende, positive Haltungen (Überzeugungen, Wertungen, Einstellungen) gegenüber dem (eigenen) Lernen bewusst gefördert werden.

3.2 Sammlung konkreter LL-Bausteine und -Lehrinhalte

Aus der unten aufgeführten Zusammenstellung von, *für alle Schularten* hilfreichen Lernstrategien können die konkreten ***LL-Bausteine und LL-Unterrichtsinhalte für die Grundschule*** ausgewählt werden[55].

- LL-Bausteine und Lehrinhalte zum LL-Bereich *Info-Aufnahme* sind:
  - + *die Berücksichtigung des Vorwissens*
  - + *Strategien des Unterstreichens und Hervorhebens*
  - + *Strategien des Visualisierens*
  - + ***das Suchen von Lernhilfen***
  - + ***das Protokollieren***
  - + kritische Recherche von themenbezogenen Inhalten im Internet

---

[55] *Evidenzbasierte Inhalte* zum LL sind in der Auflistung *kursiv* gedruckt. *Aus der schulischen Erfahrung* resultierende, als notwendig eingestufte LL-Inhalte erscheinen in der Auflistung im *Normaldruck*. Dazu erscheinen *KI-relevante LL-Inhalte* als *Fettdruck*.

+ kritische Recherche von themenbezogenen Inhalten in Bibliotheken
+ **kritische Recherche von themenbezogenen Inhalten durch Interviews (Interview durchführen, gezielt nachfragen)**
+ Blickspannübungen zum Lesen
+ **Lesen und verstehen von Arbeitsaufträgen, von (Mathematik-)Aufgaben**
+ Lesetechniken und -strategien (5-Schritt-Lesetechnik)
+ ***Referate vorbereiten***
+ aktives Zuhören erlernen
+ **Wissensaufnahme im „Homeschooling"**

- LL-Bausteine und Lehrinhalte zum LL-Bereich *Info-Verarbeitung und -Speicherung* sind:
  + ***das Zusammenfassen des Lernstoffs (Exzerpieren)***
  + *das Visualisieren des Lernstoffs (Mindmap, Hefteinträge gestalten, Schlüsselwörtermarkieren)*
  + *das Skizzieren und Übertragens des Lernstoffs (Vorstellungshilfen z.B. für Mathematikaufgaben einsetzen)*
  + ***Mnemotechniken (Vokabellernen, Mindmaps)***
  + ***Strategien des Wiederholens und Einprägens***
  + *Lerntagebuch führen*
  + **das Anwenden von Strategien des Wiederholens und Einprägens (Lernkartei,
Lernplakate, Lernrallye, Wiederholungsfragen)**
  + *das bewusste Üben (Gedichte lernen, Vergessen vermeiden)*
  + ***rhythmisiertes und geballtes Üben anwenden***
  + Hausaufgaben effizient erledigen (Hausaufgaben-Checkliste)
  + **lernfördernder Umgang mit Fehlern**
  + aktives Zuhören erlernen
  + **in Mathematik: Zahlen und Bedeutung in Textaufgaben erschließen**
  + Informationen (aus Texten, aus dem Internet) kritisch verarbeiten
  + das Lernen in Gruppen
  + **Klassenarbeiten vorbereiten und mündliche und schriftliche (End-)Prüfungsvorbereitung gestalten**
  + Informationen (aus Texten, aus dem Internet und anderen Medien) kritisch
verarbeiten (Fake News erkennen)

- LL-Bausteine und Lehrinhalte zum LL-Bereich Info-Anwendung sind:
  + ***das Bewältigen von Übungstests***
  + *das laute Denken*
  + *Übungstests bestehen*
  + **das Beherrschen von Strategien zum Transfer**

  + *das Stellen von elaborativen Lernfragen (Wiederholungfragen, Lernquiz erstellen)*
  + das Gebrauchen von Wörterbüchern
  + mündliche Hausaufgaben bewältigen
  + eine Checkliste für Hausaufgaben erstellen
  + **Texte zusammenfassen**
  + aktives Zuhören anwenden
  + das Anwenden von Präsentationstechniken für Referate
  + das Erlernen von Übersetzungstechniken (für Fremdsprachen)
  + das Gestalten von naturwissenschaftlichen Experimenten
  + **Referat vorbereiten und halten**
  + **Streitgespräch/Debatte führen**
  + **wissenschaftliche Quellenangaben für schriftliche Texte machen**
  + Wissenswiedergabe im „Homeschooling"

- LL-Bausteine und Lehrinhalte zum LL-Bereich Organisation sind:
  + ***Methoden der Elaboration und Organisation anwenden***
  + *Selbstregulationsstrategien anwenden*
  + **die Arbeitsplanung (Hausaufgabenheft führen, Checkliste für die Hausaufgaben, Schultasche packen, Lernplan erstellen, Lernzeitplan für Schulaufgaben aufstellen)**
  + die Arbeitsplatzgestaltung zu Hause und in der Schule
  + eine Checkliste für die Hausaufgaben erstellen
  + Hausaufgabenheft-, Heft- und Mappenführung
  + eigenständiges Arbeiten (in der Gruppe, in der Freiarbeit, in der Projektarbeit)
  + **systematisches Wiederholen planen**
  + Zeitmanagement
  + **Referat vorbereiten und gestalten**
  + Organisieren einer Lerngruppe

- LL-Bausteine und Lehrinhalte zum LL-Bereich Evaluation/Kontrolle sind:
  + *Strategien der Evaluation und Reflexion*
  + *Strategie der Selbstkontrolle*
  + Methoden der Evaluation und Reflexion
  + *das Lerntagebuch*
  + ***die Kontrolle der Lernanstrengungen***
  + **richtig abschreiben**
  + **Fehler erkennen und verbessern**
  + Rechnen mit Überschlag, Schätzen
  + **Rechtschreibkontrolle**
  + Inhaltliche Kontrolle (Plausibilitätskontrolle von Matheergebnissen

  + Kontrollzahlen benutzen)
  + **Überprüfen der Fragestellungen beim Textlesen**

- LL-Bausteine und Lehrinhalte zum LL-Bereich Konzentration sind:
  + **diverse Selbststeuerungsmöglichkeiten**
  + Konzentrationsübungen (Fantasiereisen, Yogaübungen)
  + Sinn der Entspannung
  + gezielte Pausen setzen
  + *Achtsamkeit*

- LL-Bausteine und Lehrinhalte zum LL-Bereich Motivation sind:
  + diverse Selbststeuerungsmöglichkeiten (Selbstmotivation)
  + **Umgang mit Fehlern (Fehler verbessern, Fehler sind Lernchancen, Fehleranalyse als Lernhilfe)**

Im Anschluss an die Ausführungen bei Punkt 1.6.4.3 zeigen ***Haltungen*** im Zusammenhang mit dem Lernen des Lernens konkret folgende Ausprägungen:

- Haltungen als *objektive Einstellungen*. Das heißt konkret folgende Haltungen zu fördern:
  + Lernen bringt Kenntnisse.
  + LL ist notwendig („Ich bin Schülerin/Schüler, ich muss noch viel lernen!").
  + Kritische Einstellung gegenüber Informationen in den Medien (Fake News).

- Haltungen als *subjektive Überzeugungen*. Das heißt für den vorliegenden Zusammenhang folgende Haltungen zu fördern:
  + Lernen bringt mir „Gewinn" (den besten, eigenen Lernweg finden).
  + LL ist für mich wichtig.
  + Fehler gehören zum Lernen – positive Einstellung gegenüber Fehlern haben.
  + Zum Lernen gehört auch Misserfolg.

- Haltungen als *intersubjektive Wertungen*. Das heißt für das Lernenlernen folgende Haltungen zu fördern:
  + Lernen im Team bringt uns/mich voran.
  + Lernen tut jeder etwas anders.

- Haltungen zeigen *systemische Zusammenhänge* auf, wie sie sich in Rollenzuschreibungen zeigen. Das heißt für den vorliegenden Zusammenhang folgende Haltungen zu fördern:
  + Ich bin Schülerin/Schüler, d.h. mein Kenntnisstand ist noch gering.
  + Ich bin Lernende/Lernender, also noch keine/keine Expertin/kein Experte.

3.3 KI-Erweiterung grundschulrelevanter LL-Bausteine und -Lehrinhalte

Über den Startzeitpunkt des Lernenlehrens und die Inhalte wird bei Eltern und Lehrkräften eine ähnliche Meinungsbandbreite herrschen wie beim Sexualkunde-Unterricht oder bei der Radfahrausbildung. In diesem Buch vertreten die Autoren die Ansicht, dass das Lernenlernen im Zusammenhang mit KI-Inhalten im ersten Jahrgang nur bei passender Gelegenheit im Unterricht erfolgen sollte.

So wird eine altersgemäße Aufteilung der KI-affinen Lehr- und Lernziele erst in den LL-Bausteinen des 2., 3. und 4. Jahrgangs empfohlen. Dazu wäre ein guter *Vorlauf durch die Eltern* beim Lernen des Umgangs mit dem eigenen Handy durch ihr Kind sehr *hilfreich*. Die Bedienung des Geräts mit allen Knöpfen und Funktionen sind bei den Kindern der Generation Alpha unterschiedlich ausgeprägt. Die Auswahl guter Apps, deren Bedienung und die Einstellungen sollten Eltern mit ihren Kindern gründlich besprechen und einüben. Diese Empfehlung geht konform mit den Aussagen der bekannten Cambridge-Forscherin Amy Orben. Sie schlägt als richtigen Weg für das „Schwimmenlernen im digitalen Ozean" vor: „Keine Verbote, sondern Ausprobieren unter Anleitung, Stück für Stück, langsam, aber sicher" (vgl. DIE ZEIT, 29.05.2024, 32). Selbstverständlich muss das erste Smartphone der Kinder von den Eltern mit den nötigen Sicherheitseinstellungen versehen werden und die Bildschirmzeiten sollten begrenzt sein.

Im vorliegenden Text wurde bereits auf die Häufigkeit von Smartphone, Tablet oder PC in den Kinderzimmern und auch auf die frühe, unbeaufsichtigte Nutzung des Internets hingewiesen. Daher sollten Eltern spätestens bei Schuleintritt mit hoher Wachsamkeit den Einsatz der Medien beobachten und kontrollieren. Zu diesem Thema könnte ein *Eltern-Informationsabend* am Ende des 1. Grundschuljahrgangs die Grundlage für eine weitere, gute Zusammenarbeit von Eltern, Lehrkräften und Schulleitung nicht nur auf diesem Gebiet sein.

Ein Abgleich des Wissens der Eltern und der Lehrkräfte wird vermutlich sehr große Differenzen aufzeigen. Der Kenntnisstand, der in der Schule bei den Kindern ermittelt wird, bildet die Ausgangsbasis für einen schulischen Unterricht zu einem fast täglich neu expandierenden Thema. Dieser kann nicht abgeschlossen aus der Perspektive der Vergangenheit betrachtet werden, sondern kann nur auf dem aktuellen Kenntnisstand, vor allem der Lehrkräfte, vermittelt werden.

Folgende Themenbereiche zum Thema Digitalisierung und KI sind als Auswahlmöglichkeiten denkbar:

- LL-Bausteine und Lehrinhalte zum LL-Bereich *Info-Aufnahme mithilfe von KI-Instrumenten* sind beispielsweise:
  - + Nützlicher Umgang mit dem Handy,
  - + Kenntnis von adaptiven Lernprogrammen als Lerntutor zur Lernsteuerung, zum individuellen Feedback und zur individuellen Förderung,
  - + Nutzung von (KI-)Programmen zur Generierung von Texten/Bildern,

  + Fake News erkennen.[56]

- LL-Bausteine und Lehrinhalte zum LL-Bereich *Info-Anwendung mithilfe von KI-Instrumenten* sind beispielsweise:
  + richtiges und sicheres informieren im Internet,
  + Prüfung der Richtigkeit der KI-produzierten Texte (Welche Quellen, Inhalte, Daten? Sinnhaftigkeit?),
  + mit Fake News umgehen,
  + KI-Infos: Gefahren und Umgang mit Chatbots erkennen,
  + Erstellen von Prompts und deren Verfeinerung.

- LL-Bausteine und Lehrinhalte zum LL-Bereich *Info-Verarbeitung und -Speicherung mithilfe von KI-Instrumenten* sind beispielsweise:
  + bewusster Einsatz von KI als Instrument zur individuellen Lernhilfe,
  + mit KI-Tools Gelerntes verarbeiten und speichern.

Im nächsten Abschnitt werden unter den Punkten 4.1 und 4.2 organisatorische Möglichkeiten zur konkreten Umsetzung sowie Anregungen zu Einführung des LL-Projekts in der Grundschule beschrieben.

Weiterführend konkretisiert zeigt Punkt 4.3 auf eigene Erfahrungen[57] gestützte, ***inhaltliche Vorschläge zum (Er)Lernen des Lernens in der Grundschulpraxis*** auf.

---

[56] Zum Beispiel mit www.swrfakefinder.de

[57] Vgl. https://schulpaed.de/lernen-lernen/gesamtprojekt-lernen-lernen-der-elsbethen-schule-memmingen/ [Abruf am 18.06.2024]

4. Umsetzung des LL-Projekts in der Grundschulpraxis

Für die Realisierung des LL-Projekt ist relevant, dass in der Grundschule das Klassenlehrkraftprinzip gilt. D.h. die Lehrkraft, welche die Grundschulklasse (auch administrativ) leitet, gibt dort die meisten Unterrichtsstunden in den meisten Fachbereichen. Damit besteht eine relativ große organisatorische Variabilität, die bei der Umsetzung der Unterrichtsstunden in den sogenannten Schwerpunktwochen notwendig ist.
In den weiterführenden Schulen besteht größtenteils ein Fachlehrkraft-Prinzip. Das bedeutet, dass eine klassenleitende Lehrkraft mit relativ wenigen Unterrichtsstunden in der Klasse tätig ist. Dadurch ist eine andere Organisationsform zum LL notwendig (vgl. Chott/Zierer 2022, 75 ff.)

4.1 Konkrete Organisation

Zum Erreichen der lerneffizientesten Form müssen – nicht nur in der Grundschule – zwei entscheidende *Lehrgrundsätze* beachtet werden, um bei möglichst vielen Schülerinnen und Schülern eine nachhaltige Verbesserung ihres Lernens zu ermöglichen. Es sind dies:

- **das Prinzip der kooperativen Durchführung**
- **das Prinzip der wiederholten Anwendung**

Im Sinne des ersten Prinzips sollten die Lehrinhalte zum „Lernenlernen“ nicht nur von einzelnen Lehrkräften mit einzelnen Schülergruppen bearbeitet werden, sondern die *gesamte Schule* sollte an diesem Projekt *beteiligt* sein. Um dabei ein aufeinander abgestimmtes, „konzertiertes“ Vorgehen zu erreichen, bedarf es eines schuleigenen Curriculums. In diesem werden die Lehrbausteine und -themen zeitlich geordnet zusammengefasst und sinnvoll aufbereitet. Damit wird konkret dem „Prinzip der wiederholten Anwendung“ Rechnung getragen, denn in dem Curriculum werden auch Wiederholung und Ausweitung der einzelnen Lernen-lernen-Themen festgeschrieben.

In der ***Praxis*** bedeutet das, dass sich in vier, über das Schuljahr verteilten, sogenannten ***Schwerpunktwochen*** alle Grundschulklassen – zusätzlich zum „normalen“ Unterricht – bewusst und explizit dem Thema „Lernen lernen“ zuwenden. Innerhalb eines festgelegten Zeitraums von zwei Schulwochen nimmt jede Lehrkraft, nach einem LL-Curriculum (vgl. 4.3.2), bestimmte LL-Themen verbindlich in ihre Unterrichtsarbeit auf.

Die ***LL-Bausteine*** in der unten stehenden Tabelle (vgl. 4.3.1) sind in allen Jahrgangsstufen der vierjährigen Grundschule dieselben. Die ***LL-Unterrichtsthemen*** und Lehrziele (vgl. 0) dagegen variieren in jeder Jahrgangsstufe.

In den *Zeiträumen zwischen den Schwerpunktwochen* sollen die erarbeiteten Inhalte zum „Lernen lernen“ *im täglichen Unterricht bei Gelegenheit* und bei entsprechend geplantem Lehrinhalt *„eingeübt“* und von den Schülerinnen und Schülern in passenden Lehrsituationen *angewendet werden*. Man folgt also dem zweiten, oben genannten Prinzip.

Durch dieses „spiralig“ aufbereitete gesamtschulische Projekt sollen die Grundschülerinnen und Grundschüler in ihrem *Lernen nachhaltig positiv beeinflusst* werden. Damit beabsichtigt man ferner, nicht nur die Techniken, Methoden und Strategien des Lernens, sondern auch entsprechende „Haltungen“ (vgl. 1.6.4.3) zu fördern. Zu diesen gehören emotionale Bereiche wie Lernfreude und soziale Kompetenzen sowie das Lernen in der Gruppe. Inwieweit das gelingt, kann die Anwendung der unter 4.4 dargestellten Evaluationsinstrumente zeigen.

4.2 Anregungen zur Einführung

Zur konkreten Umsetzung des LL-Projekts, d.h. zur Installation des LL-Projekts an der Schule sowie zur konkreten Umsetzung im Anschluss einige Anregungen.

Um das LL-Projekt an der (Grund-)Schule einzuführen, bedarf es der konkreten Planung seitens der Schulleitung. Es gilt zuerst, die Lehrkräfte und auch die Eltern von der Nützlichkeit und Machbarkeit des Projekts zu überzeugen. Ebenso muss die konkrete Umsetzung vorgestellt werden. Folgende didaktische Schritte des Projektplans als Vorschlag:

- ***Einstiegsveranstaltung***
  Es ist zunächst unerlässlich, dass den Mitgliedern des Lehrkräftekollegiums der Schule das Projekt vorgestellt wird. Diese „Initialzündung“ kann mithilfe eines Fachreferenten oder durch ein Mitglied der Schulleitung in einer „Pädagogischen Konferenz“ geschehen.
  Dabei sollten die oben aufgeführten theoretischen Inhalte als Basis dienen (vgl. Punkt 1). Dadurch werden die Begriffsbestimmung und die wissenschaftlich fundierte Begründung sowie die Lehrinhalte und Methoden zum „Lehren des Lernens“ geklärt. Wichtig ist auch in dieser Einführung, dass dem Kollegium die oben genannten „Bausteine“ sowie mögliche Unterrichtsthemen und v.a. die konkrete organisatorische Umsetzung in den Schwerpunktwochen nahegebracht werden. Damit kann man von vornherein den Praxisbezug zur theoretischen Grundlage und zum Nutzen des LL-Projekts herstellen.

  Ebenso sollte aufgrund dieser Veranstaltung eine aus Lehrkräften und der Schulleitung bestehenden Arbeitsgruppe gegründet werden. Sollte das Echo bzw. Feedback nicht überzeugend sein, dann lohnt es sich vermutlich, die Projektinformationen bei den Lehrkräften „wirken“ zu lassen und eventuell später nochmals „aufzuwärmen“. Der Beginn des Projekts mit einer kleinen Gruppe ist eine andere Möglichkeit, das Projekt schrittweise zu implementieren.

- ***LL-Unterrichtsstunden erarbeiten***
  Nach der Vorstellung des Gesamtprojekts geht es nun darum, zu den unter 4.3 genannten LL-Themen die konkreten Unterrichtsstunden vorzubereiten. Dazu arbeiten die Lehrkräfte der vier Grundschuljahrgangsstufen zusammen. Auf diese Weise wird ein Unterrichtsstunden-Pool geschaffen, der in den Folgeschuljahren als praktische und zeitsparende Grundlage für den künftigen LL-Unterricht dient.

- ***Durchführen des Projekts mit Schülerinnen, Schülern und Eltern***
  Wenn die LL-Unterrichtsstunden ausgearbeitet und an die einzelnen Grundschulklassen methodisch individuell angeglichen sind, kann das Projekt zu Beginn des neuen Schuljahres in den festgelegten Schwerpunktwochen starten.

  Ob beim ersten „Durchlauf" bereits die Eltern-Workshops stattfinden sollen, ist sicher eine individuelle Entscheidung der Schule. Wichtig ist, dass die Eltern schriftlich und an den standardmäßigen Elternabenden informiert werden,

- ***Evaluation der Ergebnisse, Impulse sammeln für weitere Arbeit***
  Nach der ersten kompletten Durchführung des LL-Projekts ist es sinnvoll, den Verlauf zu reflektieren. Diese Reflexion kann im Rahmen von Zusammenkünften der Lehrkräfte oder auch mithilfe von erstellten Evaluationsbögen für Eltern und Lehrkräfte stattfinden. Dadurch sollen wertvolle Impulse und Verbesserungsvorschläge für die erneute Durchführung des Projekts gesammelt werden.

- ***Didaktische Hinweise zum Unterricht***
  Auch den Schülerinnen und Schülern der Grundschule muss das Projekt vorgestellt werden. Das geschieht passenderweise im Rahmen des Unterrichts. Den Kindern wird – didaktisch motivierend aufbereitet – der Sinn und der Ablauf des LL-Projekts nahegebracht. Die dazu benötigten und eventuell anzuschaffenden Materialien werden ebenfalls kommuniziert.
  Im Klassenzimmer sollte eine sogenannte Lernen-lernen-Wand aufgestellt werden. Auf diese werden kleine Plakate geheftet, worauf die jeweils erarbeiteten Erkenntnisse aus den LL-Unterrichtsstunden nachzulesen sind. Auf diese LL-Inhalte wird dann bei passender Gelegenheit und Notwendigkeit im Unterricht zurückgegriffen. So werden die erarbeiteten Lernen-lernen-Erkenntnisse immer wieder passend wiederholt und für die Kinder in eine „Lernspirale" gebracht.

4.3 Inhaltliche Vorschläge zum Lernenlehren in der Grundschulpraxis

Die folgenden Ausführungen geben auf *drei Ebenen* Hilfen für die Schulpraxis. Zunächst werden auf Ebene 1 *den* (für alle Schularten geltenden) *LL-Bereichen* konkrete, für die Grundschule passende *LL-Bausteine und Haltungen* zugeordnet. Die anschließende Übersicht zeigt auf Ebene 2 ein für die vier Grundschuljahrgänge zusammengestelltes Curriculum mit den gewählten, einzelnen *Unterrichtsthemen* und dem zeitlichen Ablauf für die Realisierung. Schließlich werden auf Ebene 3 in einer nach Grundschulklassen geordneten Übersicht die geplanten *Lehrziele* aufgezählt. Aufgrund dieser Ziele können dann individuelle, konkrete LL- Unterrichtsstunden zusammengestellt werden.

4.3.1 Ebene 1: Übersicht

Mit für die Grundschule ausgewählten ***LL-Bausteinen und Haltungen*** (vgl.2.2):

LL-Bereiche	**LL-Bausteine** / ***Haltungen***
Organisation	**Hausaufgaben** *Hausaufgaben nutzen mir*
Info-/Wissens-Aufnahme	**Informationen/Wissen aufnehmen** *Wissen brauche ich zum Leben*
Info-/Wissens-Bearbeitung	**Textbearbeitung** *Texte liefern mir Wissen*
Info-/Wissens-Speicherung	**Merkhilfen** *Es gibt Merkhilfen*
Info-/Wissens-Speicherung	**Wiederholung** *Wiederholen muss sein*
Info-/Wissens- --Aufnahme, --Verarbeitung, --Anwendung	**Strategien für Textaufgaben** in Mathematik *Mathematik kann ich lernen*
Info-/Wissens-Anwendung	**Umgang mit Fehlern** *Fehler machen alle*
Konzentration	**Konzentrationsförderung** *Entspannung hilft*
Kontrolle	**Förderung der Selbstkontrolle** *Kontrolle hilft mir beim Lernen*
(Selbst-)Motivation	**Motivation zum Lernenfördern** *Lernfreude hilft mir beim Lernen*
Info-/Wissens- --Aufnahme --Verarbeitung --Anwendung	**Info-Aufnahme und -Anwendung mithilfe von KI** **Info-Verarbeitung und -Speicherung mithilfe von KI** *KI-Programme sind die Zukunft* *KI-Programme sind Hilfen und Gefahren zugleich*

4.3.2 Ebene 2: LL-Curriculum

Die von den oben aufgeführten LL-Bausteinen abgeleiteten ***Unterrichtsthemen*** wechseln – wie schon erwähnt – in jeder Grundschulklasse. Sie werden inhaltlich, wie aus dem unten stehenden LL-Curriculum ersichtlich, immer anspruchsvoller. Auf diese Weise setzt sich eine Schülerin bzw. ein Schüler bis zum Erreichen der 4. Klasse im Rahmen von Unterrichtseinheiten *viermal mit demselben LL-Baustein in unterschiedlichen Variationen* auseinander. *Dazu* kommen die, im übrigen Unterricht sich ergebenden, notwendigen kurzen *Wiederholungen.*

Die in die LL-Bereiche und LL-Bausteine aufgenommenen *Haltungen* sollen bei der konkreten Umsetzung der aus den Bausteinen abgeleiteten Unterrichtsthemen immer wieder konkret angesprochen werden. Es erscheint sinnvoll und praktikabel, die Haltungen nicht in eigenen Unterrichtsthemen zu bearbeiten, sondern sie im Sinne von Unterrichtsprinzipien in den Unterrichtsstunden immer wieder anzusprechen. Dadurch soll eine positive Wirkung erreicht werden.

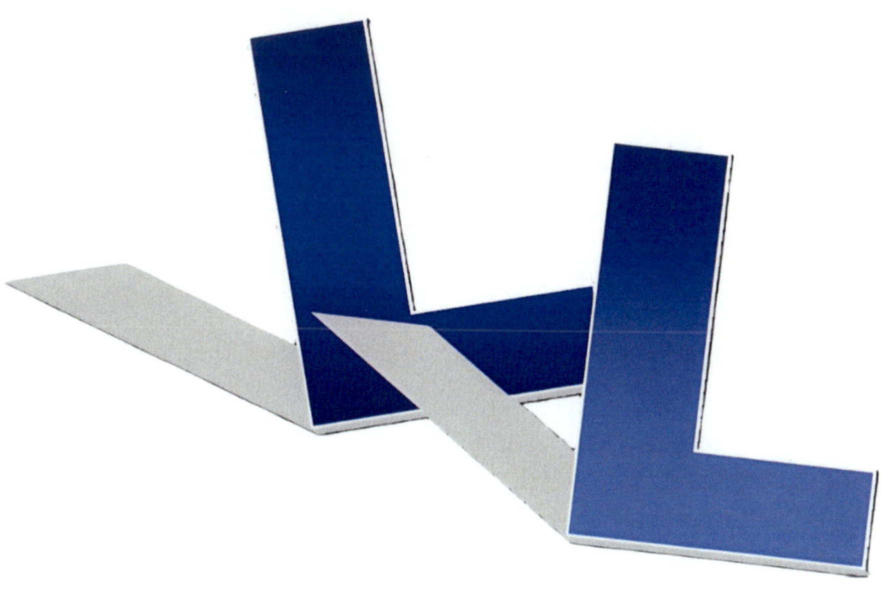

In einem als Jahresplan angelegten ***LL-Curriculum für die Grundschule*** kann das folgendermaßen aussehen:

Jg		Okt	Nov	Dez	Jan	Feb	Mär	Apr	Mai	Jun	Jul
1	Wiederholung	**Org**: HA-Heft einführen **Info-Aufn**: Fehler finden und kennzeichnen **Konz**: Stilleübungen	Einüben der Teilthemen im Fach-U	**Info-Aufn**: Blickspannübungen **Info-Anwend**: Mathe: Ich erfinde Textaufgaben	Einüben der Teilthemen im Fach-U	**Org/Kontr**: Hefteinträge vergleichen **Info-Verarb**: Wie kann ich Vergessen vermeiden?	Einüben der Teilthemen im Fach-U	**Info-Verarb**: Auswendiglernen von Gedichten **Eval/Kontrolle**: Wie kann ich richtig abschreiben?	Einüben der Teilthemen im Fach-U	Einüben der Teilthemen im Fach-U	Einüben der Teilthemen im Fach-U
2	Wiederholung	**Org/Info-Aufn**: Warum + Wie HA machen? **Mot**: Fehlerumgang: Fehler sind Lernchancen **Konz/E**: Wie kann ich meine Konzentration fördern?	Einüben der Teilthemen im Fach-U	**Info-Aufn**: Lesen und Verstehen von Arbeitsaufträgen **Info-Aufn**: In Textaufgaben das mathematisch Wichtige finden/ Rechenfrage finden **Info-Aufn/Info-Verarb**: Wozu ist mein Handy nützlich? Achtung: Fake News!	Einüben der Teilthemen im Fach-U	**Info-Verarb**: Warum und wie gestalte ich meinen auch digitalen Hefteintrag? **Info-Anwend**: Wiederholung – warum? Wiederholungsfragen stellen	Einüben der Teilthemen im Fach-U	**Org/Kontrolle**: Wie kontrolliere ich meine Schultasche? **Info-Speich**: Wie kann ich mir meine Adresse gut merken? **Info-Aufn/Info-Verarb**: Richtig mit dem Handy umgehen!	Einüben der Teilthemen im Fach-U	Einüben der Teilthemen im Fach-U Evaluation	Einüben der Teilthemen im Fach-U
3	Wiederholung	**Org**: Arbeitsplatz zu Hause sinnvoll einrichten **Info-Anwend**: Mit dem Wörterbuch Fehler finden – wie und warum? **Konz/E**: Was stört meine Konzentration? Tipps zur Entspannung	Einüben der Teilthemen im Fach-U	**Info-Aufn**: Richtig fragen, um Infos zu bekommen **Info-Aufn/Info-Verarb**: Wie kann ich mich im Internet richtig und sicher informieren? **Info-Verarb**: Strukturhilfen für das Lösen von Textaufgaben	Einüben der Teilthemen im Fach-U	**Info-Aufn/Info-Verarb**: Aus Texten wichtige Schlüsselwörter finden **Info-Verarb/Info-Anwend**: Vorstellen von (adaptiven) Lernprogrammen als Lernhilfe? **Info-Anwend**: Wiederholungsstrategien als Lernhilfen anwenden	Einüben der Teilthemen im Fach-U	**Motiv/Kontr**: Warum und wie die Fehler von LZ-Kontrollen analysieren? **Kontrolle**: Im Mathebuch: Kontrollzahlen – wobei helfen sie mir? **Eval/Info-Verarb**: Warum sind Infos aus Chatbots mit Vorsicht zu behandeln?	Einüben der Teilthemen im Fach-U	Einüben der Teilthemen im Fach-U	Einüben der Teilthemen im Fach-U
4	Wiederholung	**Org**: Einführung des Lerntagebuchs **Info-Verarb./Info-Anwend**: Mit dem Wörterbuch Fehler verbessern? **Konz**: Wie kann ich mich besser konzentrieren?	Einüben der Teilthemen im Fach-U	**Info-Aufn**: Wie und wo finde ich analoge und digitale Info-Quellen? **Eval/Info-Verarb**: Prüfen der Richtigkeit der KI-produzierten Texte/Bilder (Welche Quellen, Inhalte, Daten? Welchen Sinn?) Fake News erkennen! **Info-Verarb/Info-Anwend**: KI-Programme nutzen zur Generierung von Text/Bildern	Einüben der Teilthemen im Fach-U	**Info-Verarb**: Das Wichtigste aus Ganztexten zusammenfassen **Info-Anwend**: Einsatz von KI als individuelle Lernhilfe – „Prompts" verfassen – wie? **Info-Speich**: Wiederholung der Inhalte des Sachunterrichts – wie?	Einüben der Teilthemen im Fach-U	**Info-Verarb**: Welche Tricks helfen mit beim Merken? Merkhilfen: Mindmap, Lernrallye zum Vokabellernen **Kontrolle/Eval**: Kontrollieren hilft mit beim Lernen z.B. bei Matheergebnissen: Überschlagsrechnung und Plausibilität prüfen	Einüben der Teilthemen im Fach-U	Einüben der Teilthemen im Fach-U Evaluation	Einüben der Teilthemen im Fach-U

Abbildung 17: Curriculum für LL-Schwerpunktwochen

4.3.3 Ebene 3: LL-Lehrziele

Die Ziele für das Lehren der einzelnen LL-Unterrichtsthemen werden im Folgenden nach den vier Grundschuljahrgängen aufgeschlüsselt und dargeboten.

KLASSE 1:

Thema	Lehrziele: Die Schülerinnen und Schüler sollen ...
Hausaufgaben einführen (Organisation)	• das Hausaufgabenheft als Merkhilfe erkennen • Symbole für die einzelnen Fachbereiche kennen • das Hausaufgabenheft richtig führen und zu Hause richtig anwenden können
Fehler (Info-Aufnahme)	• erkennen, dass Bild und Rechnung nicht zusammenpassen • Fehler erkennen und Fehlerart benennen können • Korrekturzeichen kennen und anwenden können • eigene Fehler sinnvoll verbessern können
Stilleübungen einführen (Konzentration)	• Stilleübungen als konzentrationsfördernd erkennen • äußere Voraussetzungen zum Ruhefinden kennenlernen • Entspannungsübungen als positiv erleben
Blickspannübungen (Info-Aufnahme)	• Blickspannübungen durchführen können (Leserichtung einhalten!) • längere Wörter genau lesen können • erleben, dass man durch Blickspannübungen Dinge schneller begreift und man mehr erkennen kann
Ich erfinde Rechengeschichten (Textaufgaben)	• Bilder in mathematische Sprache (Addition) umsetzen können • in Alltagssituationen mathematische Sachverhalte erkennen
Hefteinträge vergleichen (Info-Verarbeitung)	• Hefteinträge miteinander nach Kriterien vergleichen können • wissen, dass es bei einem Eintrag auf Ordentlichkeit, Übersichtlichkeit und Richtigkeit ankommt • selbstständig einen Eintrag kriterienorientiert gestalten
Wie kann ich vergessen vermeiden?	• lernen, dass mehrfaches Wiederholen das Vergessen vermeiden kann

(Info-Speicherung)	• Möglichkeiten zum Wiederholen kennenlernen und diese selbstständig anwenden können
Auswendiglernen von Gedichten (Info-Speicherung)	• verschiedene Hilfen zum Auswendiglernen kennenlernen, • für sich passende Hilfen anwenden
Richtig abschreiben (Kontrolle)	• mithilfe von erarbeiteten Vorgehensweisen richtig abschreiben können • zu den einzelnen Schritten Bilder und Inhalte zuordnen können

KLASSE 2:

Thema	**Lehrziele: Die Schülerinnen und Schüler sollen ...**
Hausaufgaben (Organisation)	• wissen, warum Hausaufgaben nötig sind • wissen, wie Hausaufgaben optimal angefertigt werden können
Fehler (Motivation/Info-Aufnahme)	• sich bewusstwerden, dass jeder Mensch Fehler macht • die Angst vor Fehlern abbauen und Fehler als Lernchancen erkennen
Konzentration fördern – wie? (Konzentration)	• Konzentration mit verschiedenen Ausdrücken beschreiben können • einige Übungen zur Konzentrationssteigerung kennenlernen
Arbeitsaufträge genau lesen (Info-Aufnahme)	• erkennen, was sie tun sollen • die Arbeitsaufträge ordnen • Fehler zu vermeiden • Zeit sparen
Wie finde ich eine sinnvolle Rechenfrage in der Textaufgabe?	• bei Textaufgaben mathematisch wichtige Aussagen erkennen • aus Textaufgaben sinnvolle Rechenfragen erschließen können
Digi: Wozu ist mein Handy nützlich? (Info-Aufnahme)	• Verständigungsmöglichkeiten erkennen • Möglichkeit zum Hilferuf erkennen • Möglichkeiten zu Erkennen von Fake News

Warum und wie gestalte ich meinen (auch digitalen) Hefteintrag? (Info-Verarbeitung/Organisation)	• richtig, sauber und übersichtlich schreiben lernen • Gestaltung durch Farbe/Markierungen, durch Abstände und Bilder erkennen und durchführen • erkennen, dass ein Hefteintrag, der gut gestaltet ist, das Lernen erleichtert und Selbstzufriedenheit bringt
Wiederholung – warum? (Info-Speicherung)	• erkennen, dass Wiederholen eine Lernhilfe ist • unterschiedliche Möglichkeiten zum Wiederholen kennen • Wiederholungsfragen stellen können
Wie kontrolliere ich meine Schultasche? (Organisation/Kontrolle)	• die Schultasche nach gesundheitlichen, schulorganisatorischen und hygienischen Gesichtspunkten betrachten • Maßnahmen kennen, wie man einen Schulranzen sinnvoll packen kann • Maßnahmen kennen, wie man Ordnung im Schulranzen halten kann
Digi: Richtig mit dem Handy umgehen	• erkennen, dass lange Nutzung des Handys schädlich ist • das Handy als Infoquelle und sinnvolle Kommunikationsmöglichkeit erkennen
Wie kann ich mir meine Adresse gut merken? (Info-Speicherung)	• wissen, dass die Kenntnis der eigenen Adresse notwendig ist • wissen, dass zur Adresse bestimmte einzelne Angaben gehören • erkennen, dass es verschiedene Möglichkeiten zum Merken der eigenen Adresse gibt • jede(r) für sich die besten Merkmöglichkeiten finden soll

KLASSE 3:

Thema	Lehrziele: Die Schülerinnen und Schüler sollen ...
Arbeitsplatz zu Hause sinnvoll einrichten (Organisation)	• fehlerhafte Einrichtung erkennen • lerneffiziente Einrichtung begründen und anwenden
Mit dem Wörterbuch Fehler finden – wie und	• Strategien des Nachschlagens reflektieren und verfeinern • sicher werden im Umgang mit dem Wörterbuch

warum? (Info-Aufnahme)	• sich den eigenen Nutzen der Fehlerverbesserung bewusst machen
Was stört meine Konzentration? Tipps zur Entspannung! (Konzentration)	• erfahren, was die Konzentration stört • mit eigenen Worten das Wort „Konzentration“ definieren • erspüren, was ihre Konzentration fördert bzw. unter welchen Bedingungen sie konzentriert arbeiten können
Richtig fragen, um Infos zu bekommen (Info-Aufnahme)	• Informationswert von Fragen erkennen • Fragen zu Texten stellen können
KI/Digi: Wie kann ich mich im Internet richtig/sicher informieren? (Info-Aufnahme, Info-Verarbeitung)	• zuverlässige Internetquellen kennenlernen • Informationen durch verschiedene Quellen überprüfen können
Strukturhilfen für das Lösen von Textaufgaben (Sachaufgaben)	• Strukturhilfen kennenlernen • Rechengeschichten auf das Wesentliche kürzen können • Zutrauen stärken: „Sachaufgaben kann jeder (zumindest teilweise) lösen!“
Aus Texten Wichtiges (Schlüsselwörter) finden (Info-Aufnahme, Info-Verarbeitung)	• gezielt Informationen aus Texten entnehmen und versprachlichen können • Sachsituationen und deren Darstellung verkürzen können • zu Aufgaben Tabellen entwickeln können
KI/Digi: Vorstellen von (adaptiven) Lernprogrammen als Lernhilfe	• Lernprogramme erkunden können wie z.B. „Anton“ • den Wert solcher Programme erkennen • mit Lernprogrammen arbeiten können
Wiederholungsstrategien als Lernhilfen anwenden (Info-Anwendung)	• den Sinn des Wiederholens für das eigene Lernen erleben und erkennen • Anwendungen zur Wiederholung finden • Wiederholungsmöglichkeiten in Mathematik, im Rechtschreiben und in HSU erkennen und anwenden können
Warum und wie Fehleranalyse von LZ-	• sich trauen, ihre Fehler in LZ-Kontrollen anzuschauen und zu verstehen

Kontrollen? (Motivation/Kontrolle)	• Fehler verbessern, um sie nicht ein zweites Mal zu begehen
Im Mathebuch: Kontrollzahlen – wobei helfen sie mir? (Kontrolle)	• Notwendigkeit der Ergebniskontrolle erkennen • Ergebnisse selbstständig überprüfen können
Warum sind Infos aus Chatbots mit Vorsicht zu behandeln?	• Info-Verarbeitung von Chatbots verstehen • Chatbot-Inhalte durch andere Quellen überprüfen können • Chatbots insgesamt kritisch sehen • Fake News erkennen können

KLASSE 4:

Thema	Lehrziele: Die Schülerinnen und Schüler sollen ...
Einführung des Lerntagebuchs (Organisation)	• den Sinn und Wert des Lerntagebuchs erkennen (Kontrolle, Übersicht)
Mit dem Wörterbuch Fehler verbessern (Info-Aufnahme/Info-Anwendung)	• Fehler in Rechtschreibtexten mit dem Wörterbuch finden und benennen können • Strategien zur sinnvollen Verbesserung dieser Fehler kennenlernen • im sozialen Bereich Fehler erkennen und mit diesen adäquat umgehen können
Wie kann ich mich besser konzentrieren? (Konzentration)	• Möglichkeiten von verschiedenen Entspannungstechniken kennen • Entspannungstechniken in Phasen von Ermüdung bei den Hausaufgaben anwenden können
Wo und wie finde ich Informationen? (Info-Aufnahme)	• verschiedene analoge und digitale Informationsquellen nennen können • das Vorgehen bei der Suche beschreiben können • Interviewfragen nach Qualität beurteilen können • Interviewfragen stellen können • Interview durchführen können
KI: Wie kann ich KI-produzierte Texte/Bilder überprüfen?	• KI-produzierte Texte/Bilder anhand der Quellen, Inhalte und Daten überprüfen können • KI-produzierte Texte/Bilder auf ihre Sinnhaftigkeit hinterfragen können

KI: KI-Programme zur Generierung von Texten/Bildern nutzen	• Texte oder Bilder mit KI-Programm schaffen können z.B. ChatGPT, Dall-E • Texte und Bilder kritisch hinterfragen können
Das Wichtigste aus Ganztexten zusammenfassen (Info-Verarbeitung)	• Exzerpte aus Ganztexten gestalten können
KI: Einsatz von KI als individuelle Lernhilfe	• Vorteile und Sinn des Einsatzes einer KI-Lernhilfe verstehen • Vorsicht beim Umgang walten lassen • Bedeutung von Prompts kennen • Prompts verfassen und verfeinern können
Wiederholung der Inhalte des Sachunterrichts – wie? (Info-Speicherung)	• Wiederholungsschritte nachvollziehen und anwenden können • Wiederholungsschritte auf Situation zu Hause übertragen können • Lernstoff in Fragen „umwandeln" können • in der Gruppe Fragen klären können • Lernstoff in Portionen aufteilen und lernen können
Welche Tricks helfen mir beim Merken? (Info-Speicherung)	• verschiedene Merkhilfen kennen (z.B. Mindmap, mehrfache Wiederholung beim Auswendiglernen, sauberer Eintrag, Lernkartei) • erste Versuche im Umgang mit der Lernkartei durchführen
Kontrollieren hilft mir beim Lernen? (Kontrolle/Evaluation)	• erkennen, wo in der Schule Kontrollen stattfinden • erkennen, warum in der Schule kontrolliert wird • warum und wie man sich selbst kontrollieren kann • Überschlagsrechnung und Plausibilität als Prüfmöglichkeiten von Matheergebnissen kennenlernen

4.4 Evaluation

Damit sich bei den Lernenden das nötige Bewusstsein sowie die notwendigen LL-Kompetenzen entwickeln können, bedarf es für Lernende und Lehrende immer wieder der Überprüfung und Bewertung der erworbenen Methodenkompetenzen. Es geht dabei einerseits um die Überprüfung der Kenntnisse und andererseits um die Feststellung der Fähigkeiten der Lernenden in Bezug auf ihr effizientes Lernen.

Für diese Evaluation können *verschiedene Methoden* angewandt werden.

- Die mit ihren Klassen am LL-Projekt beteiligten *Lehrenden* können durch regelmäßige, gemeinsame, kritische *Nachbesprechungen* die jeweilige Durchführung der LL-Schwerpunktwochen intern evaluieren. Dabei sollten, Positiva und Probleme angesprochen, diskutiert und schriftlich festgehalten werden, die bei der konkreten Umsetzung im Unterricht zu Tage getreten sind.

- Auf der anderen Seite sind es die *Lernenden*, welche die im Rahmen des unterrichtlichen Lehrens des Lernens erarbeiteten Inhalte überprüfen sollen. *Konkret* können dazu in der Klasse einfache, selbst gestaltete *Feedbackbögen* eingesetzt werden, mithilfe derer die Inhalte der bearbeiteten LL-Bausteine von den Schülerinnen und Schülern bewertet und abgefragt werden können. Auch *Portfolios, Lernhefte* oder *Lerntagebücher* sind schulpraktische Möglichkeiten, Gelerntes zum Thema „Lernen lernen" schriftlich festzuhalten und zu überprüfen. Im Portfolio und Lernheft kann das themengeordnet, im Lerntagebuch hingegen chronologisch geschehen.

- Eine aufwendige Möglichkeit der Evaluation ist eine Überprüfung der Leistungen der Schülerinnen und Schüler durch die Lehrkräfte mit eigens dafür *konstruierten Tests.* Es hat sich in der Grundschule bewährt, am Ende der 2. und am Ende der 4. Jahrgangsstufe solche schriftlichen Überprüfungen vorzunehmen. Die Leistungsergebnisse der 2. Klassen können den zukünftigen Klassenlehrkräften der 3. Klassen zur Kenntnis gebracht werden, sodass diese auf die Ergebnisse entsprechend „passend" in ihrem Unterricht reagieren können. Ähnlich kann mit den Leistungserhebungen der 4. Jahrgangsstufe verfahren werden.

- Das Aufrufen des folgenden **Internet-Links** zeigt konkrete, aus der Erfahrung zusammengestellte Beispiele von **LL-Tests für die Jahrgangsstufen 2 und 4**:

  https://www.schulpaed.de/lernen-lernen/

4.5 Eingliederung in aktuelle Konzepte

In Bayern ist auf Anordnung des Kultusministeriums seit 2021 eine verbindliche Projektwoche zum Thema „Alltagskompetenzen – Schule fürs Leben" in den Jahrgangsstufen 1 bis 9 durchzuführen. Darin wird der Bereich „Digitales Handeln" mit allen anderen fünf Handlungsfeldern verknüpft[58]. Kompetenzen, die bereits im Rahmen

[58] Quelle: https://www.isb.bayern.de/grundsatzabteilung/paedagogische-grundsatzfragen/alltagskompetenzen/ [Abruf am 29.06.2024]

des schuleigenen Mediencurriculums aufgebaut wurden, sollen praxis- und alltagsnah angewendet und gegebenenfalls erweitert werden. In mehreren Bereichen sollen Themen behandelt werden, die auch in der vorliegenden Veröffentlichung im Curriculum „Lernen lernen 2.0 – neu mit KI“ auftauchen. Folgende Themen sollen als Anknüpfungspunkte in den Projektwochen aufgegriffen werden:

- Umgang mit Apps, z.B. Taschengeld, Lebensmittelqualität, Einkaufshilfe, Rezeptdatenbanken (z.B. Chefkoch.de), Software für den Haushalt, Hausautomatik (SmartHome), GeoCaching
- Datenschutz, z.B. Datenschutz bei Passwörtern, Cybermobbing, Abwehrstrategien bei Übergriffen, Schutz vor Phishing-Mails o.Ä
- Suchtprävention mit z.B. Mediennutzungszeiten in der Familie, gemeinsame Medienrezeption mit Eltern, kritische Reflexion eigener Mediennutzung von sozialen Netzwerken
- Gefährdungen, z.B. der Selbst- und Fremdwahrnehmung durch skurrile Schönheitsideale

Entsprechende Aktionen werden im Medienführerschein Bayern mit einer Handreichung unterstützt.[59]

Die Umsetzung der genannten Verknüpfungen wird den Lehrkräften übertragen. Sie können beispielsweise bei dem hier beschriebenen Projekt „Lernen lernen 2.0 – neu mit KI“ in der Grundschule eingeführt, umgesetzt bzw. einfach übernommen werden. Die Ausweitung der Projektwochen zum Thema „Alltagskompetenzen – Schule fürs Leben“ wird derzeit auch auf politischer Ebene unterstützt.[60]

---

[59] Quelle: https://www.medienfuehrerschein.bayern/angebot/schule/grundschule [Abruf am 29.06.2024]

[60] Quelle: https://www.bayern.landtag.de/www/ElanTextAblage_WP19/Drucksachen/Basisdrucksachen/0000001500/0000001831.pdf [Abruf am 29.06.2024]

5. Elternarbeit

Um den Lernen-lernen-Komplex auch im Elternhaus zu „verankern“ und auch von zu Hause für die schulischen Bemühungen Unterstützung zu erhalten, ist es empfehlenswert, die Eltern bzw. Erziehungsberechtigten immer wieder über das LL-Projekt zu informieren und mit ihnen darüber ins Gespräch zu kommen. Die folgenden Beispiele zeigen auf, wie diese Zusammenarbeit mit den Eltern *schulpraktisch gestaltet* werden kann. Das geht über traditionelle Wege, aber auch mit immer mehr Möglichkeiten, die durch die Künstliche Intelligenz (KI) geboten werden (siehe Punkt 5.4).

5.1 Elternmitteilungen

Ein Standard-Informationsweg ist, den Erziehungsberechtigten Informationen zum LL-Projekt durch eigene *gedruckte oder digitale Elternbriefe* oder durch Passagen in Elternmitteilungen zu geben. In diesen schriftlichen Informationen können kurz die Ziele und LL-Inhalte sowie deren Umsetzung in den Schwerpunktwochen beschrieben werden. Auch können die Erziehungsberechtigten in den Mitteilungen gebeten werden, das schulische Vorhaben zuhause zu unterstützen und die vermittelten LL-Techniken – wo möglich – anzuwenden.

5.2 Elternabende

Ebenso traditionell kann die Vorstellung des LL-Projekts in den üblich abgehaltenen *Elternabenden an der Schule* erfolgen. Auch auf diese Weise können Ziele, LL-Inhalte und Organisation den Eltern im unmittelbaren persönlichen Austausch nahegebracht und Möglichkeiten für Nachfragen sowie Diskussionen angeboten werden.

Durch die Nutzung digitaler Möglichkeiten sind auch *Online-Veranstaltungen* zum Thema „Lernen lernen“ möglich. Beispielsweise nutzte die Stadt Oberhausen 2023 diesen Weg.[61] Die Elternschaft wurde durch eine Schulpsychologin über Fördermöglichkeiten und Lernstrategien online informiert und diskutierte über das Angebot. Fachleute aus der eigenen Schule und externe Experten könnten mit diesen Videokonferenzen technisch relativ einfach an die Eltern gelangen, da aus den Coronazeiten die häuslichen Bildschirmzeiten des Kindes mit der Lehrkraft auch möglich waren.

Eine Ausweitung dieser Online-Möglichkeit scheint wegen mehrerer *Probleme* schwierig. Die Aktivierung der Eltern bleibt auf das Zuhören und Zuschauen begrenzt. Vor allem Sprach- und Verständnisprobleme häufen sich bei Eltern mit Migrationshintergrund. Wenn einmal „der Faden gerissen“ ist, steigen diese Eltern aus und

---

61 Vgl. https://lokalklick.eu/2023/10/31/einladung-zur-online-veranstaltung-lernen-lernen-und-motivation-foerdern/ [Abruf am 03.11.2023]

nehmen auch nicht mehr an der nächsten Veranstaltung teil; die Akzeptanz scheint daher geringer zu sein. Es bestehen auch kaum Vorführ- und Mitmachgelegenheiten, vor allem, wenn Eltern neue Lernsoftware daheim ausprobieren sollen. Der gelegentliche Austausch untereinander oder die Kooperation mit anderen ist nicht möglich.

5.3 Eltern-Workshops – Neufassung mit KI

Eine äußerst erfolgversprechende Möglichkeit, *Eltern* über das Thema „Lernen lernen" zu informieren, d.h. diese für den Komplex „Förderung von Methodenkompetenz" wirkungsvoll zu öffnen und zu gewinnen, ist die Durchführung von Workshops. Die Erfahrungen aus der Schulpraxis dazu sind äußerst positiv.

Da die genauere Darstellung der Teilbereiche und der Erklärungsbedarf zum LL-Komplex für die Eltern umfangreich ist, erscheint es notwendig, die Unterthemen auf *mehrere* Elternabende zu verteilen. Erfahrungen aus der Vergangenheit zeigen, dass sich eine nicht geringe Anzahl von Eltern auf drei Veranstaltungen einließ und an allen drei Abenden nahezu vollzählig erschien. Diese Verhaltensweisen begründen sich vermutlich einerseits aus der hohen Motivation der teilnehmenden Erziehungsberechtigten, andererseits aus der „spannend" gehaltenen Themenabfolge.

Im ***ersten Workshop*** sollen die Erziehungsberechtigten in Kleingruppen *das eigene Lernen reflektieren*. Dieser Einstieg ermöglicht einen äußerst tiefgreifenden und „öffnenden" Zugang zum Thema „Lernen". Dabei sollte den Eltern klar werden, dass ihr eigenes Lernen sich von dem ihrer Kinder fundamental unterscheidet und abgegrenzt werden muss. Wie aber die in der Schule Tätigen häufig in Eltern-(Konflikt-)Gesprächen registrieren, ist diese Erkenntnis nicht allen Vätern und Müttern bekannt. Die Vermittlung eines Grundverständnisses von „Lernen" bzw. von „Lernen lernen" stellt den zweiten Hauptpunkt dieser Eingangsveranstaltung dar. Mit der Anregung, eine Woche lang die eigenen Kinder bzgl. ihrer Lernfreude und ihres Umgangs mit Fehlern zu beobachten, schließt der erste Eltern-Workshop. Als konkrete Umsetzungshilfe für die Schulpraxis können die anschließenden Tabellen dienen.

5.3.1 LL-Eltern-Workshop (Teil 1)

Ablaufstufen	Inhalt	Methoden	Material
Begrüßung	Schulleitung: Darstellung des Ablaufs	Plenum in der Aula	Diverse Medien
Ziel	drei Bereiche: Erfahrungsaustausch, Vorstellen der LL-Bausteine, Tipps zur Unterstützung zu	Plenum in der Aula	Plakat Folie

	Hause		
Organisation	Aufteilen des Plenums (evtl. durch Losverfahren) in Gruppen von 8 bis 10 Elternteilen	Kleingruppen in verschiedenen Räumen	Programm mit Gruppenzeichen
Reflexion des eigenen Lernens	Wir werfen zuerst einen Blick auf das eigene Lernen mithilfe einer schriftlichen Hilfe – Freimachen von negativen Erwartungen und Erfahrungen: das Kind ist eine eigene Persönlichkeit	EA	Fragebogen
Reflexion des Lernens der eigenen Kinder	Welche Erfahrungen mach(t)en Sie mit dem Lernen Ihrer Kinder? Einsatz von KI? Handy? Welche Bereiche finden Sie besonders wichtig? Aussprache (Lösungen und Tipps erst in den späteren Veranstaltungen!)	GA	Kärtchen oder Folie zum Mitschreiben Ergebnissammlung
Kurzeinführung zum Lernen	Lernen ist ... „Lernen lernen" ist ... (mit Konkretisierung) Wichtig dabei sind: *Lernfreude* (durch Interesse und Lob am Lernen des Kindes) *Fehlerkultur* (Fehler zulassen, nicht HA fehlerfrei mithilfe, sondern richtig helfen, in den nächsten Veranstaltungen!) Kurze Aussprache	Kurzvortrag durch Lehrkraft	Vorlage
Beobachtungsauftrag	Beobachten und reflektieren Sie die „Lernfreude" Ihres Kindes und den „Umgang mit Fehlern" und mit Handy oder KI	Darstellung durch Lehrkraft	Folie und/oder Blatt
Ausblick auf nächsten Workshop		Darstellung durch Lehrkraft	

5.3.2 LL-Eltern-Workshop (Teil 2)

Im ***zweiten Workshop*** greift man die häuslichen Beobachtungen auf und diskutiert intensiv die Ergebnisse. Anschließend stellen die Lehrkräfte in ihren Gruppen an einer „Lerntheke“ die im Unterricht mit den Schülerinnen und Schülern der verschiedenen Klassen behandelten LL-Bausteine inhaltlich vor und klären dazu methodische Fragen.

Ablaufstufen	Inhalt	Methoden	Material
Begrüßung	Schulleitung: Im ersten LL-Workshop haben die Rückmeldungen ... Ergebnisse ...	Plenum in der Aula	
Ziel	Vorstellen der LL-Bausteine und ihrer Teilthemen in den verschiedenen Klassen	Plenum in der Aula	Plakat Folie
Organisation	Aufteilen des Plenums nach Jahrgangsstufen 1/2 und 3/4	Kleingruppen in verschiedenen Räumen	
Reflexion	Eltern äußern sich zu ihren häuslichen Beobachtungen bzgl. „Lernfreude“ und „Umgang mit Fehlern“	Kleingruppe	
Vorstellen der LL-Bausteine, die im Unterricht behandelt werden	- Hausaufgaben - Fehler - Konzentration/Entspannung - Info-Aufnahme - Sachaufgaben in Mathematik - Info-Bearbeitung - Wiederholung - Merken und Kontrolle - KI-Anwendungen - Adaptive Lernprogramme/Prompts Aussprache	Selbstversuche: Konz. Übung Selbstversuche: Merkübung; Auswahl von KI-Anwendungen zeigen L-Vortrag zu den restl. Bausteinen	Info-Materialen (Arbeitsblätter der Lernenden) an einer „Theke“
Ausblick auf nächsten Workshop	Nächstes Mal Tipps zur HA- und Lernunterstützung Ihrer Kinder!	Gruppen bleiben bestehen	

5.3.3 LL-Eltern-Workshop (Teil 3)

In der ***dritten*** und letzten ***Abendveranstaltung*** erarbeiten und diskutieren die inzwischen schon „zusammengewachsenen“ Gruppen Möglichkeiten, um das häusliche Lernen der Schulkinder effizienter zu unterstützen. Tipps zu den einzelnen LL-

Bausteinen sowie das Einholen eines schriftlichen Feedbacks schließen die letzte Veranstaltung.

Ablaufstufen	Inhalt	Methoden	Material
Begrüßung und Ablauf	Impuls der Kursleitenden: Erinnern Sie sich bitte an Ihre Rückmeldungen zur Lernfreude und zum Fehlerumgang Ihrer Kinder: ...	Klein-gruppen-gespräch	Auswer-tung der Folien bzw. der Mit-schriften
Ziel	Ableiten der häuslichen Unterstützungsmöglichkeiten zu den einzelnen LL-Bausteinen		Plakat Tafel
Erarbeitung	**Problemsammeln**: Im ersten LL-Workshop haben Sie, die Eltern, Probleme mit dem häuslichen Lernen Ihrer Kinder geäußert → Welche Probleme? Über Fall/Fälle entscheiden In Gruppen einen „Fall“ themengleich bearbeiten KI-Anwendungen, adaptive Lernprogramme, Prompts (Fortsetzung) Ergebnisse präsentieren Diskussion Aussprache mithilfe der Elterntipps	Klein-gruppen-gespräch Auswahl von KI-Anwendungen zeigen GA	Tafel Leitfaden (Eltern-tipps)
Feedback	Waren Sie mit dem Bisherigen zufrieden?	EA	Feedback-Scheiben

Die konkreten Erfahrungen zu den in der Praxis durchgeführten drei Workshops zeigten eine ***dreifache Wirkung***. Erstens stellten sich die *Lehrkräfte* mit der ganzen Schule transparent und offen dar, ohne dabei verkrampft zu erscheinen. Außerdem erfuhren die Lehrerinnen und Lehrer durch die intensive Auseinandersetzung im besonderen Maße die Sinnhaftigkeit des Projekts, sodass sie die LL-Bausteine in ihrer eigenen Unterrichtsarbeit noch nachdrücklicher integrierten. Nach den Feedback-Aussagen hatten – zweitens - viele *Eltern* den Eindruck, mit ihren Erziehungsproblemen von den Lehrkräften „ernst“ genommen zu werden. Deshalb wohl öffneten sich die Erziehungsberechtigten ihrerseits und sprachen in den Kleingruppen überraschend frei über ihre Erfahrungen, Probleme und Ängste bei der Erziehung ihrer Kinder. Diese Aussprachen gingen häufig über den Bereich des Lernenlernens hinaus und waren daher für die weitere Erziehungsarbeit äußerst wertvoll. Die dritte Wirkung zeigte sich im Unterricht in den Wochen danach. Es war deutlich festzustellen, dass das gezeigte Interesse der Eltern die *Effizienz* des gesamten LL-Projekts in allen Klassen förderte.

5.4 Elternunterstützung zum LL durch die KI

Die Anzahl eigener Smartphones, Tablets, Laptops und PCs in den deutschen Kinderzimmern wächst laufend. Auch der unbeaufsichtigte Zugang zum Internet wird immer öfter möglich. Eine repräsentative bundesweite Studie im Jahr 2022 zeigte Folgendes:

- Grundschulkinder verfügen über ...
  eigenes Smartphone im Alter: 6–7 Jahre: 9 %, 8–9 Jahre: 27 %, 10–11 Jahre: 58 %.
  eigenen Computer: 15 %, Laptop: 12 %, Tablet: 10 %
  eigenen Internetzugang: 22 %
- Grundschulkinder surfen zu 58 % unbeaufsichtigt im Internet. Schon Sechs- bis Siebenjährige gehen zu 30 % allein am PC ans Netz.
- Im Internet suchen 71 % der Kinder aktiv nach Informationen für die Schule wie Hausaufgaben.
  45 % suchen dort, wenn sie ein Problem lösen möchten.
- Die Top drei der liebsten Spiele bei den Mädchen sind „Die Sims", „Candy Crush" und „Minecraft", während Jungen „FIFA", „Minecraft" und „Fortnite" bevorzugen.
  (Vgl. KIM-Studie 2022, 5–56)

Im November 2022 wurde das KI-Programm ChatGPT für die Öffentlichkeit freigegeben. Es entstand ein riesiger Hype um das neue Chatprogramm, das nach einer Woche über eine Million neue Nutzer fand, nach zwei Monaten waren es über 100 Millionen. Aktuell besuchen etwa 1,7 Milliarden Menschen monatlich den frei verfügbaren Chatbot. ChatGPT war der Start in ein neues Zeitalter, das die Künstliche Intelligenz plötzlich jedem für viele Zwecke frei zur Verfügung stellte.

Damit entstand ein Wettbewerb großer Internetfirmen mit konkurrierenden KI-Programmen, die Texte, Bilder, Musik, Audios, Videos und Codes generieren konnten. Bisher waren die KI-Programme weitgehend unbemerkt angewachsen, z.B. bei Siri und Alexa, Smarthome, Navigationsgeräten, selbstfahrenden Autos, Rasenmäh-robotern oder ChatBots auf Firmenwebsites. Der Einsatz von KI wurde bewundert und bestaunt, aber es bestand keine Zugangsmöglichkeit für die Öffentlichkeit.

Seit November 2022 kann nun auch jedes Kind auf seinen Geräten KI-Anwendungen über das Internet nutzen. Viele Programme sind frei zugänglich und kinderleicht zu bedienen, weshalb dieses Thema besonders auch in der Elternarbeit neu bedacht und einbezogen werden muss.

Auch das Lernen selbst ist massiv davon betroffen, insbesondere im Kinderzimmer. Schule und Eltern müssen sich fragen:

- Warum sollen Lernende noch per Google-Suche über viele Quellen Informationen sammeln, wenn sie binnen Sekunden fertige Antworten zu einem Thema oder Problem sprachlich perfekt serviert bekommen?
- Warum sollen sich Schülerinnen und Schüler Strategien und Techniken zur Info-Verarbeitung und -Speicherung selbst aneignen, wenn ihnen adaptive Lernprogramme geduldig und in individuell maßgeschneiderten Lernpaketen vieles eintrainieren? Dazu garantiert permanentes Feedback beim Lernen die Erfolge.
- Warum sollen Schülerinnen und Schüler selbst Texte zusammenfassen, Referate vorbereiten oder Mathe-Sachaufgaben lösen, wenn ChatGPT den Lernenden binnen Sekunden perfekte Texte und Lösungswege präsentiert?
- Warum benötigt man noch im Unterricht Rechtschreib- und Grammatikstunden, warum das Lernen von Matheformeln oder physikalischen Gesetzen, wenn Gemini oder Copilot alles schulische Wissen schon kennen und den Schülerinnen und Schülern dieses mühselige Lernen abnehmen?

Diese *perfekten Helfer* stehen jedem Kind für alle schulischen Aufgaben und Probleme seit November 2022 via Internetzugang zur Verfügung.

Gleichzeitig gefährden KI-Programme aber auch die Motivation zum eigenständigen Lernen und zum Erwerb von Lerntechniken und -strategien. Sie untergraben zudem die eigene Selbstherausforderung zur Problemlösung und unterminieren den eigenen Erwerb und die Sammlung neuer Erfahrungen und Erkenntnisse.

Die *Schule darf nicht tatenlos* dem Einzug der KI ins Kinderzimmer *zusehen*, sondern muss den Eltern helfen, mit dem neuen Phänomen zurechtzukommen. Daher sollte die Schule proaktiv beratend und begleitend für die Eltern Angebote zum Umgang mit KI-Programmen erstellen.

5.4.1 Grundsätzliche Probleme der Kooperation mit den Eltern

Es gibt in jeder Schule ähnliche Herausforderungen, wie z.B. die Kontaktaufnahme zu den Eltern, die Unterstützung dieser beim gemeinsamen Erziehungsauftrag oder auch das Einholen der Zustimmung und Mitarbeit der Eltern im häuslichen Bereich. Die große Bandbreite – von Mitarbeit bis Ablehnung – wird an Elterntagen, bei

Elternsprecher- und Elternbeiratswahlen, im schulischen Alltag immer wieder spürbar und muss bewältigt werden.

Da mit den *Chatbots* und anderen KI-Anwendungen, die auch von den Kindern genutzt werden können, ein *weiterer „Miterzieher"* und Stakeholder mit großem Einfluss auf den Plan getreten ist, muss die Schule verstärkt die Kontakte und den Austausch darüber mit den Eltern pflegen.

Schon in den 1980er-Jahren entstand mit dem Aufkommen der Taschenrechner ein ähnliches Problem. Der Einsatz dieses Geräts war zwar erst ab der 7. Jahrgangsstufe in den bayerischen Schulen erlaubt, jedoch wurden die Taschenrechner zu Hause auch bereits von jüngeren Kindern beim Erledigen der Hausaufgaben gern genutzt. Die Empfehlungen der Schule wurden nicht von allen Eltern umgesetzt oder unterstützt.

Ähnliche Schwierigkeiten stehen derzeit an: Wird das Interesse an Chatbots in der Schule zu früh geweckt? Lernen die Kinder in der Schule zusätzliche Informationsquellen im Internet kennen, die sie daheim unbeaufsichtigt im Kinderzimmer auch nutzen werden?

Sollte man nicht die Nutzung von Chatbots verbieten und blockieren, wie es in New York und Los Angeles Anfang 2023 versucht wurde? Inzwischen sind alle US-Staaten wieder zurückgerudert. Sie versuchen vielmehr, sich den neuen komplexen Fragen zu stellen und den kreativen, effektiven und kritischen Einsatz von Chatbots in Schule und Erziehung gezielt zu fördern.[62]

5.4.2 Internet im Kinderzimmer

Lehrkräfte haben mit dem Unterricht etwa 4 bis 5 Stunden Einfluss auf die Lernenden, während die Eltern etwa 9 bis 12 Stunden auf das Leben und Lernen ihrer Kinder daheim im Blick haben. Wie Eltern mit ihren Kindern daheim umgehen, in welchem zeitlichen Umfang sie mit ihnen spielen und essen, mit ihnen einkaufen gehen oder die Oma besuchen, sie bei alltäglichen Abläufen miteinbeziehen oder sie im Kinderzimmer allein lernen und spielen lassen, entzieht sich meist der Kenntnis der Lehrkräfte.

Mit Fokus auf das häusliche Lernverhalten spielt das elterliche Verhalten aber eine große Rolle. Werden Kinder beim Lernen alleingelassen, surfen 30 % der Sechs- bis Siebenjährigen schon allein am PC im Internet und 79 % der Zwölf- bis 13-Jährigen. Die Informationssuche gilt zu 71 % der Schule, aber bei 51 % auch Dingen, die sie kaufen möchten oder bei 45 % den Problemen, die sie haben. Wie schon erwähnt,

---

[62] Zum Beispiel mit www.swrfakefinder.de

beaufsichtigt häufig niemand die Ergebnisse, die am Bildschirm erscheinen und welche die Kinder aber beeinflussen können (vgl. KIM-Studie 2022, 5–56).

5.4.3 Neue KI-Technologie – neue Fragen

Die neuen Technologien im Rahmen des Unterrichts anzugehen und zu integrieren, wird eine große Aufgabe für die Lehrkräfte und die Schulleitungen werden. Fort- und Weiterbildungen sollten – wie schon an anderer Stelle betont – baldmöglichst die Lehrkräfte auf den neuesten Stand der Entwicklung bringen und halten. Die digitale Aufrüstung der Schulen muss durch die Sachaufwandsträger geleistet werden, der Datenschutz muss sichergestellt und die neuen Computerprogramme wie Chatbots und KI-Tools müssen auf ihre Tauglichkeit und Verlässlichkeit geprüft werden.

Die größten Unsicherheiten entstehen aber durch den häuslichen Einsatz derartiger Anwendungen im Kinderzimmer. Folgende neuen Fragen entstanden sehr schnell und brauchen sehr schnelle Antworten:

- Welche Software kommt in Kinderzimmern zum Einsatz?
- Wie hoch sind der Einfluss und die Kenntnisse der Eltern in dem neuen Bereich?
- Was läuft nach Ansicht der Eltern noch unter harmlosem Lernspiel, unter schlauen Helfern für die Schülerinnen und Schüler und unter geduldigen Nachhilfe-Tutoren für die Kinder?
- Erkennen die Eltern die möglichen Gefahren der neuen Technologie für ihre Kinder, deren „Halluzinationen" und Fehlantworten, deren vorurteilsbehafteten Antworten?
- Wie kann die Schule den damit überfluteten Eltern bei der richtigen Auswahl, bei ihrer Information über den sinnvollen Einsatz überhaupt noch helfen?
- Und wie reagiert die Schule auf Eltern, die aus Zeit- und Betreuungsnot heraus ihren Kindern alle KI-Anwendungen freilassen?
- Weitergedacht: Wie öffnet sich die soziale Schere weiter zwischen Kindern mit und ohne Zugang zu KI-Anwendungen und wie kann die Schule dabei ausgleichen?

Bis 2022 herrschte noch eine große Skepsis bei Eltern und Lehrkräften gegenüber digitalen Medien vor. Manchen erschien es so, als würde man einen Fernseher in den Klassenraum stellen und Kinder nur konsumieren lassen. Sie befürchteten, digitale Medien würden „dumm und faul" machen. In den USA ist das anders. Hier hat man schon früh das spielerische, kreative Element gesehen. In der Coronazeit hat sich diese Sichtweise aber auch in Deutschland gewandelt (vgl. Kuhn 2021).

Die Faszination von Chatbots der Firmen OpenAI, Google, Microsoft oder Meta hat seit November 2022 nicht nur viele Computernutzer erfasst, sondern u.a. auch Unternehmen, Kreativfirmen, Buch- und Musikverlage, die Filmindustrie und eben auch das Bildungswesen.

Die meisten bisher bekannten KI-Anwendungen sind an den sogenannten Nachmittagsmarkt adressiert. Sie sprechen den großen, auch finanziell sehr lukrativen Bereich der Nachhilfe und des Selbstlernens an. Dabei handelt es sich um Anwendungen, die ein personalisiert-adaptives Lernerlebnis mit entsprechenden Übungen und Analysefunktionen verbinden und dadurch ein effizienteres Lernen – insbesondere in Bereichen des sogenannten regelbasierten Lernens wie den MINT-Fächern und beim Spracherwerb – versprechen (vgl. MMB-Institut 2021, 5).

Auch diese Entwicklungen zeigen, dass Lehrkräfte und Eltern nicht umhinkommen, sich mit diesen Anwendungen zu beschäftigen und deren Einfluss zu prüfen und zu nutzen. Ohne KI ist – das sei hier nochmals betont – künftig Bildung nicht mehr denkbar.

5.4.4 Angebote für Eltern zu KI-Programmen

Aus den genannten Gründen sollten Eltern schon beim Aufbau von Medienkompetenz bei ihrem Kind nicht alleingelassen werden. Die Schule kann dazu Angebote zur Weiterbildung für Eltern machen.

Neu dazugekommen ist die Aufgabe für Eltern, ihren Kindern einen kompetenten Umgang nicht nur mit sozialen Plattformen, sondern auch die sinnvolle Nutzung von Chatbots und KI-Programmen nahezubringen. Die meisten Eltern werden damit aber vermutlich überfordert sein, da sie beruflich und familiär schon mit anderen Aufgaben belastet sind.

Der Boom und das schlagartige Anwachsen von KI-Angeboten seit Ende 2022 zwingt – wie schon mehrfach betont – auch die Schule zu einem Umdenken und einer Neuorientierung.

Im Vorliegenden kann und soll nicht auf die Vielfalt der familiären Konstellationen eingegangen werden. Allgemein kann man vermuten, dass sich bei Vergleichen zwischen einzelnen Eltern nicht nur große Unterschiede bei der Betreuung ihrer Kinder und bei der finanziellen Ausstattung, sondern auch bei der Kenntnis im Umgang mit der neuen Technik zeigen.

Folgende Formate sind zur Unterstützung der Eltern beim Umgang mit den neuen Technologien durch die Schule möglich:

- **Informationsabende** zu den neuen KI-Technologien und deren Einsatz in der Schule abhalten und Möglichkeiten zum Ausprobieren und Testen den Eltern anbieten;
- „**Weiterbildung**" zu den KI-Programmen im Kinderzimmer für Eltern (z.B. zu Anton) anbieten;
- **Gesprächsabende** mit gegenseitigem Austausch organisieren und dabei zu diskutieren, was Eltern im digitalen Bereich erlauben können, was sie kontrollieren müssen oder ablehnen sollten;
- **Übungsangebote** zum praktischen, sinnvollen Umgang mit Chatbots oder anderen KI-Tools anbieten;
- **Hinweise** auf die Kompetenzen der Lehrkräfte und deren Beratungsangebote geben;
- **Informationen** zu pädagogisch wertvollen *Websites* geben, z.B. www.schau-hin.info[63] oder www.swrfakefinder.de.

Dazu können seitens der Schule folgende Empfehlungen an die Eltern gegeben werden:

- Überwachung, dass die KI-Systeme nur Dinge zeigen, die zum Alter der Kinder passen;
- Sicherheit beachten: keine Sammlung persönlicher Informationen oder Bilder zulassen;
- eigene Kinder zur Überprüfung der Aussagen und Entscheidungen der KI-Systeme anregen;
- laufende Kommunikationsbereitschaft mit den Kindern zur Nutzung der KI anbieten;
- für die Risiken und Herausforderungen im Umgang mit der KI sensibel sein;
- Erziehungsempfehlungen zur Nutzung und Bewertung von KI-Anwendungen:
  - Wissen vermitteln: Wie funktionieren KI-Systeme? Welche Daten sammeln und nutzen sie?
  - kritisches Denken fördern: Kinder sollten KI-Systeme hinterfragen, überprüfen;
  - praktische Erfahrungen machen lassen: Kindern sollten KI-Technologien ausprobieren und ihre Ergebnisse hinterfragen lernen;
  - Aufklärung über Auswirkungen geben, d.h. negative Folgen kennen wie Vorurteile oder Diskriminierung;

---

63 eine Initiative des Bundesministeriums für Familie, Senioren, Frauen und Jugend, ARD, ZDF und AOK.

- diverse KI-Anwendungen (z.B. in den Fächern Deutsch, Mathematik, Englisch, Informatik, Ethik) kennenlernen, um diese besser beurteilen zu können.

Was empfiehlt ChatGPT selbst auf eine Anfrage hin?

„Eltern können ihrem Kind erlauben, Lern-Apps, Chatbots und KI auf seinem Laptop zu verwenden, solange sie angemessene Vorsichtsmaßnahmen treffen. Dazu gehört, dass sie die Technologien selbst verstehen, die Privatsphäre und Sicherheit ihres Kindes gewährleisten, Zeitlimits für die Nutzung festlegen, die Aktivitäten ihres Kindes überwachen und offen mit ihrem Kind über die Nutzung dieser Technologien sprechen. Es ist auch wichtig, dass sie sicherstellen, dass die Technologien, die ihr Kind verwendet, altersgerecht und pädagogisch wertvoll sind.“ [Abfrage ChatGPT am 28.12.2023].

5.4.5 Gestaltung schuleigener Chatbots für Eltern

Branchen wie Tourismus, Banken oder Behörden sowie Kundendienste, Produktinformationen oder Einkauf-Apps setzen seit Jahren schon Dialogsysteme ein, die mit natürlicher Sprache arbeiten. An diese Chat-Widgets, die kleinen Chatfenster am Rand des Bildschirms, haben sich schon viele Menschen gewöhnt.

KI-basierte Chatbots verwenden Spracherkennungsverfahren, um die Anfragen der Kunden, ob in Text- oder Audioform, verstehen zu können. Werden sie mit Schnittstellen (APIs) mit der firmeneigenen Datenbasis verbunden, greifen sie nur auf diese Wissensbasis zurück und können individuelle Auskünfte geben. Zudem lernen sie bei jeder gestellten Frage weiter dazu, wodurch sich ihre Wissensdatenbank ständig vergrößert und die Beantwortung der Fragen immer besser wird. Die Texte erscheinen immer mehr wie von Menschen formuliert.

Entscheidet sich die Schulleitung für den Einsatz eines *schuleigenen Chatbots* mit Anschluss an die Angebote und Informationen der Schule und ergänzt man zudem den Zugriff auf die Haus- und Schulordnung bis hin zum BayEUG, könnten Eltern viele Informationen vom schulischen Alltag ihres Kindes bis hin zur Schullaufbahn erhalten.

Ein großer *Vorteil für Familien mit Migrationshintergrund* wäre die Möglichkeit, in der eigenen Muttersprache mit dem Chatbot zu kommunizieren. Der Schul-Chatbot könnte demnach nicht nur in beliebigen Sprachen, sondern auch in einfacher Sprachform und in großer Geduld beliebige Anfragen von Eltern beantworten. Die Hemmschwelle, mit einem Chatbot zu kommunizieren, ist vermutlich deutlich geringer, als mit einer Lehrkraft live zu sprechen.

Die *Elternkommunikation* würde weiter *verbessert*, weil der Chatbot rund um die Uhr erreichbar ist. Bei Zufriedenheit der Eltern erhöht sich die Wahrscheinlichkeit, die Website der Schule erneut aufzusuchen. Die Interaktion der Eltern mit der Schule würde steigen, weil keine Anrufe erfolgen oder E-Mails gesendet werden müssen. Deshalb würden Eltern vermutlich eher dazu neigen, Fragen zu stellen.

Aktuelle Informationen auf der *Schulwebsite* können zudem viel schneller und einfacher gefunden werden. Ein schuleigener Chatbot könnte viele Anfragen online sachgerecht und richtig beantworten und würde bei komplexeren Fragen auf die Websites von Schulberatungsstellen oder weiterführenden Schulen, von Regierung und Kultusministerium weiterleiten oder eine Terminanfrage zum persönlichen Gespräch stellen können. Da die Erwartungen der Eltern an die Kommunikation mit der Schule in letzter Zeit augenscheinlich stark gestiegen sind, können die Online-Anfragen an die Schule kompetent, zuverlässig und für die Schule zeitsparend beantwortet werden.

Für Schulleitungen stellt sich nur die *Frage, welche der inzwischen angebotenen KI-Chatbots* samt integrierter API in die eigene Infrastruktur *eingebunden werden* sollen. Claude 3 von Anthropic, GPT-4 von OpenAI, Neuroflash, Mindverse oder Unbounce sind Beispiele dafür. Leistungsfähige Sprachmodelle bieten mithilfe der KI zudem neue Möglichkeiten, in Sekundenschnelle eine Vielfalt von Informationen zu durchsuchen und eine passende Antwort zu geben.

Mehrere *Voraussetzungen* sollten dabei allerdings erfüllt sein: Die Kontrolle und Steuerung der KI-Anwendungen muss weiterhin beim Menschen bleiben, Überprüfungsmechanismen müssen die Vollständigkeit der Informationen sichern und „Halluzinationen" und Fehlschlüsse der Chatbots müssen vermieden werden.

Am sichersten wäre es, den Sprachmodellen als Informationsbasis lediglich die Wissensdatenbank des Kultusministeriums, die Lehrpläne des ISB, das Schulrecht in Form von BayEUG, LDO usw. zur Verfügung zu stellen, damit nur im Rahmen dieser amtlichen Informationen Antworten auf die Anfragen von Eltern und Lehrkräften gegeben werden können. Das Ziel ist dabei, für Eltern und Lehrkräfte das Wissen über die Schule ihres Kindes, das Schulsystem und die gesetzlichen Vorgaben besser durchsuchbar werden zu lassen.

Voraussetzungen dafür sind allerdings, die laufende Aufbereitung und Verbesserung der Schulwebsite und die sorgfältige Überprüfung der Ausgaben der Chatbots. Damit können Qualität und Sicherheit der Daten gewährleistet werden.

Hilfreich wäre angesichts des aktuellen Tempos der Verbreitung von KI-Anwendungen, wenn die obersten Schulbehörden bei der Auswahl sicherer Chatbots unterstützen könnten, Informatik- und KI-Spezialisten zur Beratung zur Verfügung stellen und zudem noch zeitnah Webinare für die Fort- und Weiterbildung bereitstellen würden.

6. Schulleitungshandeln

6.1 Aufgaben der Schulleitung

Die Realisierung des LL-Projekts erfordert einige organisatorische und inhaltliche Vorarbeiten. Sie sollten sinnvollerweise von der Schulleitung und vom gesamten Kollegium gemeinsam durchgeführt werden, um eine reibungslose und ökonomische Realisierung zu ermöglichen. Im Anschluss sind einige Tipps für die Schulleitung und für das Kollegium zusammengestellt, die bei der Durchführung des „Lernen-lernen-Komplexes" als Handreichung hilfreich sein können. Dabei muss betont werden, dass ein besonderes *Spezialwissen*, das über den aktuellen Ausbildungsstandard hinausgeht, *nicht nötig* ist. Sowohl Organisation als auch Inhalte und Evaluation sind soweit ausgereift entwickelt, dass das LL-Projekt (theoretisch fundiert) an jeder Grundschule und (organisatorisch und mit angepassten Inhalten) auch an jeder Mittelschule realisiert werden kann.

Aus dem **Blickwinkel der Schulleitung** erscheint es vordringlich, für das Kollegium als *Vorbild* zu wirken und das Lehren des Lernens (LL) aktiv mitzutragen. So wäre es sicherlich dem Bestreben, Methodenkompetenz zur fördern, abträglich, würde der Schulleiter/die Schulleiterin oder der Stellvertreter/die Stellvertreterin in seinem/ihrem Unterricht die genannten Themen nicht selbst entsprechend der Planung erarbeiten und einüben. Über diese konkrete Umsetzung hinaus erscheint es jedoch mit Blick auf die gesamte Schule notwendig, den Lehrkomplex „Lernen lernen" *in der Schulentwicklung* als tragendes Element zu *etablieren* und im Jahresablauf als „Dauerbrenner" einzubauen.

Zunächst gilt es, an der Grund- bzw. Mittelschule eine **Arbeitsgruppe mit Lehrkräften zu gründen, die als *Steuergruppe* fungieren und die verschiedenen Aktivitäten koordinieren soll.** Dazu erscheint es günstig, seitens der Schulleitung einzelne geeignete Kolleginnen oder Kollegen anzusprechen und von dem Projekt zu überzeugen. Den Vorsitz dieser Steuergruppe muss nicht zwingend ein Schulleitungsmitglied innehaben. Allerdings sollte die Schulleitung schon bei den Vorbereitungstätigkeiten mithelfen und diese für das Kollegium sichtbar unterstützen.

Ebenso muss seitens der Schulleitung dafür gesorgt werden, dass die Vorbereitungen für das Lernen-lernen-Projekt in die *hauseigene Fortbildung* aufgenommen werden. Das bedeutet zum einen, eine „Pädagogische Konferenz" dafür vorzusehen, zum anderen eventuell einen Referenten oder Referentin zu engagieren und die Kollegenschaft für eine fachliche Auseinandersetzung sowie für eine Kooperation zu gewinnen.

Um den Erfolg des gesamtschulischen Projekts zu überprüfen (*Evaluation*), ist es nötig, dass die Schulleitung bzw. das Sekretariat die Evaluationsbögen für die Durchführung in den Klassen 2 und 4 vorbereitet und durch die Ausgabe der Lösungsblätter die (zusätzliche) Korrektur der Kollegen erleichtert. Zudem gilt es, die gezielt (z.B. in

Konferenzen) herbeigeführte Diskussion sowie die daraus resultierenden Verbesserungsvorschläge durch die Führung der Schule umzusetzen. Es bedarf sicher auch der Überprüfung der Lehrnachweise, um sicherzustellen, dass sich auch alle Kolleginnen und Kollegen an dem Projekt beteiligen.

Schließlich wird die Schulleitung auch *Informationen an die Eltern* über das LL-Projekt (z.B. in Form von Eltern-Workshops– vgl. dazu 5.3 und 5.4) geben müssen.

Die in der folgenden Tabelle stichpunktartig aufgeführten Schulleitungsaufgaben beziehen sich nicht auf die Einführung des Projekts, sondern stellen darüber hinausgehende Aufgaben dar, die mit dem ersten, großen Schritt der Einführung und Durchführung zunächst nichts zu tun haben.

Ausweiten des Themas auf die Elternarbeit	Einen Eltern-Workshop organisieren.
Kooperieren mit anderen Schulen	• bei Schulleitungsbesprechungen das Thema einbringen • Referentinnen und Referenten gemeinsam engagieren • Materialien austauschen • Fachgruppen gegenseitig einladen
Präsentieren der Ergebnisse	Die schulischen Lernen-lernen-Aktivitäten in den Medien – z.B. in der lokalen Zeitung oder im Internet – entsprechend darstellen und diskutieren.

6.2 Einführung des LL-Projekts in der Grundschule

Die Steuergruppe der Lehrkräfte hat zunächst den Auftrag, eine theoriegeleitete und praxisorientierte *Einstiegsveranstaltung* zu organisieren. Das geschieht am besten im Rahmen einer pädagogischen Konferenz. In dieser führt man das Gesamtkollegium der Schule in die Lernen-lernen-Thematik ein, oder man motiviert bereits fachkundige und themenerfahrene Lehrkräfte zu einem Neustart.

Zur *„Initialzündung"* für das Lernen-lernen-Projekt kann ein Fachreferent bzw. eine *Fachreferentin* an die Schule zu einem Vortrag eingeladen werden. Wichtig ist in dieser Einführung, dass dem Kollegium die oben genannten LL-Bausteine sowie die jahrgangsbezogenen Teilthemen dezidiert nahegebracht werden. Damit will man von vornherein zur theoretischen Grundlage einen konkreten Praxisbezug herstellen.

In der Grundschule werden zunächst die Schwerpunktwochen zeitlich und organisatorisch festgelegt. Das geschieht entweder in der oben beschriebenen Einführungsveranstaltung oder in einer daran anschließenden Konferenz. Die Auseinandersetzung mit den teilweise vorliegenden Unterrichtsmaterialien[64] erfolgt sinnvoll in separaten (u.U. zeitlich parallel gelegten) Jahrgangskonferenzen. Auch hier sollte jeder Kollegin bzw. jedem Kollegen das gesamte „Paket" der Unterrichtseinheiten (digital) zugänglich gemacht werden, damit sich jede Lehrkraft darüber informieren kann. Damit steht dem Start des Projekts nichts mehr im Weg. Überall im Schulhaus aushängende Plakate weisen Schulkinder, Lehrkräfte und Eltern auf die Schwerpunktwochen hin und informieren über das Gemeinschaftsprojekt. Nach der Durchführung des LL-Projekts wird am Schluss des Schuljahres in den Jahrgängen 2 und 4 jeweils ein Evaluationstest durchführt und ausgewertet (vgl. Punkt 5). Ähnlich wie bei den Orientierungs- oder Diagnosearbeiten werden die Eltern über die Ergebnisse informiert.

EXKURS

In der Mittelschule kann das LL-Projekt mit den gleichen Bausteinen und in der gleichen Organisationsform (vier Schwerpunktwochen) durchgeführt werden. Diese liegt – im Gegensatz zu den anderen weiterführenden Schulen – daran, dass in den Mittelschulen das Fachlehrerprinzip noch weniger zum Tragen kommt. Das bedeutet, dass die Klassenlehrkraft relativ viele Stunden in einer Klasse unterrichtet und diese sich damit die für die Umsetzung der LL-Bausteine notwendige Unterrichtszeit leichter einrichten kann, als dies für eine Fachlehrkraft z.B. am Gymnasium oder an der Realschule möglich ist. Deshalb sind für diese Schularten LL-Projekte anders organisiert.[65]

Zunächst müssen in der Mittelschule für jeden LL-Baustein die *Unterthemen für die einzelnen Jahrgangsstufen* gefunden werden. Das geschieht entweder in der oben beschriebenen Einführungsveranstaltung oder in einer daran anschließenden Konferenz. Daran schließt sich – passend in einer pädagogischen Jahrgangskonferenz – die *Erarbeitung der unterrichtspraktischen Lehreinheiten* an. Danach soll – wie für die Grundschule – für jeden der neuen LL-Bausteine in jeder Jahrgangsstufe eine fertige Unterrichtseinheit zusammengestellt werden. Diese wird jeder Kollegin bzw. jedem Kollegen (digital) zur selbstständigen Überarbeitung zugänglich gemacht. Ebenso müssten Evaluationstests beispielsweise für die Klassen 6 und 8 erarbeitet werden, um einerseits die Wirksamkeit der LL-Maßnahmen zu überprüfen und andererseits den Förderbedarf im Bereich der Methodenkompetenz für die einzelnen Schülerinnen und Schüler herauszufinden.

Nach diesen aufwendigen, aber sich lohnenden Vorarbeiten kann – wie in der Grundschule – mit der konkreten Organisation und Durchführung des LL-Projekts begonnen werden.

---

64 Siehe: www.schulpaed.de (Rubrik „Lernen lernen")

65 Siehe z.B. Johann-Schöner-Gymnasium: https://www.jsg-karlstadt.de/allgemeines-lernen-braucht-methode

6.3 Einbezug der KI zur Organisation des LL-Projekts

6.3.1 Vorgehen

Die Ausstattung der Kinderzimmer mit Geräten und Internetzugang ist seit 2022, auch durch das Homeschooling in der Coronapandemie bedingt, sicher noch größer geworden (vgl. 1.3.2.1). Die Anwendungen der KI sind – wie schon erwähnt – auch in den Kinderzimmern längst angekommen. Auch bei den Eltern sehen die Schülerinnen und Schüler die Nutzung der KI-Produkte in vielen Lebensbereichen.

Wie sollten nun Schule und Lehrkräfte im Rahmen des LL-Projekts mit diesen neuen „Influencern" umgehen?

Die Schülerinnen und Schüler sollten sich eigentlich selbstständig das effiziente Lernen aneignen. Diese Mühe wird neuerdings durch KI-Anwendungen erleichtert und ersetzt. Hier ein Überblick wie KI-Programme die einzelnen LL-Bausteine unterstützen und erleichtern können:

LL-Bausteine	**Hilfe/Erleichterung durch KI-Programme**
Info-Aufnahme	KI unterteilt in „Häppchen", passt das Niveau an die jeweiligen Lernenden an, regelt das Lerntempo, bietet Wissen je nach Lernstil des Schülers/der Schülerin an
Info-Speicherung	KI erstellt Lernkontrollen; bei Lücken wird Fehlendes ergänzt, werden Lerninhalte wiederholt/überprüft, bis alles gemerkt ist
Info-Verarbeitung	KI vereinfacht Texte, übersetzt in andere Sprachen
Info-Anwendung	KI löst Mathe-Sachaufgaben, fasst Sachtexte zusammen, schreibt Texte, beantwortet Fragen zu einem Sachtext
Evaluation/Kontrolle	KI gibt laufend Feedback, macht Lernstandskontrollen, erstellt Lernanalysen und -prognosen
Organisation	KI empfiehlt eine Lernreihenfolge, hilft beim Packen des Schulranzens

Als **Konsequenz** folgt daraus**: Die Schule muss KI als neues Werkzeug und Thema dezidiert in den Lernenlern-Baukasten aufnehmen** (vgl. 2.5.1).

Daher sollten die Lehrkräfte auch in dem hier vorgelegten Lernen-lernen-Projekt *zusätzlich* auf die KI-Anwendungen eingehen und sie als neues nützliches Werkzeug von den Schülerinnen und Schülern anwenden lassen. Besonders hervorgehoben kann dabei die Bedeutung des eigenen Lernens und Verstehens sowie die Kreativität und Kritikfähigkeit.

6.3.2 Rahmenbedingungen für Lehrkräfte

Zu den Aufgaben der Schulleitung gehört auch, die nötigen Rahmenbedingungen für erfolgreiches Lernen zu schaffen und zu organisieren – was selbstverständlich nicht nur für das LL-Projekt gilt. Das betrifft die technische Grundausstattung der Schule. Dazu sind Gespräche mit dem Sachaufwandsträger nötig. Konkret geht es um die finanziellen Mittel, den Einkauf der nötigen Soft- und Hardware und um das Finden von Fachbetrieben, die für die Installation, Inbetriebnahme und die laufende Wartung nötig sind.

Zur technischen Grundausstattung für die digitale Bildung, d.h. auch für die Unterstützung des Lernenlehrens, zählen die Versorgung der Schule

- mit WLAN,
- mit modern ausgestatteten Computerräumen,
- mit der nötigen Hardware in Fachräumen und Klassenzimmern, z.B. Whiteboards, Tablets, VR-Brillen, 3D-Drucker,
- und mit der jeweils aktuellen Software, wie z.B. Kommunikationsplattformen, Chatbots, Mindmapping-Programmen, Image Creator.

Zudem wäre es für die Schülerinnen und Schüler hilfreich, wenn die schulischen Programme auch zu Hause kostenfrei genutzt werden könnten. Dadurch würde keine Kluft zwischen schulischem und häuslichem Lernen entstehen.

6.3.3 Fortbildungen zur KI für Lehrkräfte

Im Folgenden wird ein *Blick auf das Bundesland Bayern* geworfen. Die Staatliche Lehrerfortbildung in Bayern gliedert sich nach Reichweite und Trägerschaft in die zentrale, regionale, lokale und schulinterne Lehrerfortbildung.

Grundsätzlich wird von der *Bayerischen Staatsregierung* der Bedarf an der aktualisierten Weiterbildung der Lehrkräfte erkannt. Aufgrund der aktuellen PISA-Ergebnisse soll die Digitalisierung der Schulen forciert werden. In der Grundschule beabsichtigt man zuerst die analogen Grundlagen zu legen und die Grundfertigkeiten zu festigen. Digitale Medien sollten hier z.B. in Übungsphasen und zum Erwerb von Basis- und Medienkompetenzen genutzt werden. Erst ab der Sekundarstufe beabsichtigt man einen verstärkten Einsatz von digitalen Lernmedien, über den die Lehrkräfte nach pädagogischem Ermessen entscheiden können. Dazu sollen die Fortbildungsbemühungen weiter intensiviert werden. Ressourcenunterstützend möchte die bayerische Staatsregierung hochwertige, innovative Lernsoftware bereitstellen, das länderübergreifende Vorhaben eduCheck Digital forcieren und die Schulträger bei der Beschaffung von digitalen Schulbüchern und sonstiger Lernsoftware unterstützen (vgl. Landtagsantrag CSU/FW 2024).

Die *zentrale Fortbildungsstätte* für Lehrkräfte und Schulleitungen in Bayern ist die *Akademie für Lehrerfortbildung und Personalführung (ALP) in Dillingen*. Sie ist am besten ausgestattet für Angebote zum Thema „Künstliche Intelligenz“. Zwar werden über 200 Angebote für KI-Fortbildung allein im Jahr 2024 angeboten, aber dem akuten aktuellen Bedarf der 127 195 Lehrkräfte auf KI-spezifische Fortbildung kommen alle (auch lokale) Fortbildungsangebote mangels ausgebildeter Referenten und wegen zu wenig Ausbildungsplätzen kaum hinterher.

Daher empfiehlt sich eine ***schulinterne Fortbildung*** zum Thema KI. Sie kann mit Experten aus anderen Schulen oder von kundigen Beauftragten der Schulämter gestaltet werden. Das hat neben der guten Erreichbarkeit den Vorteil, dass diese „Initialzündung“ den betroffenen Lehrkräften auch durch die gewohnte Umgebung die Berührungsängste vor der neuen Technik nehmen kann.

7. Fazit

Die *Förderung der Methodenkompetenz* für Schülerinnen und Schüler der Grundschule ist *in analoger Form* weiterhin *unabdingbar*. Da aber die Neuerungen bei der Künstlichen Intelligenz nicht nur allgemein in der Gesellschaft, sondern speziell auch im Alltag der Familien angekommen sind, ist es nötig, die *KI auch als Unterstützung für die Lernenden, als Assistenz für die Lehrenden* und als inhaltliche und methodische Erweiterung in die Bildungsprozesse in der Schule aufzunehmen.

Durch diese Entwicklung entstehen zwei **Forderungskataloge** an die gesamte Schulfamilie:

Lernen lernen 2.0 – analog

Leitgedanken	Folgerungen / Ziele
Lernen lernen in analoger Form ist vor allem in der Grundschule weiterhin wichtig. Dies betrifft: • die Informations-Aufnahme, -Speicherung, -Verarbeitung, -Anwendung und Evaluation; • das interne Ressourcenmanagement wie Aufmerksamkeit, Anstrengung und Zeitmanagement; • das äußere Ressourcenmanagement wie Zusammenarbeit, personale und sachliche Hilfen; • metakognitive Strategien; • die Konzentration und Entspannung; • die Kontrolle; • die Motivation und Volition.	In Kursen oder in Schulhaus übergreifenden Projekten Grundlagen für die Lernenden zum selbstständigen Wissenserwerb, zur Wissensspeicherung und -anwendung legen.

Lernen lernen 2.0 – um KI erweitert

Leitgedanken	Folgerungen / Ziele
Schülerinnen und Schüler sollten ihre unterschiedlichen Vorkenntnisse und Fähigkeiten in Bezug auf KI-Programme und digitale Medien der Klasse mitteilen.	D.h. wechselseitiges Lernen im Klassenverbund
Die **Lehrkräfte** können bei der Vermittlung von Methodenkompetenz schon die KI-Programme einsetzen.	Bereitstellen von Fortbildungsangeboten auf allen schulischen Ebenen und Ermöglichung von Schulkonferenzen mit Fachleuten
Die **Eltern** müssen durch die Schule von den Möglichkeiten der KI-Programme informiert werden.	Anbieten von Elterninfoabenden in der Schule
Lehrkräfte und Eltern sollten sich auf eine Abstimmung der Begleitung der Lernenden der Grundschule in der Nutzung von KI-Programmen einigen.	Anbieten von Gesprächskreisen, Infoabenden und Elternabenden in den Klassen
Die **Schulleitungen** sollten den Lehrkräften Fortbildung ermöglichen, Rahmenbedingungen und Ressourcen organisieren, Eltern informieren und als Vorbild fungieren.	Organisieren von schulinternen Fortbildungen, Beschaffung von Ressourcen, Motivieren der Lehrkräfte und Eltern
Die **Schulträger** sollten die Rahmenbedingungen und Ressourcen zum Gebrauch digitaler Medien finanzieren.	Bereitstellen von Räumen, Hardware, Lernsoftware, Internetzugang, WLAN usw.
Der **Staat** sollte Lernsoftware und digitale Schulbücher, Lehr-Plattformen zum Austausch der Lehrkräfte mit anderen, dazu die Lehrkräfte-Ausbildung aktualisieren und erweiterte Fortbildungsangebote für Lehrkräfte und Schulleitungen bereitstellen.	Bereitstellen von rechtssicheren und datenschutzkonformen Bildungsmaterialien sowie von Lehrsoftware

In summa ist die Digitalisierung als neuer Megatrend nicht aufzuhalten. Sie hat zusammen mit der Künstlichen Intelligenz schon länger auch den Bildungsbereich erfasst. Ein trotziges „Weiter-wie-bisher" kann sich die Schule nicht erlauben, wenn sie ihre Zöglinge sinnvoll auf das Leben im 21. Jahrhundert vorbereiten will.

Es gilt, von einem Entweder-oder, d.h. vom Streitpunkt analoge versus digitale Bildung wegzukommen und ein Sowohl-als-auch, d.h. eine pädagogisch gut begleitete, neuartige Form von Bildung zu praktizieren. Digitalisierung und KI-Anwendungen stehen nicht im Gegensatz zur humanen Bildung, sondern können sie durchaus unterstützen und bereichern. Niemand weiß, wohin diese Entwicklung noch führen wird, aber es braucht auf jeden Fall pädagogisch wirkendes Personal, das den Schülerinnen und Schülern bei der Bewältigung dieser neuen Bedingungen hilfreich zur Seite steht.

Bei der konkreten Realisierung des aktuellen LL-Projekts gilt demnach immer, die bisherigen Formen des Lernenlernens in analoger Form einzuüben, zu erhalten und insbesondere in der Primarstufe die Grundlagen zu festigen. Gleichzeitig sollten die Vorteile der Digitalisierung im Bildungswesen genutzt werden. Die Digitalisierung bzw. KI ermöglicht eine bessere Personalisierung des Lernens, indem sie auf die individuellen Bedürfnisse, Stärken und Schwächen der Lernenden eingehen kann. Lernlücken können so gezielt geschlossen werden. Mit den digitalen Plattformen haben Schülerinnen und Schüler Zugang zu riesigen Bildungsressourcen, die in bisherigen Klassenzimmern nicht verfügbar sind. Die Kinder erleben bereits jetzt, dass die Digitalisierung und die Künstliche Intelligenz in viele Lebensbereiche vordringen. Sie sollten daher auch im konstruktiven, verantwortungsvollen Umgang damit geschult werden.

8. Begriffslexikon für LL und KI

Adaptives Lernsystem Dieses System kann sich über ein einfaches Lernmanagementsystem (z.B. „Schulmoodle“ im Schulportal Hessen) hinaus am Lernstand der Schülerinnen und Schüler orientieren und das Leistungsniveau über individuelle Lernpfade anpassen.

AgentQ KI-Agent, der durch die Kombination von großen Sprachmodellen, Monte Carlo Tree Search (MCTS) und speziellen Alignment-Techniken beeindruckende Fähigkeiten in der Web-Navigation erreicht. Er lernt aus seinen Entscheidungen, korrigiert sich selbst und übertrifft in bestimmten Aufgaben menschliche Fähigkeiten.

AGI (Artificial General Intelligence) Eine Form der KI, die in der Lage ist, jede intellektuelle Aufgabe genauso gut wie ein Mensch auszuführen. Im Gegensatz zur spezialisierten KI, die spezifische Aufgaben wie Sprachverarbeitung oder Bilderkennung löst, zielt AGI auf ein breites, flexibles Verständnis sowie eine Anwendung in vielen Bereichen ab. Während KI auf bestimmte Fähigkeiten begrenzt ist, strebt AGI danach, menschliche Intelligenz vollständig nachzubilden und anpassungsfähig auf unterschiedliche Probleme zu reagieren.

Algorithmus Schrittweise Anleitung zur Lösung einer Aufgabe oder eines Problems, eine logische Abfolge von Anweisungen. In der Informatik ist der Algorithmus ein grundlegender Bestandteil der Programmierung und Softwareentwicklung. Ein gut geschriebener Algorithmus kann die Effizienz und Geschwindigkeit von Programmen erhöhen.

API (Application Programming Interface) Ein Programmteil, der von einem Softwaresystem anderen Programmen zur Anbindung an das System zur Verfügung gestellt wird. Damit können verschiedene KI-Programme mit Datenbanken der Nutzer verbunden und die technischen Voraussetzungen für die Entwicklung eines eigenen GPT-Chatbots erfüllt werden.

Autonome KI KI-Modelle, die eigenständig neues Wissen kombinieren und intelligente Antworten geben können. Beispiele sind Deep Learning und generative Modelle wie GPT-4, die kreative Texte und Bilder erzeugen. Auch Reinforcement Learning, wie bei AlphaGo, ermöglicht eigenständige Strategien. Transfer Learning nutzt Wissen aus einem Bereich für neue Aufgaben. Hybrid-Modelle kombinieren verschiedene kreative Ansätze für komplexe Lösungen, mit denen KI über das reine Wiedergeben von bisherigem Wissen hinausgehen kann.

Chatbots Kofferwort aus „Chat“ und „Robot“. Das sind Programme, die menschenähnliche Konversationen führen können. Sie basieren auf LLM-Sprachmodellen und sind in NLP trainiert. In Unternehmen werden sie oft für die Kundenbetreuung eingesetzt, um häufig gestellte Fragen zu beantworten oder Benutzer durch Prozesse zu führen. Sie können Text- oder Spracheingaben verarbeiten und entsprechende menschenähnliche Antworten generieren. Dabei „berechnen“ sie ihre Antworten nur aufgrund von Wahrscheinlichkeiten, mit denen Begriffe miteinander verbunden

sind. „Halluzinationen" oder falsche Antworten sind ohne weitere Überprüfung kaum von sachlich richtigen Antworten zu unterscheiden.
Beispiele: ChatGPT, Copilot, Jasper Chat, Bing Chat, Bard, Perplexity, Gemini.

Deep Learning Ein künstliches System lernt aus Beispielen und kann diese nach Beendigung der Lernphase verallgemeinern. Dazu bauen Algorithmen beim maschinellen Lernen ein statistisches Modell auf, das auf Trainingsdaten beruht. Das heißt, es werden nicht einfach die Beispiele auswendig gelernt, sondern Muster und Gesetzmäßigkeiten in den Lerndaten erkannt.

Digitale Bildung soll die Kompetenzentwicklung in einer digital geprägten Welt fördern. Dazu gehören kompetente Lehrkräfte, innovative didaktische Konzepte, WLAN sowie die weitere technische Ausstattung und der Support. Es bedarf einer offenen Haltung des pädagogischen Personals und der Führungskräfte, die mit gutem Beispiel vorangehen, Freiräume schaffen und den offenen, positiven Umgang mit Neuerungen und Unsicherheiten vorleben. Individuelle und dauerhafte Unterstützung und Begleitung für das Lehr- und Führungspersonal sollte in Form von finanziellen und zeitlichen Ressourcen und hochwertigen, aktuellen Fortbildungen nach einheitlichen Kompetenzzielen und Qualitätsstandards gesichert werden.

Digitalisierung Das Adjektiv „digital" wird in den Medien oft als Synonym für „neuartig" oder „modern" verwendet. Dabei beschreibt es ursprünglich die Repräsentation von analogen Daten in einer Form, die durch Computer verarbeitet werden können. Digitalisierung steht daher eigentlich nur für die Umwandlung von analogen in binäre Signale. In politischen und sozialen Kontexten wird der Begriff der Digitalisierung vor allem aber zur Beschreibung von aktuellen informatisch und technisch induzierten, gesellschaftlichen Transformationsprozessen genutzt (vgl. Brinda et al. 2019). In der Schule und aus Sicht der Eltern beschreibt der Prozess das Vordringen und die Ausbreitung digitaler Medien und Inhalte in das Bildungssystem. Darauf sollte die Schule angemessen reagieren. Schülerinnen und Schüler sollen demnach dazu befähigt werden, selbstbestimmt mit digitalen Systemen umzugehen. Dies erfordert nicht nur, ihre Nutzungsmöglichkeiten zu kennen, sondern sie auch zu verstehen, zu erklären, zu bewerten und ihre Einflussmöglichkeiten zu erkennen (vgl. Gesellschaft für Informatik 2016).

EDM (Educational Data Mining) Mithilfe von EDM werden beispielsweise Lernprozesse und -aktivitäten, Lernzeiten und Lerndauer sowie Testleistungen gemessen und analysiert, um daraus Erkenntnisse darüber abzuleiten, wie Lernende in bestimmten didaktischen Formaten oder mit bestimmten Lernangeboten und Systemen lernen. EDM zielt auf die Analyse von Lerner-Daten im Blick auf die Optimierung von Lernsettings und Systemen, Organisationen, Lernangebote und Tools (vgl. MMB-Institut 2021, 12 f.).

GMLS (Generative Machine-Learning-Systeme) Das ist ein alternativer Begriff für Künstliche Intelligenz in eigenständigen Systemen wie Chatbots oder Bildgenerierungsprogrammen. In Teilfunktionen meint es auch die Rechtsschreibkorrektur, die Autovervollständigung von Worten und das User-Interface in anderen Systemen (letztgenanntes Programm ruft z.B. in Excel per Sprachbefehl zur Summenbildung in Tabellen auf).

GPT (Generative Pre-trained Transformer) Der generative, vorprogrammierte Transformator generiert z.B. auf Knopfdruck in einem Chatbot – je nach spezifischer Aufgabe – einen eigenen Text. Dabei stützt sich die Software nicht auf das Internet, sondern auf eine vorprogrammierte Datenbank mit Milliarden von Parametern und vermag dies in menschenähnliche Sprache umzuformen. Dieses autoregressive Sprachmodell soll menschliche Denkmuster nachempfinden und sagt zukünftige Werte aus vergangenen Werten vorher. Damit hat der Output einen menschlichen Anschein. ChatGPT 3.5 war der erste öffentlich zugängliche Chatbot dieser Art.

GPT-4 Turbo Mit diesem GPT können Nutzer ihre eigenen Chatbots zusammenbauen, die sie ohne Programmierkenntnisse im Dialog mit ChatGPT entwickeln.

ChatGPT-4o Diese Version ersetzt das bisher kostenlose ChatGPT-3.5-Modell. Das „o" steht für lat. „omni", „alles". Es reagiert in nur 232 Millisekunden auf Audioeingaben und ermöglicht damit flüssige Konversation. Das Sprechtempo und der Tonfall variieren von freudig über verärgert bis mitfühlend. Das Modell kann schnell zwischen 50 Sprachen wechseln und übersetzen. Neu ist vor allem die Erkennung von Emotionen des Nutzers. Sie werden erfasst über den Gesichtsausdruck, aber auch durch Wortwahl, Satzbau, Interpunktion, Tonhöhe, Sprechtempo und Sprechpausen. Zudem wird der Kontext analysiert, also vorherige Interaktionen, das Thema des Gesprächs sowie die Absichten des Nutzers. Die Umgebung des Nutzers wird zusätzlich wahrgenommen durch die Kamera (Erfassung von Personen, Objekten, Räumen, Schildern), durch Karteninformationen und GPS-Daten (Standort, Umgebung).

Generative Modelle Diese KI-Modelle können nicht nur Texte, Bilder und Musik erzeugen, sondern auch kreative Kombinationen von Informationen schaffen, die über das hinausgehen, was sie ursprünglich gelernt haben. Beispiele: GPT-4, DALL-E, Midjourney.

„Halluzination" Damit werden vermeintlich korrekte Informationen von den Chatbots und der KI gemeint, für die jedoch eine Grundlage in der Realität fehlt. Der Algorithmus der KI „erfindet" diese Informationen, anstatt nur zu antworten, dass hierzu keine Information vorliegt.

IST (Intelligente Tutorensysteme) Adaptive Lernprogramme, die sich den Nutzerinnen und Nutzern anpassen. D.h. sie berücksichtigen den jeweiligen Lernstand, das Lerntempo und die präferierte Lernweise von Lernenden.

KI (Künstliche Intelligenz, auch AI: Artificial Intelligence) betrifft Maschinen und digitale Programme. Sie übernehmen Aufgaben, für die eigentlich menschliche Intelligenz notwendig wäre. Durch eine große Datenbasis werden aber mittlerweile ähnliche Ergebnisse erzielt. Diese Formate helfen beispielsweise beim Lösen von Problemen, beim Verstehen von Fremdsprachen oder beim Erkennen von Verhaltensmustern. KI ist die zugrunde liegende Technologie, die es Lern-Apps und Chatbots überhaupt ermöglicht, intelligente Funktionen zu erfüllen.

KI-Campus Das Forschungs- und Entwicklungsprojekt ist eine digitale Lernplattform zum Thema KI mit kostenlosen Online-Kursen, Videos und weiteren Lernangeboten. Schule nimmt einen großen Raum ein. Der KI-Campus wird vom Bundesministerium für Bildung und Forschung gefördert.

Kommunikationsplattformen Das sind digitale Programme, die vorwiegend von jungen Menschen aufgerufen werden. Einerseits bieten sie Austausch mit Freunden, sonstige Kommunikation, kurze Videos zur Lösung von Alltagsproblemen. Möglich ist auch, eigene Bilder und Videoclips hochzuladen. Andererseits bergen sie große Risiken. (Eltern, aber auch die Lehrkräfte sollten die Gefahren mit den Kindern besprechen. Sie sollten beispielsweise vor Veröffentlichung von eigenen Bildern, Texten, Likes, Videoclips warnen und z.B. die Gefährdung durch Stalking oder vor unerwünschten, erschlichenen Einkäufen konkret ansprechen.)

Die beliebtesten Kommunikationsplattformen sind zurzeit: Youtube, Instagram, Tiktok, Snapchat, Twitch, Pinterest, Facebook, X, Discord, BeReal.

Künstliche neuronale Netze Damit sind Algorithmen gemeint, die dem menschlichen Gehirn nachempfunden sind. Sie können komplexe Aufgaben lösen, z.B. in der Informatik, Physik, Meteorologie oder für die Wirtschaft.

Large Action Model (LAM) Als Beispiel kann man das Modell „R1“ (gesprochen arone) nennen. Es gibt auf Anfrage auch komplexe, multimodale Antworten in Form von Texten, Bildern, Grafiken, Excel-Tabellen, Anfragen an Hotels, Buchung von Uber-Autos, Flügen, Organisation eines Urlaubspakets incl. Buchungen. LAM ist ein persönlicher KI-Assistent, ohne dass viel API-Anpassung an weitere Programme nötig ist. Anwendungsbereiche finden solche Modelle bereits im Gesundheitswesen (Patient-Monitoring und Diagnoseunterstützung) oder in der Robotik zur Verbesserung der Automation und der Mensch-Maschine-Interaktion.

Large Language Models (LLM) Diese Modelle können anhand von Millionen gespeicherter Begriffe und Zusammenhänge auch Syntax, Semantik und Onthologie von geschriebener und gesprochener Sprache erkennen. LLM erwerben und verwenden riesige Datenmengen, um Milliarden von Parametern zu speichern. Sprachmodelle wie GPT haben Milliarden von Texten in sich aufgenommen: Der komplette Inhalt von Wikipedia macht etwa drei Prozent der Texte in einem solchen Modul aus (vgl. Schmid 2023a). Ihr allgemeines Sprachverständnis und die menschenähnliche Sprachgenerierung wurden ihnen von Clickworkern auf der ganzen Welt antrainiert. Inzwischen werden die Datensätze laufend durch menschliches Feedback verfeinert und man bekommt schnell ein Urteil, ob die Antwort gut oder weniger gut war. Die LLM lernen durch die Rückmeldungen der Nutzer und Nutzerinnen ständig dazu. Als autoregressive Sprachmodelle funktionieren sie, indem sie auf der Grundlage eines Eingabetexts das nächste Token oder Wort vorhersagen („Stochastische Papageien“).
In China arbeiten derartige LLMs im Kern unüberwacht und suchen sich alle möglichen Inhalte, die digital zur Verfügung stehen, im Internet zusammen. Dann lernen sie aus ihnen Übergangswahrscheinlichkeiten zwischen den Worten.

Beispiele hierfür sind: GPT-4 (OpenAI), PaLM (Google), LlaMA (Meta), Claude (Anthropic).

Lern-Apps Das sind speziell entwickelte Anwendungen, die auf dem Tablet, Smartphone oder PC laufen, um vorgegebene Lernziele zu erreichen. Sie können interaktive Übungen, Spiele, Tests und Lernmaterialien enthalten. Ebenso können sie auch Fortschrittsverfolgung, personalisierte Lernpfade und Übungen anbieten. Lern-Apps sind nicht auf die einzelnen Lernenden zugeschnitten, sondern bieten nur sehr allgemeine Lernziele ohne spezifische Ausrichtung auf ein Bundesland und dessen Curricula an. Für den schulischen Einsatz sind sie bedingt einsetzbar.
Beispiele: Anton, Zebra-Schreibtabelle, Conni Lernspaß, Der Löwe, Emil und Pauline, Pili Pop.

Machine Learning (ML) Dies ist ein Verfahren der Datenanalyse, um Analysemodelle zu erstellen. Chatbots im E-Commerce nutzen beispielsweise ML-Algorithmen, um aus Kundeninteraktionen zu lernen. Ihre Antworten werden dadurch mit der Zeit immer besser. Das ermöglicht Chatbots, genauere und personalisierte Empfehlungen zu geben, die auf den individuellen Vorlieben der Kunden basieren. Beispielsweise schlägt Amazon Q (Chatbot von Amazon Web Service, AWS) bei jeder Kundenanfrage Angebote vor, wie sie zu früheren Anfragen oder Käufen passen würden und unterstützt bei anschließenden Kaufhandlungen.

MCTS Monte Carlo Tree Search MCTS ist ein Algorithmus, der in Spielen wie Schach mögliche Belohnungen für jeden Zug und den weiteren Spielverlauf analysiert. Dabei werden sowohl Züge mit dem höchsten sofortigen Gewinn als auch weniger vorteilhafte Züge erkundet (Exploration), die langfristig zum Sieg führen könnten. Ein bekanntes Beispiel ist „Zug 37“ im Spiel zwischen Anderssen und Kieseritzky (1851), bei dem Anderssen seine Dame opferte, um wenige Züge später zu gewinnen.

NLP (Natural Language Processing) ist ein Bereich der KI zur Verarbeitung natürlicher Sprache. Dieser Bereich ist damit beschäftigt zu eruieren, wie Computer menschliche Sprache verstehen, interpretieren und generieren können. Beispiele sind die automatische Übersetzung in andere Sprachen, die Spracherkennung (Siri, Alexa), die Sentimentanalyse (Erkennung der emotionalen Tonlage) und Chatbots.

Numerous.ai Dieses KI-Tool ist eine Ergänzung zum Excel-Programm. Es bietet Funktionen wie Textextraktion, Kategorisierung, Formelgenerierung, ChatGPT-Integration und Automatisierung von Formatierung und wiederkehrenden Aufgaben. Das Tool ist für die Datenanalyse, das Projektmanagement und für die Berichterstellung hilfreich

Prompt Texteingabe mit einem Auftrag, einer Anweisung oder einer Fragestellung an die KI, die von den Anwendenden an Chatbots gestellt wird. Dabei wirken sich Wortwahl, Satzstellung und Detaillierungsgrad der Vorgaben auf das vom Chatbot generierte Ergebnis im entscheidenden Maße aus.

RAG (Retrieval Augmented Generation) Die RAG-Technologie erstellt Wissensdatenbanken aller unternehmenseigenen Daten (z.B. Lagerbestände, PDFs, Blogs,

Newsfeeds, Chat-Transkripte früherer Kundenservice-Sitzungen). Bei Kundenanfragen wird zuerst per RAG der firmeneigene Datenbestand durchsucht. Danach leitet man die relevanten Informationen an ein LLM (Sprechmodell) weiter, wodurch die Antworten der Chatbots genauer und aktueller werden. Auch die Quellen können angegeben werden.

RLHF Reinforcement Learning from Human Feedback RLHF ist eine Methode, bei der maschinelle Modelle durch menschliches Feedback trainiert werden. Menschen bewerten dabei Modellantworten und geben Hinweise, welche Begriffe passen oder nicht. Auch Nutzerfeedback bei Chatbots fließt in diesen Prozess ein, um die Modelle zu verbessern.

9. Abbildungsverzeichnis

10. Literaturverzeichnis

Aharoni, E., Fernandes, S., Brady, D. J. et al.: Attributions toward artificial agents in a modified Moral Turing Test. Sci Rep 14, 8458 (2024). Quelle: https://doi.org/10.1038/s41598-024-58087-7.

Amerland, Andrea: Gamification steigert die Lernmotivation. In: Springer Professional. 15.05.2024. Quelle: https://www.springerprofessional.de/e-learning/aus--und-weiterbildung/gamification-steigert-die-lernmotivation/25886014 [Abruf am 15.05.2024].

Antrag CSU und FW: Richtige Folgerungen aus PISA-Ergebnissen ziehen III: Digitalisierung klug umsetzen. 17.05.2024. Drucksache 19/2188, Bayerischer Landtag.

Bednar, Anne K./Cunningham, Donald/Duffy, Thomas M./Perry, J. David: (1992): Theory into practice – how do we link? In: Duffy, Thomas M./Jonassen, David H. 1992, 17–35.

Beer, Kristina: „ChatGPT erst ab 13? Die Realität sieht anders aus". Sept. 2023. Quelle: https://www.heise.de/hintergrund/Kritik-an-UNESCO-Leitfaden-fuer-KI-Fernhalten-wird-Kinder-nicht-schuetzen-9312689.html [Abruf am 19.12.2023].

Ben-Eliyahu, Adar; Linnenbrink-Garcia, Lisa: Integrating the regulation of affect, behavior, and cognition into self-regulated learning paradigms among secondary and post-secondary students. Metacognition and learning 10 (2015): 15-42. Quelle: https://link.springer.com/article/10.1007/s11409-014-9129-8.

BIBB (Bundesinstitut für Berufsbildung Deutschland (2020). Quelle: https://www.bibb.de/de/8570.php [Aufruf: 27.03.2020].

Binning, Kevin; Wang, Ming-Te; Amemiya, Jamie: Persistence mindset among adolescents: Who benefits from the message that academic struggles are normal and temporary? Journal of Youth and Adolescence 48 (2019): 269–286. Quelle: https://link.springer.com/article/10.1007/s10964-018-0933-3.

Bitz Ferdinand: Hauptschule 2000: Ergebnisse einer Unternehmens- und Expertenbefragung, hg. von der Bundesvereinigung der Deutschen Arbeitgeberverbände, Köln 1993.

Blume, Bob: ChatGPT: Das Ende vom Lernen wie wir es kennen. 2023. Quelle: https://deutsches-schulportal.de/kolumnen/chatgpt-das-ende-vom-lernen-wie-wir-es-kennen/ [Abruf am 20.11.2023].

Bong, Mimi; Skaalvik, Einar M.: Academic self-concept and self-efficacy: How different are they really? Educational psychology review 15 (2003): 1–40. Quelle: https://www.researchgate.net/publication/225996278_Academic_Self-Concept_and_Self-Efficacy_How_Different_Are_They_Really.

Brinda, Torsten; Brüggen, Niels; Diethelm, Ira; Knaus, Thomas; Kommer, Sven; Kopf, Christine; Missomelius, Petra; Leschke, Rainer; Tilemann, Friederike; Weich, Andreas: Frankfurt-Dreieck zur Bildung in der digital vernetzten Welt. 2019.

Bryant, Jake; Heitz, Christine; Sanghvi, Saurabh; Wagle, Dilip: How artificial intelligence will impact K-12 teachers. 14.01.2020. Quelle: https://www.mckinsey.com/industries/education/our-insights/how-artificial-intelligence-will-impact-k-12-teachers [Abruf am 20.03.2022].

Camacho-Morles, Jesús, et al.: Activity achievement emotions and academic performance: A meta-analysis. Educational Psychology Review 33.3 (2021): 1051–1095.

Chott, Peter O.: Die Entwicklung des Mathetik-Begriffs und seine Bedeutung für den Unterricht der (Grund)Schule. 1998. In: Päd-Forum 26, S. 390–396.

Chott, Peter O.: Lernen Lernen – Lernen lehren: Mathetische Förderung von Methodenkompetenz in der Schule. 2001. Weiden.

Chott, Peter O./Zierer, Klaus: Lernen lernen und Visible Learning. 2022. Baltmannsweiler.

Clark, Richard Edward: When teaching kills learning: Studies of mathematantics. In Mandl, Heinz; Corte, Erik de; Bennet, Neville; Friedrich, Helmut F. (Hrsg.): Learning and Instruction: European research in an international context, S. 1-22. Oxford: Pergamon Press. 1990.

Collins, Allan/Brown, John Seely/Newman, Susan E. (1986): Cognitive Apprenticeship: Teaching the crafts of reading, writing, and mathematics. In: Resnick 1986, 453–494.

Comenius, Johann Amos: Didactica magna. 1657. Quelle: https://de.wikipedia.org/wiki/Didactica_magna [Abruf am 15.06.2024].

Cress, Ulrike: In zehn Jahren wird die Schule ganz anders aussehen. 2021. Quelle: https://deutsches-schulportal.de/unterricht/kuenstliche-intelligenz-digitale-schule-ulrike-cress-in-zehn-jahren-wird-die-schule-ganz-anders-aussehen/ [Abruf am 10.12.2023].

Dalin, Per: Schule auf dem Weg in das 21. Jahrhundert. 1997. Neuwied, Kriftel/Taunus, Berlin.

Dans, Enrique: Let´s use AI to liberate students and create a personalized learning process. 2024. In: MEDIUM Newsletter, 10.05.2024. Quelle: Let's use AI to liberate students and create a personalized learning process | by Enrique Dans | Enrique Dans | May, 2024 | Medium [Abruf am 10.05.2024].

Diamandis, Peter: Will AI replace all Coders? 2024. Quelle: https://peterhdiamandis.medium.com/will-ai-replace-all-coders-1979a8ac4279 [Abruf am 13.02.2024].

Dinter, Frank: Zur Diskussion des Konstruktivismus im Instruktionsdesign. 1998. In: Unterrichtswissenschaft (Zeitschrift für Lernforschung) 26 (1998) H3/S. 254–287.

Döbeli Honegger, Beat: ChatGPT & Co. und Schule. Einschätzungen der Professur „Digitalisierung und Bildung“ der Pädagogischen Hochschule Schwyz. 2023. https://gmls.phsz.ch/ [Abruf am 19.03.2024].

Duffy, Thomas M./Jonassen, David H.: Constructivism: New implications for instructional technology? In: Educational Technology. 1992. 31 (5), 7–12.

Dweck, Carol S.; Leggett, Ellen L.: A social-cognitive approach to motivation and personality. Psychological review 95.2 (1988): 256. Quelle: https://psycnet.apa.org/record/1988-29536-001 [Abruf am 11.04.2024].

Efklides, Anastasia: Interactions of metacognition with motivation and affect in self-regulated learning: The MASRL model. Educational psychologist 46.1 (2011): 6–25.

Erpenbeck, John/Weinberg Johannes (2004): Bildung oder Kompetenz – eine Scheinalternative? In: REPORT Zeitschrift für Weiterbildungsforschung H3/2004/S. 69–76. Quelle: https://www.die-bonn.de/doks/weinberg0402.pdf [Abruf am 28.03.2020].

EU-Kommission Generaldirektion: Kommunikationsnetze, Inhalte und Technologien. Brüssel 2019, S. 16.

Europäisches Parlament: KI-Gesetz: erste Regulierung der künstlichen Intelligenz. Quelle: https://www.europarl.europa.eu/topics/de/article/20230601STO93804/ki-gesetz-erste-regulierung-der-kunstlichen-intelligenz [Abruf am 14.06.2024].

Farrell, Patricia: Which is Better: Teachers or AI in the Classroom? In: Medium.com 20.05.2024. Quelle: https://medium.com/beingwell/which-is-better-teachers-or-ai-in-the-classroom-7fa70ba3a2b7 [Abruf am 20.05.2024].

Finanzen.at: Squirrel AI Learning appears at 2019. Quelle: https://www.finanzen.at/nachrichten/aktien/squirrel-ai-learning-appears-at-2019-slush-helsinki-as-the-only-invitedchinese-education-company-with-derek-haoyang-li-sharing-the-concept-of-ai-powered-education-1028785267[Abruf am 18.09.2023].

Fischer, Manfred: Künstliche Intelligenz in der Schule? Besprechung der Trendstudie „KI&Bildung“. 2021. Quelle: https://schulforum-berlin.de/wp-content/uploads/2021/08/Kritischer-Blick-auf-KI-in-der-Schule_Website_Endversion_17.8.2021.pdf [Abruf am 29.11.2023].

Foerster, v. Heinz: Entdecken oder erfinden? 1997. In: Gumin/Meier 1997, 41–88.

Friedrich, Helmut F.: Die Vermittlung von reduktiven Textverarbeitungsstrategien durch Selbstinstruktion. In: Mandl, Heinz; Friedrich, Helmut F. (Hrsg.): Lern- und Denkstrategien, S. 193-212. Göttingen 1992.

Gébl, Katalin: Revolution des Unterrichts? Wie andere Länder mit KI in Schulen umgehen. 2023. Quelle: https://www.lehrer-news.de/blog-posts/revolution-des-unterrichts-wie-andere-laender-mit-ki-in-schulen-umgehen [Abruf am 03.06.2024].

Gesellschaft für Informatik e.V. (Hrsg.): Dagstuhl-Erklärung. Bildung in der vernetzten Welt. 2016. Quelle: https://dagstuhl.gi.de/dagstuhl-erklaerung [Abruf am 29.03.2024].

Glasersfeld, v. Ernst: Einführung in den radikalen Konstruktivismus. 1997a. Aus: Watzlawick 1997 (1985), 16–38.

Glasersfeld, v. Ernst: Konstruktion der Wirklichkeit und des Begriffs der Objektivität. 1997b. Aus: Gumin/Meier 1997, 9–39 (1997).

Guldimann, Titus: Eigenständiger Lernen. Durch metakognitive Bewusstheit und Erweiterung des kognitiven und metakognitiven Strategierepertoires. Diss. Bern; Stuttgart; Wien 1996.

Gumin, Heinz/Meier, Heinrich (Hg.) (1997): Einführung in den Konstruktivismus. – 3. Aufl., München (1. Aufl., 1992).

Hacker, Winfried: Allgemeine Arbeits- und Ingenieurspsychologie. VEB Deutscher Verlag der Wissenschaften, Berlin 1973, S. 92.

Hacker, Winfried: Arbeitspsychologie. Berlin 1986.

Hattie, John/Zierer, Klaus: Visible Learning Unterrichtsplanung – Baltmannsweiler. 2020.

Heckhausen, Heinz: Motivation und Handeln. Berlin 1989.

Herbart, Johann Friedrich (1835): Umriss pädagogischer Vorlesungen. Göttingen.

Hertel, Silke; Karlen, Yves: Implicit theories of self-regulated learning: Interplay with students' achievement goals, learning strategies, and metacognition. British Journal of Educational Psychology 91.3 (2021): 972–996. Quelle: https://bpspsychub.onlinelibrary.wiley.com/doi/full/10.1111/bjep.12402 [Abruf am 11.04.2024].

Honegger, Beat Döbeli: Warum wir den Begriff KI meiden sollten. Quelle: https://gmls.phsz.ch/GMLS/WarumWirDenBegriffKIVermeiden [Abruf am 21.04.2024].

Hoops, Wiklef (1998): Konstruktivismus. Ein neues Paradigma für Didaktisches Design? In: Unterrichtswissenschaft (Zeitschrift für Lernforschung) 26 (1998) Heft 3/ S. 229–253.

Huschke-Rhein, Rolf B.: Einführung in die systemische und konstruktivistische Pädagogik: Beratung – Systemanalyse – Selbstorganisation. 2003.

Jendryschik, Michael (2005): Die Wissensgesellschaft 2005. Quelle: https://jendryschik.de/archiv/wissensgesellschaft [Abruf am 18.08.2020].

Karlen, Yves; Hertel, Silke; Hirt, Carmen Nadja: Teachers' professional competences in self-regulated learning: An approach to integrate teachers' competences as self-regulated learners and as agents of self-regulated learning in a holistic manner. In: Frontiers in Education. Vol. 5. Frontiers Media SA, 2020.

Karlen, Yves; Hirt Carmen Nadja; Liska, Alina; Stebner, Ferdinand: Mindsets and Self-Concepts About Self-Regulated Learning: Their Relationships With Emotions, Strategy Knowledge, and Academic Achievement. 2021. In: Frontiers in Education. Vol. 12. Frontiers Media AA, 2021. Quelle: https://www.frontiersin.org/journals/psychology/articles/10.3389/fpsyg.2021.661142/full.[Abruf am 26.01.2024].

Khan Academy: Lernen mit KI: Vielversprechende Methoden für Lernende. 2024. Quelle: https://de.khanacademy.org/college-careers-more/ki-in-der-bildung/xa0d77c967121cf41:ki-in-der-bildung-lektion-2/xa0d77c967121cf41:einstieg-in-die-arbeit-mit-ki-klassenzimmer/a/learning-with-ai-promising-practices-for-students [Abruf am 13.06.2024].

KIM-Studie 2018. Medienpädagogischer Forschungsverbund Südwest: Ergebnisse der KIM-Studie 2018 (Kindheit, Internet, Medien). Quelle: https://www.mpfs.de/studien/kim-studie/2018/ [Abruf am 03.01.2024].

KIM-Studie 2022. Medienpädagogischer Forschungsverbund Südwest: Ergebnisse der KIM-Studie 2022 (Kindheit, Internet, Medien). Quelle: https://www.mpfs.de/de/studien/kim-studie/2022/ [Abruf am 03.01.2024].

King, Ronnel B.; Dela Rosa, Elmer D.: Are your emotions under your control or not? Implicit theories of emotion predict well-being via cognitive reappraisal. Personality and individual differences 138 (2019): 177–182. Quelle: https://www.sciencedirect.com/science/article/abs/pii/S0191886918305269 [Abruf am 11.04.2024].

King, Ronnel B.; McInerney, Dennis M.; Watkins, David A.: How you think about your intelligence determines how you feel in school: The role of theories of intelligence on academic emotions. Learning and Individual Differences 22.6 (2012): 814–819. Quelle: https://www.sciencedirect.com/science/article/abs/pii/S1041608012000556 [Abruf am 11.04.2024].

Klafki, Wolfgang (1993): Allgemeinbildung heute. Grundlinien einer gegenwarts- und zukunftsbezogenen Konzeption. In: Pädagogische Welt 47 (1993), Heft 3/ S. 98–103.

Klafki, Wolfgang (2007): Neue Studien zur Bildungstheorie und Didaktik. Zeitgemäße Allgemeinbildung und kritisch-konstruktive Didaktik. 6. Aufl. Weinheim; zit. n. https://de.wikipedia.org/wiki/Bildung [Abruf. 22.03.2020].

Klippert, Heinz: Methodentraining. Übungsbausteine für den Unterricht, 11. Aufl., Weinheim, Basel 2000.

KM Bayern: Lernen über Künstliche Intelligenz. Künstliche Intelligenz im LehrplanPLUS der einzelnen Schularten: Grundschule. 2024. Quelle: https://www.km.bayern.de/gestalten/digitalisierung/kuenstliche-intelligenz/lernen-ueber-ki [Abruf am 13.05.2024].

Knigge, Jens (2014): Der Kompetenzbegriff in der Musikpädagogik: Verwendung, Kritik, Perspektiven. Quelle: https://jensknigge.info/site/Publications_files/Knigge%202014%20-%20Kompetenzbegriff.pdf [Abruf am 27.03.2020].

Ko, Amy: More than calculators: Why large language models threaten learning, teaching, and education. Quelle: https://medium.com/bits-and-behavior/more-than-calculators-why-large-language-models-threaten-public-education-480dd5300939 [Abruf am 19.12.2023]

Kowald, Cäcilie: Lernen im Dialog mit KI. Chatbots in der Erwachsenen- und Weiterbildung. 2019. In: Deutsches Institut für Erwachsenenbildung. Heft: weiter bilden, 2019, Heft 4. Quelle: http://www.die-bonn.de/id/37209 [Abruf am 29.11.2023].

Kuhn, Annette: ChatGPT – wie können Schulen damit umgehen? 2023. Quelle: https://deutsches-schulportal.de/unterricht/chatgpt-in-der-schule-wer-hats-geschrieben/ [Abruf am 14.11.2023].

Kuhn, Annette: In zehn Jahren wird die Schule ganz anders aussehen. 2021. Quelle: https://deutsches-schulportal.de/unterricht/kuenstliche-intelligenz-digitale-schule-ulrike-cress-in-zehn-jahren-wird-die-schule-ganz-anders-aussehen/ [Abruf am 22.11.2023].

Kuhn, Annette: Künstliche Intelligenz. KI in der Schule – Nutzen und Hürden". 2022. Quelle: https://deutsches-schulportal.de/bildungswesen/adaptive-lernprogramme-kuenstliche-intelligenz-in-der-schule-nutzen-und-huerden/ [Abruf am 19.10.2023].

Landtagsantrag CSU/FW 2024: Die richtigen Folgerungen aus den PISA-Ergebnissen ziehen III: Digitalisierung klug umsetzen. Bayerischer Landtag, Drucksache 19/2188, 17.05.2024. Quelle: https://www.bayern.landtag.de/www/ElanTextAblage_WP19/Drucksachen/Basisdrucksachen/0000001500/0000001855.pdf.

Lawson, Michael J., et al.: Teachers' and students' belief systems about the self-regulation of learning. Educational Psychology Review 31 (2019): 223–251.

Lehner, Franz/Amende, Nadine (2009): Forschungshandbuch Wissensmanagement. In: www.wi.uni-passau [Abruf am 05.08.2009].

Luhmann, Niklas (1990): Soziologische Aufklärung. Konstruktivistische Perspektiven. – Opladen.

Maturana, Humberto R. (1987a): Kognition. In: Schmidt S. J. (Hg.) 1987, 89–118.

Maturana, Humberto R./Varela, Francisco (1987b): Der Baum der Erkenntnis. Die biologischen Wurzeln des menschlichen Erkennens. – Bern.

McClatchy, Julia: Gen AI talent: Your next flight risk. In: Medium.com 04.05.2024: Quelle: https://medium.com/towards-data-science/chatbot-morality-47953ad4838c [Abruf am 04.05.2024].

MEBIS Magazin: Künstliche Intelligenz | Chatbots. Quelle: https://mebis.bycs.de/beitrag/ki-chatbots [Abruf am 21.11.2023].

Medium. Astrodevil: Top 20 Must Try AI Tools fo Developers in 2023. Quelle: https://medium.com/nerd-for-tech/top-20-must-try-ai-tools-for-developers-in-2023-66a18a4d9c68 [Abruf am 20.11.2023].

Merki, Katharina; Maag, Erich; Karlen, Yves: Reliability and validity analyses of a newly developed test to assess learning strategy knowledge. Journal of Cognitive Education and Psychology 12.3 (2013): 391–408.

MMB Institut – Gesellschaft für Medien- und Kompetenzforschung mbH: Schlussbericht. KI@Bildung: Lehren und Lernen in der Schule mit Werkzeugen Künstlicher Intelligenz. Im Auftrag der Deutschen Telekom Stiftung. Essen, 2021. Quelle: https://www.telekom-stiftung.de/sites/default/files/files/media/publications/KI%20Bildung%20Schlussbericht.pdf [Abruf am 28.10.2023].

Molz, Michael (1999): Unveröffentlichte Arbeiten zum Wissens-System-Management (KSM) – Universität Regensburg.

Neuhäusler, Anton (1967): Grundbegriffe der philosophischen Sprache. - 2. Aufl., München.

Nida-Rümelin, Julian: Digitaler Humanismus. Warum wir ihn dringender benötigen denn je. In: Roman Herzog Institut (Hrsg.): Impulse 2024. RHI 12/2023, S. 4–5.

Oberth, Christa; Zeller, Beate; Krings, Ursula: Lernort Betrieb. Berufliche Qualifizierung von benachteiligten Jugendlichen. Methodische Ansätze für Ausbilder und Ausbilderinnen. Eine Expertise der Beruflichen Fortbildungszentren der Bayerischen Wirtschaft (bfz) gGmbH bfz Bildungsforschung. 2006. Quelle: https://www.f-bb.de/fileadmin/user_upload/080422_Expertise_Lernort_Betrieb.pdf [Abruf am 11.04.2024].

Ommundsen, Yngvar; Haugen, Richard; Lund, Thorleif: Academic self-concept, implicit theories of ability, and self-regulation strategies. Scandinavian Journal of Educational Research 49.5 (2005): 461–474. Quelle: https://www.tandfonline.com/doi/abs/10.1080/00313830500267838 [Abruf am 11.04.2024].

Orben, Amy: Ein riesiges Experiment. In: Die Zeit, Nr. 24/2024, S. 31–32.

Papert, Seymour: Revolution des Lernens. Kinder, Computer, Schule in einer digitalen Welt. 1994.

Pekrun, Reinhard, et al.: Achievement emotions and academic performance: Longitudinal models of reciprocal effects. Child development 88.5 (2017): 1653–1670. Quelle: https://srcd.onlinelibrary.wiley.com/doi/abs/10.1111/cdev.12704.

Pekrun, Reinhard: The control-value theory of achievement emotions: Assumptions, corollaries, and implications for educational research and practice. Educational psychology review 18 (2006): 315–341. Quelle: https://doi: 10.1007/s10648-006-9029-9.

Pekrun, Reinhard: The control-value theory of achievement emotions: Assumptions, corollaries, and implications for educational research and practice. Educational psychology review 18 (2006): 315–341. Quelle: https://link.springer.com/article/10.1007/s10648-006-9029-9 [Abruf am 11.04.2024].

Polomski, Jens: ChatGPT Statistiken für 2023: Alle wichtige Fakten und Daten. 2023. Quelle: https://jens.marketing/chatgpt-statistiken/ [Abruf am 08.11.2023].

Polomski, Jens: tl;dv Meine Erfahrung, Beschreibung und Tipps. 2023. Quelle: https://jens.marketing/tool/tldv/ [Abruf am 08.11.2023].

Pöppel, Emil (1999): „Wir können das Wissen nicht einfach in Silikon hineinstopfen". In: Badische Zeitung v. 25.02.1999.

Pressley, Michael; Borkowski, John G.; Schneider, Wolfgang: Cognitive strategies: Good strategy users coordinate metacognition and knowledge. (1987). In: Annals of Child Development, Volume IV, S. 89–129.

Reich, Kersten: Systemisch-konstruktivistische Pädagogik. Einführung in die Grundlagen einer interaktionistisch-konstruktivistischen Pädagogik. 1997. 2. Aufl., Neuwied, Kriftel, Berlin.

Reich, Kersten: Systemisch-konstruktivistische Didaktik. Eine allgemeine Zielbestimmung. In: Voß, Reinhard (Hrsg.): Die Schule neu erfinden. Systemisch-konstruktivistische Annäherungen an Schule und Pädagogik. 4. Auflage, Neuwied. 2002.

Reinecke, Christiane: Wissensgesellschaft und Informationsgesellschaft – Version: 1.0 in Docupedia-Zeitgeschichte. 2010. Quelle: https://docupedia.de/zg/Wissensgesellschaft [Abruf am 11.02.2010].

Reinmann, Gabi: Studientext Wissensmanagement. Universität Augsburg. 2009. Quelle: https://gabi-reinmann.de/wp-content/uploads/2009/07/WM_Studientext09.pdf [Abruf am 24.08.2020].

Resnick, Lauren B.: Shared cognition. Thinking as social practice. 1991. In: Resnick et al. 1991, 1–20.

Resnick, Lauren B. (Ed.): Knowing and learning issues for a cognitive science of instruction. 1986. Hillsdale.

Resnick, Lauren B./Levine, John M./Teasley, Stephanie D. (Eds.) (1991): Perspectives on socially shared cognition. – Washington, DC (American Psychological Ass.).

Rohleder, Norbert: Die Bausteine des Wissensmanagements in der Praxis. 2004. In: Zeitschrift für Wissensmanagement – Das Magazin für Digitalisierung, Vernetzung und Collaboratio, Ausgabe 8/2004.

Roth, Erwin u.a.: Intelligenz. Aspekte, Probleme, Perspektiven. 1987. 3. Aufl., Stuttgart, Berlin, Köln, Mainz.

Rump, Jutta: 13. HR-Report. Schwerpunktthema Künstliche Intelligenz. 2024. Quelle: https://www.hays.de/documents/10192/118775/hays-hr-report-2024-kuenstliche-intelligenz.pdf [Abruf am 05.05.2024].

Rustemeyer, Dirk: Stichwort: Konstruktivismus in der Erziehungswissenschaft. 2000. In: Zeitschrift für Erziehungswissenschaft 2(2000) H4/467–484.

Salomon, Gavriel (Ed.): Distributed cognition: Psychological and educational considerations.1993. New York (Cambridge University Press).

Schaub, Harald: Modellierung der Handlungsorganisation. Bern; Göttingen; Toronto; Seattle 1993.

Schleicher, Andreas/Precht, Richard David: Bessere Schulen – Wie gelingt Bildung? Richard David Precht im Gespräch mit Andreas Schleicher. Podcast. Quelle: https://www.3sat.de/gesellschaft/precht/precht-172.html [Abruf am 20.11.2023].

Schmid, Ute: ChatGPT und KI in der Schule: „Es sind neue Wege im Unterricht gefragt“. 2023a. Quelle: https://www.campus-schulmanagement.de/magazin/chat-gpt-und-ki-in-der-schule-es-sind-neue-wege-im-unterricht-gefragt [Abruf am 14.11.2023].

Schmid, Ute: Informatik in der Grundschule – Überforderung oder gute Idee? 2020. Quelle: https://www.uni-bamberg.de/fileadmin/uni/fakultaeten/wiai_professuren/prof_kognitive_systeme/ projects/feli/Produkte/2001_WES_Digital-kompetent_god03_tk_cropped.pdf [Abruf am 14.11.2023].

Schmid, Ute: Risiken und Nebenwirkungen von KI in der Bildung – und wie man ihnen begegnet. Vortrag im Campus Schulmanagement. 2023b. Quelle: https://www.campus-schulmanagement.de/magazin/ki-in-der-bildung-risiken-nebenwirkungen-ethik [Abruf am 12.10.2023].

Schnetzer, Simon: Generation Alpha Jahrgang: Wer zählt wirklich dazu? 2019. Quelle: https://simon-schnetzer.com/blog/generation-alpha-jahrgang/ [Abruf 03.01.2024].

Schnetzer, Simon: Generation Alpha. Trends. 2021. Quelle: https://simon-schnetzer.com/generation-alpha-trends/ [Abruf am 03.01.2024].

Schräder-Naef, Regula: Lernen lernen in der Schule., 3. überarb. Aufl., Weinheim, Basel 1987.

Sniffin, Alexander: Building An OpenAI GPT with Your API: A Step-by-Step Guide. 2023. Quelle: https://alexsniffin.medium.com/building-an-openai-gpt-with-your-api-a-step-by-step-guide-70168bef00e7 [Abruf am 10.12.2023].

Sommer, Andreas: Möglichkeitskultur. Ihr Niedergang und wie wir ihn aufhalten können. In: Roman Herzog Institut (Hrsg.): Impulse 2024. RHI 12/2023, S. 6–7.

Sprick, Werner: Förderung der Methodenkompetenz bei Hauptschülern. 1997.

Sprick, Werner: Selbstgesteuertes Lernen. 2014.

Springer Professional: Generative KI findet vielfältige Anwendung. 2023. Quelle: https://www.springerprofessional.de/marketingstrategie/kuenstliche-intelligenz/generative-ki-findet-vielfaeltige-anwendung/26274364 [Abruf am 27.11.2023].

Stangl, Werner (2020): Stichwort: Bildung. Online Lexikon für Psychologie und Pädagogik zit. n.: https://lexikon.stangl.eu/12806/bildung [Abruf am 22.03.2020].

Stenac, Clément: Wie Unternehmen von Generativer KI profitieren. Quelle: https://www.springerprofessional.de/kuenstliche-intelligenz/transformation/wie-unternehmen-von-generativer-ki-profitieren/25601224 [Abruf am 29.11.2023].

Stock, Johannes/Wolff, Heimfrid/Kuwan, Helmut/Waschbüsch, Eva (1998): Delphi-Befragung 1996/1998 „Potentiale und Dimensionen der Wissensgesellschaft – Auswirkungen auf Bildungsprozesse und Bildungsstrukturen“ (Integrierter Abschlussbericht) – München, Basel.

Stockmann, Lea: Pro & Contra KI: Wenn ChatGPT die Hausaufgaben übernimmt. 2023. Quelle: https://mads.de/pro-contra-ki-wenn-chatgpt-die-hausaufgaben-uebernimmt/ [Abruf am 24.01.2023].

Süddeutsche Zeitung: Einseitige Fixierung. Nr. 296, S. 7. 23.12.2023.

SWK der KMK: Large Language Models und ihre Potenziale im Bildungssystem. Impulspapier der Ständigen Wissenschaftlichen Kommission der Kultusministerkonferenz. 17.01.2024. Quelle: https://www.kmk.org/de/kmk/staendige-wissenschaftliche-kommission/veroeffentlichungen.html [Abruf am 15.05.2024].

Vodafone Stiftung: Aufbruch ins Unbekannte. Schule in Zeiten von künstlicher Intelligenz und ChatGPT. 2023. Quelle: https://www.vodafone-stiftung.de/wp-content/uploads/2023/04/Aufbruch-ins-Unbekannte_Studie-zu-KI-im-Schulkontext.pdf [Abruf am 17.12.2023].

Vosniadou, Stella, et al.: Pre-service teachers' beliefs about learning and teaching and about the self-regulation of learning: A conceptual change perspective. International Journal of Educational Research 99 (2020): 101495.

Weinert, Franz (Hg.) (2001): Leistungsmessungen in Schulen, Weinheim und Basel.

Weinert, Franz/Mandl, Heinz (Hg.) (1997): Psychologie der Erwachsenenbildung. – Göttingen, Bern, Toronto, Seattle (Enzyklopädie der Psychologie Bd. 4: Themenbereich D, Praxisgebiete: Serie 1, Pädagogische Psychologie).

Weinert, Franz/Schrader, Friedrich-Wilhelm (1997): Lernen lernen als psychologisches Problem. In: Weinert/Mandl 1997, 295–335.

Westermann Verlag: KI-System für das Bildungssystem Schule. 2022. Quelle: https://smartresponse.westermann.de/.

Westermann Verlag: Lernplattform für Berufsschulen und Ausbildungsbetriebe. 2023. Quelle: https://georg.westermann.de/ [Abruf am 31.10.2023].

Wikipedia: API. Quelle: https://de.wikipedia.org/wiki/Programmierschnittstelle [Abruf am 29.11.2023].

Wikipedia: Inkrementelles Vorgehensmodell. Quelle: https://de.wikipedia.org/wiki/Inkrementelles_Vorgehensmodell [Abruf am 18.09.2023].

Winkel, Rainer: Von der Didaktik zur Mathetik? In: Pädagog. Forum 3/1993, S. 146–151.

Wilber, Ken (2002): Eros, Kosmos, Logos – Eine Jahrtausend-Vision – 3. Auflage, Frankfurt am Main, Verlag: Fischer.

Yeager, David S.; Dweck, Carol S.: What can be learned from growth mindset controversies? American psychologist 75.9 (2020): 1269. Quelle: https://pubmed.ncbi.nlm.nih.gov/33382294/ [Abruf am 11.04.20249].

Zierer, Klaus (2012): Bildung und Kompetenz. Eine kritisch-konstruktive Analyse auf der Grundlage einer eklektischen Didaktik. In: Vierteljahrsschrift für wissenschaftliche Pädagogik, 88 (2012) 1, S. 30–53.

Zierer, Klaus (2015): Nicht nur Wissen und Können, sondern auch und vor allem Wollen und Werten. Das K3W-Modell im Zentrum pädagogischer Expertise. In: Pädagogische Rundschau, 69 (2015) 1, S. 91–98.

Zierer, Klaus (2016): Alles eine Frage der Technik. Erfolgreiches Lehren als Symbiose von Kompetenz und Haltung. Friedrich Jahresheft 2016, 34–35.

Zierer, Klaus: Hirne statt Handys – sonst droht Verdummung. Neue Züricher Zeitung, 08.01.2024.

Zierer, Klaus: Stichwort: Haltungen. In: Weiter bilden, 2020, Heft 3, S. 10–11.

Zöpfl, Helmut/Huber, Herbert (1990): Über Grundlagen von Bildung und Erziehung. München.